Kundenevents – richtig gut moderiert!

AF173035

Claus von Kutzschenbach

Kundenevents – richtig gut moderiert!

Der Praxisleitfaden für
Veranstaltungen mit Nachwirkung

Claus von Kutzschenbach
cvk-consulting
Wiesbaden, Deutschland

ISBN 978-3-658-13099-2   ISBN 978-3-658-13100-5 (eBook)
DOI 10.1007/978-3-658-13100-5

Die Deutsche Nationalbibliothek verzeichnet diese Publikation in der Deutschen National-
bibliografie; detaillierte bibliografische Daten sind im Internet über http://dnb.d-nb.de abrufbar.

Springer Gabler
© Springer Fachmedien Wiesbaden 2016

Lektorat: Manuela Eckstein

Gedruckt auf säurefreiem und chlorfrei gebleichtem Papier

Springer Gabler ist Teil von Springer Nature
Die eingetragene Gesellschaft ist Springer Fachmedien Wiesbaden GmbH

Vorwort

Es sind ja wirklich nur kleine Gesten und Taten, die stille Freude auslösen – oder unterschwelligen Missmut, wenn sie unterbleiben: ein Blickkontakt, ein Lächeln, das richtige Wort zur richtigen Zeit, eine durchdachte, freundlich und flott durchgetaktete Veranstaltung – für mich, den Kunden. Und selbst ein schlechter Vortrag ärgert mich kaum, wenn die Moderatorin das geschickt auffängt und mir subtil zu verstehen gibt, dass sie meine Einschätzung teilt. Im Gegenteil: Das gefällt mir, dieses Unternehmen hat gewonnen, von diesem Event werde ich mit hohem Vergnügen auch anderen erzählen ... Ja, wenn es nur mehr solcher Events gäbe. Zu viele Kundenveranstaltungen scheitern jedoch an ganz banalen Ungeschicklichkeiten. Als Besucher überlegt man sich natürlich hinterher, ob sich dieser Besuch gelohnt hat. Vorsichtshalber würde man Bekannten von dieser Veranstaltung abraten.

Kundenevents – das klingt so großartig. Ich meine mit Kundenevents jede Art von Veranstaltung vor und mit Kunden: die Vorführung neuer Produkte/Innovationen und damit auch eine Präsentation vor künftigen Partnern und Sponsoren (für wissenschaftliche Start-ups ist das besonders wichtig), natürlich Vorträge während einer Hausmesse, ein Seminar für Kunden während einer öffentlichen Messe und natürlich jede Art von Jubiläen, Tag der offenen Tür, sonstige Feierlichkeiten, bei denen sich das Unternehmen bestens präsentieren will.

Wie viele Kundenevents ich schon erlebt habe, kann ich gar nicht mehr sagen: zuerst als Wirtschaftsjournalist, dann als Leitender Angestellter, der selbst Veranstaltungen mit mehreren Hundert Kunden organisiert und moderiert hat, später in einem Verbands-Ehrenamt mit hohen repräsentativen Aufgaben. Für meine Auftraggeber agiere ich bei diesem Thema heute mal als Beobachter, mal als Moderator oder auch mal als Redner bei Veranstaltungen. Und als Managementberater und -trainer setze ich mich leidenschaftlich dafür ein, den Teilnehmenden meiner Workshops und Seminare das Moderations- und Präsentationshandwerk so gut wie möglich beizubringen, sie dabei zu trainieren und sie vor den typischen Fallen beim Auftritt vor Kunden zu bewahren.

Ich finde es immer wieder schade, wenn viel Engagement von Unternehmen, Referenten und Moderatoren an Kleinigkeiten oder nicht ganz zu Ende gedachten Zielen und Abläufen scheitert. Das muss doch nicht sein! Deshalb habe ich dieses Buch geschrieben. Viel Freude und Erfolg damit!

Wiesbaden, Deutschland   Claus von Kutzschenbach
im Juni 2016

Inhaltsverzeichnis

Der Autor

Autor Claus von Kutzschenbach
(Foto: Marcus Kaufhold)

Claus von Kutzschenbach arbeitet seit mehr als zwanzig Jahren als selbstständiger Managementberater und -Trainer (cvk-consulting). Davor war er zwölf Jahre lang Leitender Angestellter in einem Konzernunternehmen, nachdem er in Kiel Volkswirtschaft studiert, ein Tageszeitungs-Volontariat absolviert und dann eine Karriere als Wirtschaftsjournalist gestartet hatte.

Als Berater unterstützt er mittelständische Unternehmen in der Unternehmensentwicklung (Strategie, Struktur, Personalentwicklung). Als Trainer konzentriert er sich auf kommunikative Themen (Führung, Teambildung, Moderation) und wird dank seiner journalistischen Erfahrung auch als Texter von Unternehmen gebucht.

Nach beruflichen Stationen in Passau, Neumünster, München und Bonn lebt Claus von Kutzschenbach heute in Wiesbaden. Er ist Autor mehrerer Bücher und veröffentlicht monatlich Tipps aus der Managementpraxis. Von 2010 bis 2014 war er ehrenamtlicher Präsident des Berufsverbandes für Trainer, Berater und Coaches e. V., Köln (BDVT). Danach professionalisierte er seine Segel-Leidenschaft, um mit der Befähigung zum Schiffsführer auch auf See seine Führungs- und Teamtrainings unter den besonderen Bedingungen an Bord einer Segeljacht durchzuführen.

Mehr über den Autor: www.cvk-consulting.de
Direktkontakt: cvk@cvk-consulting.de

Moderation Kundenevents: Rolle, Aufgabe, Eignung

1

▶ Die Rolle der Moderation bei Veranstaltungen wird oft unterschätzt. Eine gute Moderation kann eine Veranstaltung mit exzellenten Rednern positiv abrunden – und bei schlechten das Schlimmste mit Professionalität und Charme verhindern. Damit das gelingt, müssen sich Moderatoren rechtzeitig auf ihre Aufgabe vorbereiten und von der Unternehmensleitung freie Hand und Leitungskompetenzen während der Veranstaltung bekommen: Moderatoren sind bei einem Kundenevent die eigentlichen Chefs des moderierten Programms und immer auch Anwalt des Publikums. Dazu müssen sie sich natürlich auch eignen.

Wenn Sie dieses Buch in der Hand halten, ist das Schlimmste schon gebannt: Sie sind zumindest neugierig, was es mit der Moderation von Kundenveranstaltungen auf sich hat. Und möglicherweise hegen Sie auch den leisen Verdacht, dass nämlich vor allem die Moderation solcher Events den Erfolg bringt. Mehr und sicherer jedenfalls, als wenn die Unternehmensleitung selbst agiert und weder den eigenen Auftritt, noch den von Referenten moderieren lässt. Was man dabei leider viel zu oft erleben muss, führt bestenfalls zu bösartigem Fremdschämen.

Beispiel

Der Chef eines mittelständischen Unternehmens betritt die Bühne, vor ihm im Auditorium rund fünfzig geladene Gäste – Kunden, Geschäftspartner, Vertreter der Stadt und von Verbänden. Der Chef begrüßt, nennt jovial (man kennt sich) mindestens ein Dutzend Namen besonders wichtiger Gäste, stoppt,

© Springer Fachmedien Wiesbaden 2016
C. von Kutzschenbach, *Kundenevents – richtig gut moderiert!*,
DOI 10.1007/978-3-658-13100-5_1

zögert, zieht ein Blatt Papier hervor, schaut drauf, sagt nach kurzem Lesen seiner Notizen: „Ach, da habe ich ja noch vergessen ..." und nennt drei weitere Namen. Dann gibt er einen Hinweis auf Schnittchen und Getränke in der Pause, sagt, wo Toiletten m/w zu finden sind (das hätte ihm seine Assistentin aufgetragen – hihi –) und: „Habe ich jetzt vielleicht noch etwas vergessen?", fragt er leicht provokant über das Publikum hinweg in Richtung des Eingangs, wo er seine Assistentin vermutet, schüttelt grinsend den Kopf, zieht schließlich ein Redemanuskript aus der Tasche und liest dort mit strengem Gesicht die Historie und Errungenschaften des Unternehmens ab. Das dauert mindestens eine gute halbe Stunde. Höflicher Beifall. Den wartet er gar nicht bis zu Ende ab, bittet einen Kommunalpolitiker auf die Bühne, merkt öffentlich an, dass er nicht unbedingt dessen politischer Richtung folge und kommentiert dessen Fünfminutengrußwort nachher mit dem Satz: „Da hat er aber trotzdem gut gesprochen". Kaum geht der Kommunalpolitiker wieder auf seinen Platz, begrüßt der Chef den Hauptredner (wieder mit suchendem Blick auf einen Notizzettel), „den sehr verehrten Herrn Professor ...", wenngleich er selbst ja eher der Praktiker sei. Nach der Rede dieses Hauptreferenten, die sichtbar nur wenige im Publikum anspricht, springt der Chef wieder auf die Bühne und kommentiert mit falscher Begeisterung den Vortrag als faszinierenden Beitrag aus der Welt der Wissenschaft, lädt zur Pause ein und marschiert auch gleich zu den Schnittchen – der Referent steht immer noch etwas verloren auf der Bühne herum ...

Peinlich. Die meisten Schnittchen und Getränke in der Pause werden nicht angerührt, irgendwie verflüchtigen sich die geladenen Gäste schnell, die angekündigte Schau der Produkte mit mehrfach eingeübten Präsentationen führender Mitarbeiter nach der Pause besucht kaum noch jemand. „Viel Geld für nix ausgegeben", hört seine Assistentin später den Chef vor sich hin granteln.

Hätte eine freundliche und professionelle Moderation diese verunglückte Veranstaltung im Rahmen eines Kundenevents noch einmal ins Positive drehen können? Wahrscheinlich. Sicher ist das jedoch bei Charakteren wie dem zuvor geschilderten Chef nicht. Denn – das ist schon vorgekommen – es kann durchaus sein, dass ein Chef mit so einem Temperament schon mal die Moderatorin oder den Moderator unterbricht und selbst wieder in Aktion tritt, um wieder „das Sagen" zu haben. Deshalb sollte vor einem moderierten Programm bei einem Kundenevent ganz klar vereinbart sein:

▶ Der Moderator/die Moderatorin hat während der Veranstaltung das Sagen. Niemand sonst. Punkt.

Was ja auch ganz praktisch ist: Wenn die Moderation gut ist, fällt's auf den Chef zurück. Wenn nicht, dann waren eben die Moderatorin oder der Moderator schlecht – nicht aber der Chef. Wenn aber die Moderation während der Vorträge und Redebeiträge das Sagen hat, dann hat sie auch die (alleinige) Verantwortung für das Gelingen dieses Programms. Das heißt: Auch Chefs und Referenten müssen sich während der moderierten Veranstaltung der Führung durch Moderatoren unterwerfen und ihren Weisungen folgen. Anders funktioniert das nicht. Es sei denn, ein Moderator verstößt ganz klar gegen Gesetze (Verleumdung, Rassismus, Sexismus). Dann darf/muss der Veranstalter den Moderator auch in einer laufenden Veranstaltung unterbrechen und abberufen. Damit erleidet allerdings die Veranstaltung selbst eine so schwere Störung, dass an eine gedeihliche Fortsetzung kaum noch zu erwarten ist.

Natürlich werden professionelle Moderatoren ihre Führungsrolle nicht strapazieren. Sie werden schon vorab wissen, worauf es ankommt, wer zu welchem Thema wie lange vortragen will (oder wie lange er oder sie sprechen darf). Sie müssen ad hoc entscheiden, wann eine Diskussion zulässig und gewünscht ist, wann eher nicht, und wie man elegant undisziplinierte Langredner einbremst, schüchterne Experten dagegen eher ermutigt. Sie haben auch die Freiheit (und die Professionalität!), flexibel mit einer situativ notwendigen Programmänderung zu reagieren. Methoden und Tipps zu diesen Themen umfassen den wesentlichen Teil dieses Buchs.

Doch damit Moderatoren professionell agieren können, müssen erst einmal die Rahmenbedingungen für ihren Auftritt geklärt sein.

- Moderatoren werden im Auftrag des Veranstalters aktiv. Sie erhalten frühzeitig das Programm der Veranstaltung mit allen Zeiten, Termin und dem Ort, mit allen Referenten und deren Themen. Dieses Programm bestmöglich zu moderieren, ist Job der Moderatoren.
- Normalerweise ist das Programm bei der Beauftragung von Moderatoren weitgehend fertig. Schließlich verfolgt der Veranstalter damit ein bestimmtes Ziel und hat sich dabei vielleicht auch von Mitarbeitern, Experten oder Eventagenturen beraten lassen. Da gibt es meist kaum noch etwas zu diskutieren – das Programm ist gegeben, Moderatoren müssen es umsetzen.
- Es ist allerdings eine kluge und gute Geste des Veranstalters, Moderatoren schon frühzeitig in die Planung und Abläufe einzubeziehen, damit auch deren Erfahrungen noch berücksichtigt werden. Doch das ist eher die Ausnahme als die Regel.

Mit der Auftragserteilung und mit dem Briefing über Ziele und Hintergründe der Veranstaltung ist es Aufgabe der Moderation, sich alle weiteren notwendigen Informationen selbst zu besorgen. Gleichzeitig brauchen Moderatoren dafür die Erlaubnis der Veranstalter und deren Unterstützung, beispielsweise bei der Kontaktaufnahme mit Referenten, aber auch in der Zusammenarbeit mit den Mitarbeitern im Unternehmen oder in der Eventagentur, die für die Organisation des gesamten Events zuständig sind. Im Idealfall weiß nämlich ein Moderator/ eine Moderatorin schon deutlich vor der Veranstaltung alles (!) über das Unternehmen, die Ziele, die Organisation und die erwarteten Besucher des gesamten Kundenevents. Denn Moderatoren müssen in der Lage sein, auch weit über das eigene Vortragsprogramm hinaus, Zusammenhänge im gesamten Event herzustellen und müssen informiert sein, was an diesem Tag vor und nach ihrem Auftritt noch alles geplant ist, um die eigene Veranstaltung inhaltlich, zeitlich sowie aus der momentanen Befindlichkeit des Publikums heraus richtig steuern zu können. Und nun kommt endlich auch das Publikum ins Spiel – beziehungsweise dessen Befindlichkeit.

▶   Das Publikum will (und muss!) unterhalten (!) werden. Nur zu diesem
        Zweck findet der Event statt, nur zu diesem Zweck werden in einer
        fantastischen Location Vortragende oder namhafte Redner verpflich-
        tet. Wohlgemerkt: zur Unterhaltung, nicht zur Unterweisung (in neuen
        Produkten/Techniken/Erkenntnissen) und nicht zur Überzeugung
        (unsere Angebote sind die besten, weil …), sondern – Unterhaltung!

Das mögen nun die Veranstalter, ihre Finanziers und Marketingexperten ganz anders bewerten: Ein Kundenevent ist normalerweise eine nicht alltägliche, wohl begründete und durchkalkulierte Investition, um strategische Marketingziele und/ oder mehr Kundenbindung zu erreichen und/oder andere Absichten zu realisieren. Doch das darf während des Events keine Rolle spielen. Da interessiert vielmehr, ob es den Gästen gefällt, ob sie sich wohl fühlen und ob sie dann möglicherweise am Ende vielleicht sogar einen Kaufwunsch bei sich verspüren, eine Empfehlung weitergeben oder einfach nur gut über dieses Unternehmen und seinen fantastischen Kundenevent sprechen – wenn es ihnen gefallen hat. Also haben während der Veranstaltung und besonders während des moderierten Programms (meist der intellektuelle Höhepunkt eines Events) das Publikum und seine Befindlichkeit absolute Priorität.

Nun soll auch die Moderation selbst durchaus unterhaltend sein. Das ist sogar wünschenswert, solange der Unterhaltungswert der Moderation den guter Referenten und anderer Darbietungen nicht übersteigt, solange also Moderatoren den Referenten nicht die Schau stehlen. Doch Unterhaltung ist während der Veranstaltung nicht die primäre Aufgabe der Moderation. Die wichtigste Moderatoren-Aufgabe ist, stets als Anwalt der zuhörenden Gäste zu agieren.

Nun, das erscheint zunächst nicht als besonders bemerkenswert, das ist doch eigentlich klar. Eigentlich. Denn während der Veranstaltung bleibt es manchmal gar nicht aus, dass beispielsweise die Moderatorin immer mehr mütterliches Mitleid mit dem unsicher agierenden Referenten empfindet und ihn insgeheim vor dem zunehmend genervten Publikum schützen und verteidigen will. Oder dass ein Moderator meint, sich bei kritischen Fragen an einen Referenten oder gar an das Unternehmen mutig und heldenhaft während der Veranstaltung selbst den Kritikern in den Weg zu stellen und sie abzuweisen, in tiefer Überzeugung, damit seinen Auftraggeber aus der Schusslinie zu bringen.

Nachvollziehbar und verführerisch: Die Referenten und das Unternehmen sind den Moderatoren nah. Sie haben sie kennen gelernt, mit ihnen gesprochen und haben im Vorfeld so oder so eine Beziehung miteinander aufgebaut. Eine Beziehung mit dem Publikum, das sie nur als größere Gruppe wahrgenommen haben und in deren Anonymität sich nun Angriffe oder Desinteresse entwickeln, haben sie dagegen kaum. Ergebnis der nicht reflektierten, rasend schnell im Stress einer schwierigen Moderationsphase ablaufenden inneren Meinungsbildung: Die Referenten sind gut, das Publikum ist doof. So einfach, so praktisch – so verkehrt. Deswegen, noch einmal, noch präziser:

▶   Moderatoren vertreten während ihrer Arbeit ausschließlich die Interessen ihres Publikums. Sie stellen die Referenten den Zuhörern vor, unterstützen sie, mit dem Referenten Kontakt aufzunehmen, ihn zu verstehen, sich einzustellen und gedanklich vorzubereiten auf das, was gleich kommt. Und Moderatoren fragen bei Diskussionen nach, verdeutlichen, fordern auf oder bremsen die Redelust des Referenten ab, wenn sie merken, dass das Publikum genug davon hat.

Und nun ganz präzise: Als Anwälte und Vertreter des Publikums haben Moderatoren in wirklich kritischen Fällen (selten) auch das Recht und die Pflicht, einzelne Störer aus dem Publikum verbal zu isolieren und mental ruhig zu stellen (darüber später mehr). Aber nur dann, wirklich nur dann, wenn sie feststellen, dass sie damit den Interessen der überwiegenden Mehrheit des Publikums dienen. Denn auch das dient den Interessen des gesamten Publikums, auch damit kommen sie voll und ganz ihrer Rolle und Aufgabe als Anwalt des Publikums nach. Spätestens jetzt ist klar geworden:

▶   Moderatoren brauchen ein stabiles Selbstbewusstsein, eine hohe
    innere Disziplin und gleichzeitig eine unterhaltende, charmante
    Lockerheit, wenn sie ihren Job gut machen wollen. Ihre Arbeit ähnelt
    manchmal der von Dompteuren im Tigerkäfig, im nächsten Augen-
    blick wieder der des Clowns und immer der des Dieners dreier Herren:
    dem Publikum, den Referenten und last but not least dem Auftragge-
    ber. Kein leichter Job. Man muss ihn wollen. Und mögen. Und dann
    natürlich auch können.

Gleichzeitig ist die Moderation einer Veranstaltung eine faszinierende und überaus reizvolle Aufgabe und Herausforderung. An der kann man(n) oder frau
wachsen – völlig neue Fähigkeiten ausprobieren und daran reifen, ein für das
Unternehmen wichtiges Publikum zu führen, seine Gedanken und Befindlich-
keiten herauszufinden und die Referenten dabei unmerklich so zu dirigieren,
dass deren Auftritt Beifall findet und die gesamte Veranstaltung zum begeister-
ten Erfolg wird (der immer auch der Erfolg der Moderatoren ist!). Dafür eignet
sich freilich nicht jeder. Gleichzeitig gibt es für den Moderatorenjob keinerlei
Eintrittsbarrieren wie abgeschlossenes Studium, Sprecher- oder Schauspieleraus-
bildung, Zertifikate für Rhetorikkurse oder dergleichen mehr – wobei diese Art
Vorbildung nicht hinderlich sein muss und ein intensives Moderatoren-Training
mit einem erfahrenen Trainer und Videoeinsatz in jedem Fall dringend zu empfehlen ist.

Im Übrigen sollten Unternehmen durchaus den Mut haben, unter eigenen
Mitarbeiterinnen und Mitarbeitern nach geeigneten Kandidatinnen und Kandidaten für die Moderation eines Kundenevents zu suchen. Denn Mitarbeitern in
der ungewohnten Moderatorenrolle verzeiht man bei kleinen Fehlern schnell –
externen Star-Moderatoren dagegen kaum. Und nichts wirkt charmanter als eine
Mitarbeiterin oder Mitarbeiter des Unternehmens, der sich in dieser Rolle engagiert, der sich freundlich, bescheiden und tapfer bewähren will, ansonsten aber
ganz anderen Tätigkeiten im Unternehmen nachgeht. Jede Mitarbeiterin, jeder
Mitarbeiter des Unternehmens, der ein gutes Auftreten hat, gute Umgangsformen
beherrscht, sich geschickt und diplomatisch ausdrücken kann, keine Angst hat,
vor einem großen, anonymen Publik aufzutreten und im Stress Nerven, Charme
und Selbstbewusstsein nicht verliert, kommt für die Moderation eines (kleinen) Kundenevents infrage. Natürlich ist auch ein gewisser Witz der Moderatoren willkommen – allerdings die Art von feinsinnigem Witz, die von „Wissen"
kommt und die, wenn der Groschen bei den Adressaten gefallen ist, eher leise
schmunzeln oder herzlich lachen lässt. Wie auch immer: Moderation ist für derart
begabte Menschen eine echte und große Chance!

Wer nicht für die Moderatorenrolle infrage kommt, sind dagegen Menschen, die vor allem selbst gern im Rampenlicht und im Mittelpunkt stehen wollen. Eine Fehlbesetzung sind auch die ewigen Klassenclowns (vor großem Publikum versagen sie gänzlich) und extrem extrovertierte Alleinunterhalter und Möchtegernstars. Moderation – abgeleitet vom lateinischen Wort „moderare": kontrollieren, mäßigen, verlangsamen – ist im ursprünglichen Sinn die Tugend der bescheidenen Kontaktanbahnung und des behutsamen Verständnisaufbaus zwischen Publikum und Vortragenden. Wenn das gelingt, wenn es atmosphärisch wohltuend knistert und es mental funkt zwischen Bühne und Publikum, dann haben Moderatoren einen wirklich guten Job gemacht.

Interessanterweise scheitern gerade daran manche bekannte und gute Moderatoren aus Funk und Fernsehen: Sie sprechen in ihrem Hauptberuf ja nur vor und in die Kamera. Ihre großen Fähigkeiten bestehen darin, eine nicht anwesende, nicht sicht- und spürbare Zuschauer- oder Hörerschaft zu fesseln – zu real anwesendem Publikum finden sie dagegen oft nicht den zwingend notwendigen Kontakt.

Letzter Aspekt bei der Bestellung von Moderatoren: Mann oder Frau – oder gar ein Pärchen? Ein Moderations-Pärchen macht nur bei ganz großen Veranstaltungen Sinn. Schließlich müssen dann zwei Moderatoren auftreten, was Zeit und Aufmerksamkeit kostet, die bei eng getaktetem Vortragsprogramm den Vortragenden fehlt. Bei Veranstaltungen mit wenig Vorträgen, aber vielen Einlagen (Preisverleihungen, Produktpräsentationen, Shows) bietet ein Pärchen dagegen die gewünschte Abwechslung und lockert sonst eher monoton wirkende Veranstaltungen spürbar auf. Und wenn man in der Praxis die Wahl hat zwischen einer Moderatorin oder einem Moderator, dann empfiehlt sich der Einsatz weiblicher Moderatoren vor allem dann, wenn die Vortragenden überwiegend oder gar ausschließlich Männer sein sollten (und umgekehrt). Im Übrigen können aber Männer mindestens ebenso charmant, gewinnend und ansehnlich auftreten wie Frauen, und Frauen können sich in schwierigen Situationen mindestens ebenso cool behaupten wie Männer (wenn sie die Moderation professionell beherrschen oder trainiert haben).

Wenn der Funke überspringt ...

... zwischen Vortragendem und Publikum, dann haben Moderatoren einen guten Job gemacht und ihre Aufgabe voll erfüllt. Als Moderatorinnen und Moderatoren eignen sich deshalb vor allem Menschen, die mit dem notwendigen Selbstbewusstsein, sympathischen Auftreten und Witz auf offener Bühne Verbindungen schaffen können zwischen Publikum und Vortragenden. Dazu müssen sie während der Veranstaltung allerdings völlig freie Hand haben und stets als Anwälte des Publikums agieren können. So sind Moderatoren die eigentlichen Dirigenten einer Veranstaltung und brauchen dazu schon vorab, auch zur Vorbereitung ihrer Moderation, die volle Unterstützung des Veranstalters.

Eventarten und passender Moderationsstil

▶ Bevor sich Moderatoren gezielt auf eine Veranstaltung vorbereiten, sollten sie den Veranstaltungsrahmen kennen, für den sie den richtigen atmosphärischen Treiber finden müssen. Wann in der Veranstaltung welche Stimmung oder welches Tempo der Moderation angesagt ist, hängt ja von der Art, dem Zweck und den Gästen des Kundenevents ab. Exemplarisch werden in diesem Kapitel Fallbeispiele typischer Kundenevents sowie Empfehlungen für die jeweilige Moderation vorgestellt. Sie dienen als ungefähre Richtlinie, wohl wissend, dass diese Eventbeispiele sehr stark vereinfacht sind und nur einen kleinen Ausschnitt aus der Vielfalt möglicher und denkbarer Kundenevents darstellen.

2.1 Messe

Moderationen während einer Messe gehören zum kleinen Einmaleins der Moderation. Öfters als bei anderen Gelegenheiten ergibt sich hier die Chance, mal am Stand, mal auf einer Messebühne oder in einem Konferenzraum auf dem Messegelände Experten oder Gastredner des eigenen Unternehmens anzusagen. Diese Chance sollten, wenn möglich, Mitarbeiterinnen und Mitarbeiter des Unternehmens unbedingt wahrnehmen und sich intern darum bemühen: Sie können sich damit einmal als Moderatoren versuchen – und dem Unternehmen kommt es gelegen, für diesen Zweck nicht externe Profis verpflichten zu müssen.

Für manche Mitarbeiterin und manchen Mitarbeiter war der Auftritt auf einer Messe der Start einer kleinen Moderatorenkarriere. Allerdings: Man muss das wollen, sich darauf vorbereiten, den eigenen Auftritt trainieren und es schließlich

© Springer Fachmedien Wiesbaden 2016
C. von Kutzschenbach, *Kundenevents – richtig gut moderiert!*,
DOI 10.1007/978-3-658-13100-5_2

wagen. Denn eine Moderation auf einer Messe kann auch ganz schön enttäuschend sein. Andererseits: Wenn es denn einigermaßen läuft, hat man selbst viel Spaß daran – und andere auch!

Fallbeispiel

Moderation am Messestand oder auf einer Bühne in der Messehalle

Anlass:
Messe.

Ziel:
Aufmerksamkeit für Referenten im Messetrubel erzielen, Messepassanten dazu bringen, stehen zu bleiben und zuzuhören und weitere Gespräche am Messestand zu führen, den Referenten als „Star" darstellen, den Vortrag als kleine Sensation ansagen.

Gäste:
Anonymes, in der Mehrzahl uninteressiertes Messepublikum, darunter aber auch einige Menschen (Kunden!), die sich gezielt für das Angebot am Stand oder für den Referenten interessieren könnten.

Location:
Messehalle (eigener Stand oder Bühne in der Messehalle).

Programm:
Kleine Vorträge/Präsentationen in dichter Folge am Stand, ein einzelner Vortrag/Präsentation auf der Bühne.

Verpflegung:
Nichts (nur für VIPs evtl. Getränke und Knabbergebäck am Stand).

Zeiten:
Während der Messe.

Moderationsaufgabe und Stil:
Laut, kurz und knackig, leichte Übertreibungen notwendig (fast wie Jahrmarktschreier), Versuch, Publikum mit einzubeziehen und einzelne Passanten oder Interessenten als Gesprächspartner für Referenten zu gewinnen (dann aber betont höflich, charmant und ehrerbietig).

Show-Element:
Die Messe schlechthin.

Fazit und Empfehlung für Moderation:
Die hohe Kunst bei der Moderation am Stand oder auf der Bühne in der Messehalle ist es, das eigentlich kaum interessierte, vorbeischlendernde Messepublikum zum Zuhören zu animieren und nach dem Vortrag ins

Verkaufsgespräch am Messestand zu animieren. Die Erfahrung lehrt: Wenn nur fünf Menschen stehen bleiben, bleiben gleich viel mehr stehen, weil sie wissen wollen, warum diese Fünf stehen bleiben – verpasst man da womöglich etwas?

Messemoderation ist gleichzeitig ein Härtetest: Still verzweifelt trotzdem begeistert weiter machen, wenn trotz engagierter, Aufmerksamkeit heischender Aktion mit dem Mikrofon kaum ein Besucher vor dem eigenen Stand stehen bleibt und dem Referenten zuhören will. Wie fühlt man sich, wenn die Sitzreihen vor der Messebühne frei bleiben (beim vorangegangenen Vortrag war das ganz anders) und man ins Leere hinein moderiert? Was kann man noch tun, wenn nur einige wenige Interessenten den Weg in den eigens angemieteten Konferenzraum finden? Nicht gerade berauschend … Ja, da muss man durch! Doch gleichzeitig eröffnen sich bei einer Moderation in der Messe auch Chancen:

• Das unkonzentrierte, anonyme Messepublikum ist großzügig bei Moderationsfehlern und leichten Übertreibungen, straft jedoch zaghafte Auftritte sofort mit Desinteresse ab,
• die angesagten Referenten sind bei dem ganzen Messetrubel ringsherum auch selten wirklich sauer auf den Moderator, wenn etwas nicht klappt (vieles klappt in diesem Umfeld nicht so, wie man es sich vorher gern vorstellen mag) – manchmal aber sind sie es doch, wenn sie ihren Frust über mangelndes Publikum nur am Moderator auslassen können (sonst ist ja kein anderer da …),
• der enge Platz am Stand zwingt zur Improvisation – diese Erfahrung hilft, auch künftig mit schwierigen Raumverhältnissen irgendwie klar zu kommen,
• bei nur wenig Interessierten im vorbeidrängenden Besucherstrom oder vor der Messebühne ist es einfach, Augenkontakt mit den Zuhörern herzustellen und das notwendige Dreiecksverhältnis zwischen Publikum, Moderation und Referenten aufzubauen (darüber später mehr),
• die ständig bewegten anonymen Menschenmassen helfen vor allem extrovertierten Moderatoren, einmal auszuprobieren, wie weit sie gehen können, um keck wie ein Bananenverkäufer auf dem Altonaer Fischmarkt Passanten anzuhauen und sich Späßchen zu erlauben …

▶ Kaum etwas bietet mehr und vielfältigere Moderationserfahrungen als die Moderation am Messestand oder auf einer Vortragsbühne in der Messehalle.

Fallbeispiel

Moderation in geschlossenem Messe-Konferenzraum

Anlass:

Messe.

Ziel:

Kundentreue mit Vortrag und Direktkontakt zu bekanntem Referenten belohnen, Kunden binden, Interessenten gewinnen und zu weiteren Gesprächen am
Stand animieren, zur Mitnahme, erfolgreich zur späteren Lektüre und Nutzung
von Verkaufsprospekten auffordern.

Gäste:

Vorab verständigte und eingeladene Kunden, Interessenten aus dem
Messepublikum.

Location:

Konferenzraum auf dem Messegelände.

Programm:

Ein Vortrag oder eine Vortragsfolge durch Experten des Unternehmens/
Gastredner.

Verpflegung:

Erfrischungsgetränke und Snacks.

Zeiten:

Während der Messe.

Moderationsaufgabe und Stil:

Professionelle und gut vorbereitete Moderation als deutliches, seriöses Kon-
trastprogramm zum marktschreierischen Verhalten an den Ständen, empfehlenswert ist es, Besucher schon am Eingang zum Konferenzraum persönlich
zu begrüßen und persönlichen Kontakt herzustellen (bei viel Andrang nur
„Herzlich willkommen… freie Platzwahl …", bei bekannten Kunden ein
wenig Small Talk).

Falle/Chance:

Wenn weit weniger Besucher im Raum sind als erwartet (oder angemeldet),
fühlen sich natürlich Moderation, Referent und Organisationsmitarbeiter bitter
enttäuscht, das lässt sich im Team kaum verbergen – viel Aufwand für nichts –
und was sollen nun die wenigen Besucher denken, die doch noch kommen sind
…! Natürlich ist so etwas extrem frustrierend bis ärgerlich. Die Moderation
hat nun die oberste Aufgabe, eine drohende Stimmungseintrübung gar nicht
erst zuzulassen: Nämlich, sich besonders über die und mit denen zu freuen, die
jetzt gekommen sind und ihnen im nun sehr kleinen Kreis zusammen mit dem
Referenten ein ganz exklusives Privatissimum anzubieten!

Show-Element/Rahmenprogramm:
Am Messestand, nicht im Konferenzraum.

Fazit und Empfehlung für Moderation:
In einem geschlossenen Konferenzraum während der Messe stellt sich die Situation ganz anders dar als in der offenen Messehalle. Geschlossene Konferenzräume erscheinen im ganzen Messetrubel wie eine Oase der Stille, der typische Messelärm dringt nur noch gedämpft ins Innere. Entsprechend genießen die Besucher diese Vortragsveranstaltung: Hier haben sie eine kurze Pause, können endlich einmal sitzen und die müden Messebeine ausruhen, werden freundlich begrüßt, bekommen Erfrischungsgetränke und Snacks und haben nun die Gelegenheit, persönlich Kontakt aufzunehmen mit dem Experten des Unternehmens oder mit dem Gastredner, von dem sie schon viel gehört haben.

Denn es kommen nur Interessierte (selten verläuft sich mal jemand versehentlich in den Konferenzraum). Besucher sind Kunden, die vom Unternehmen vorher schon zu diesem Vortrag eingeladen wurden, oder Menschen, die durch das Messeprogramm auf diesen Vortrag aufmerksam gemacht wurden. Eine gute Chance also für Moderatoren, jetzt einmal zu zeigen, was sie können und warum sie sich vorher so intensiv auf so einen Auftritt vorbereitet haben.

Da hilft es unendlich viel, wenn Moderatoren auch einen Teil der Gästebetreuung übernehmen. Besser kann man den Publikumskontakt nicht herstellen, besser danach gute Moderation nicht üben. Und wenn die Moderation dann freundlich, ruhig und mit einer optimalen Anmoderation des Referenten durchgeführt wird, dann wird diese Veranstaltung nicht nur für die Moderatoren, sondern auch für Referenten und Besucher ein gutes, erinnerungswürdiges Ereignis bleiben. Ziel erreicht!

2.2 Produktpräsentation im Unternehmen (B-to-B)

Neue Produkte werden normalerweise auf Messen vorgestellt. Für neue Produkte im hochwertigen Konsumgüterbereich (B-to-C), etwa für Premieren neuer Automodelle, veranstalten die Hersteller sogar parallel dazu eigene Shows oder eine Gala (siehe Abschn. 2.7), mit allem Pop und Glamour, den man sich nur ausdenken kann, und lädt dazu eine handverlesene Schar von VIPs, Journalisten, Händlern und anderen Multiplikatoren in exklusive Locations ein.

Im Investitionsgüterbereich (B-to-B) ist dagegen weniger Show bei der Vorstellung neuer Produkte angesagt: Die Zielgruppe ist überschaubar und bekannt, die Kunden sind vor allem an technischen Weiterentwicklungen und Funktionen interessiert, sind meist selbst nüchterne Techniker und Ingenieure und wollen sich von Pop und Glamour bewusst nicht blenden lassen. Sie sind Fachleute und wollen nur wissen, ob und wie man mit den Vorzügen des neuen Produkts die technischen Möglichkeiten des eigenen Unternehmens verbessern kann.

Sagen sie, meinen sie. Denn auch sie sind ein wenig verführbar: Durch die Art, wie ihnen etwas serviert wird und durch die Fachgespräche mit Experten in ruhiger, konzentrierter Atmosphäre, wo man Zeit hat füreinander und wo man dann auch schon mal ins Detail gehen kann. Und diese Kunden, Experten und Geschäftspartner will das Unternehmen auch weiterhin gut beliefern. Diese Geschäftsfreunde braucht es aber auch, um bei Neuentwicklungen von den Kunden- und Expertenmeinungen zu profitieren und mit einem überschaubaren Kunden- und Expertenkreis stets im engen Dialog zu bleiben.

Deswegen laden vor allem B-to-B-Unternehmen zur Vorstellung neuer Produkte ins eigene Unternehmen ein – weit weg vom Messetrubel. Und dorthin, wo Experten und Kunden vielleicht auch gleich einen Blick in die Werkhallen und in die Produktion werfen können.

Fallbeispiel

Moderation Neuproduktpräsentation (B-to-B)

Anlass:

Vorstellung eines neuen Produkts oder einer neuen Fertigungsmethode.

Ziel:

Kunden für neues Produkt gewinnen und binden, Image steigern, positive Empfehlungen.

Gäste:

Fachleute, Experten, Anwender und technische Führungskräfte bis hin zu Geschäftsführern aus Kunden- und Interessenten-Unternehmen sowie Gäste. Etwa 30 bis 70 Besucher.

Location:

Räume im Unternehmen (Kantine, Foyer mit Showroom, Werkhalle), eventuell auch Veranstaltungslokal/-Saal in der Nähe.

Programm:

Begrüßung durch Chef oder technischen Leiter, dann Auftritt Gastredner (technische Autorität aus Wissenschaft oder Branche), Vortrag vom Entwicklungsleiter folgt. Mittagspause. Anschließend Produktpräsentationen und -vorführungen durch Produktmanager mit kleineren Besuchergruppen, zum Abschluss noch eine Plenumsveranstaltung (Talkrunde oder offizielle Danksagung und Verabschiedung durch Unternehmensführung) oder formlose Verabschiedung durch Unternehmensführung/technische Leitung mit Give-aways.

Verpflegung:
Erfrischungsgetränke, Snacks, Catering in der Mittagspause.

Zeiten:
Beginn 10:30 Uhr, Ende etwa 15:30 Uhr, damit die Gäste bequem am selben Tag an- und abreisen können.

Moderationsaufgabe und Stil:
Ansage der einzelnen Programmpunkte. Sachlich, unaufgeregte und freundliche Moderation durch das Vortragsprogramm. Gags eher unerwünscht, es sei denn, Moderator(in) und Publikum kennen sich bereits und haben schon eine gegenseitige Beziehung aufgebaut und lenken nicht vom eigentlichen Thema ab. Besondere Akzente setzen bei Anmoderation des Gastredners. Ende der Moderation mit Beginn Mittagspause. Empfehlung: Wenn später doch noch einmal Moderation benötigt wird (etwa für Talkrunde/Abschieds- und Dankesrede Unternehmensführung), sollten sich Moderatoren bei den Produktpräsentationen nach der Mittagspause unter die Gäste mischen und den einen oder anderen Satz mitnehmen für die Moderation der Nachmittagsveranstaltung im Plenum.

Show-Element/Rahmenprogramm:
Produktpräsentationen und Talkrunde. Nach den einzelnen Produktpräsentationen und -vorführungen sammelt sich das Publikum wieder im Saal, in dem zum Abschluss des Events eine Talkrunde mit Gastredner (wenn noch anwesend), einem Vertreter der Unternehmensführung und Stammkunden über ihre Eindrücke des Tages zu moderieren ist. Hier sollte die Moderation zum Tagesausklang sehr locker sein, da können markante Sätze oder originelle Begebenheiten des Tages aufgegriffen werden – ohne jedoch ins Belanglose abzudriften oder persönlich zu werden: Ziel des Events war und ist immer noch, Kunden mit den neuen Produkten vertraut zu machen und sie mit bester Laune zu verabschieden.

Weitere Show-Elemente:
Eventuell bis zum Beginn der Veranstaltung und in Pausen Foto-/Videoshow auf der Leinwand im Vortragssaal mit Szenen aus dem Unternehmen auf der Leinwand, eventuell untermalt mit Musik, gut ausgeleuchtete und präsentierte Produkte.

Fazit und Empfehlung für Moderation:
Neuproduktpräsentationen in technisch geprägten Unternehmen sind normalerweise schon aufgrund der zur Verfügung stehenden Räume und der meist

sehr fachkundigen und -interessierten Besucher eher nüchterne Veranstaltungen. Kunden, Geschäftspartner und Interessenten treffen sich dort, informieren sich und sprechen gleichzeitig über ganz andere Themen und Ereignisse in
der Branche. Wesentlicher Erfolgsfaktor für das Gelingen der Veranstaltungen
sind für die Unternehmensführung, diese Gespräche im kleinen Kreis und sich
daraus entwickelnde Geschäfte, beziehungsweise gefestigte Bindung der Kunden und Geschäftspartner. Die moderierte Vortragsveranstaltung hat nur dann
einen hohen Stellenwert, wenn der Gastredner weit bekannt und hoch renom-
miert ist. Moderatoren können davon ausgehen, dass die Gäste viel mehr an
Produkten und Gesprächen untereinander interessiert sind als an der Vortragsveranstaltung. Deshalb eher Moderation mit Understatement.

Anders dagegen bei einer Schlussveranstaltung: Gute Moderatoren werden da im positiven Fall eine aufgelockerte Stimmung bei den Besuchern
feststellen, die nach einem gelungenen Treffen gern auch noch einmal in grö-
ßerer Runde zusammenkommen und Erlebnisse des Tages mit anderen teilen
wollen (mit moderierter Talkrunde und Publikumsbeteiligung). Da können
auch Moderatoren stimmungsmäßig ein wenig aufdrehen (aber bloß nicht
überdrehen!).

Es kann allerdings auch anders kommen: Nur noch wenige Besucher finden
sich wieder zur Schlussveranstaltung ein, die Stimmung ist eher distanziert,
eigentlich wollen auch die noch Anwesenden nur noch weg und opfern gerade
mal ein paar Höflichkeitsminuten (irgendetwas muss wohl bei den Produktpräsentationen Verstimmung ausgelöst haben, oder die meisten wollen noch vor
der Rushhour heim oder ein spannendes Fußballspiel fängt bald an oder …
was auch immer). In so einer Situation kann es für Moderatoren (und restli-
ches Publikum) nur ein Ziel geben: Schnell und sauber zum Abschluss und zur
Verabschiedung kommen. Hier noch etwas retten zu wollen (egal was es sei),
macht die Sache nur noch schlimmer.

2.3   Hausmesse (B-to-C)

Wie Investitionsgüterhersteller veranstalten auch Unternehmen, die Konsumgüter
herstellen, Events für ihre Kunden außerhalb der Branchenmessen. Auch ihnen
geht es darum, neue Produkte vorzustellen und gleichzeitig den Kontakt mit ihren
Geschäftspartnern – vor allem Händler – aufrecht zu erhalten und zu intensivieren. Und wie beim B-to-B-Unternehmen lässt sich das mit einem eigenen Event
weit besser erreichen als auf der Messe.

Dazu kommt, dass bei diesen Events mit allen Händlern gemeinsam neue Konditionen ausgehandelt werden können, die dann wieder ein Jahr oder länger Gültigkeit haben. Oft finden diese Händlergespräche allerdings nicht direkt während des Events statt, sondern am Vorabend oder am Tag danach (ohne externe Moderation natürlich![1]): Bei diesen Gesprächen wird um Cents und Prozente gefeilscht, beim Event will man aber sich und die neuen Produkte feiern. Beides passt atmosphärisch schlecht zusammen. Deshalb deutlich zeitliche Trennung der Tagungsprogramme.

Wenn aber in jährlichem oder zweijährlichem Rhythmus Händler und Hersteller zusammenkommen, sind neue Produkte nicht das eigentliche Thema. Sie dienen nur dazu, bessere Verkaufserfolge in der gesamten Breite des Sortiments zu erzielen, dessen Erfolg im Markt ebenfalls Thema ist. Deswegen – und zur Unterscheidung vom eben skizzierten B-to-B-Event oder einer reinen Neuprodukt-Show mit VIPs, Journalisten und ausgesuchter Öffentlichkeit (siehe Beginn Abschn. 2.5) – wird hier für diesen Event der Begriff Hausmesse verwandt (B-to-B-Unternehmen veranstalten die natürlich auch, für B-to-C ist dieser Veranstaltungstyp jedoch mehr verbreitet und gebräuchlich).

Im Gegensatz zu einem Investitionsgüterhersteller geht es bei der Neuvorstellung von Produkten, bei der Hausmesse eines B-to-C-Unternehmens lauter, bunter und lockerer zu. Einfach deshalb, weil die Besucher beim B-to-B-Anbieter vor allem an technischen Funktionen interessiert sind, Besucher des B-to-C-Events jedoch stets ihre Weiterverkaufschancen bei ihren Kunden im Blick haben und sich selbst als echte Verkäufer in der nicht ganz konkurrenzfreien Atmosphäre einer Hausmesse ganz anderes bemerkbar machen: Können sie mit den neuen Produkten ihren Umsatz steigern, was gefällt den Kunden, welche Marketingunterstützung ist zu erwarten, wie trendy ist das Design, welche Konditionen …?

Bei diesen Eventbesuchern, den Händlern, kommt Freude auf bei Show-Einlagen, so etwas gehört zum Leben dazu, das haben sie sich nach ihrem harten Verkaufseinsatz für das Unternehmen und seine Produkte auch verdient! Begeisterung wird sehnlichst erwünscht – man muss ja auch den eigenen Kunden gegenüber immer gut drauf sein, überzeugend und mit eigener Begeisterung argumentieren können – sonst verkauft man ja nichts. Während man im

---

[1]Die Moderation einer Vertriebstagung folgt ebenso wie die Moderation anderer interner Meetings oder Workshops, aber auch nicht öffentlicher Konferenzen und Tagungen, ganz anderen Gesetzen als die Moderation bei Kundenveranstaltungen und ist deshalb nicht Thema dieses Buches.

B-to-B-Bereich Emotionen eher distanziert und mit Misstrauen begegnet, geht es im B-to-C-Bereich gar nicht ohne …

Und natürlich ist es lauter: Einfach, weil drei- und fünfmal so viele Besucher zur Hausmesse eines B-to-C-Unternehmens kommen als zur Neuproduktpräsentation eines Investitionsgüterherstellers. Klar: Es gibt ja auch zigmal so viele Konsumenten wie produzierende Unternehmen im B-to-B-Sektor. Bei der Neuproduktpräsentation eines B-to-C-Unternehmens ist die gesamte Veranstaltungscrew reichlich gefordert. Auch die Moderation.

Fallbeispiel

Moderation Hausmesse (B-to-C)

Anlass:

Hausmesse, Händlertreffen, Neuheiten und Aushandeln von Konditionen.

Ziel:

Neue Produkte erfolgreich den Weiterverkäufern vorstellen, Markteinführung und Marketingkampagnen vorbereiten, Verkaufs- und Umsatzzahlen des gesamten Sortiments erhöhen, Wettbewerbsvorsprung ausbauen, Unternehmensimage steigern, Händler motivieren (trotz harter Verhandlung bei Konditionen).

Gäste:

Händler, Geschäftspartner, VIPs, Großkunden, etwa 100 bis 500 Gäste (nach oben offen) – und als interne Teilnehmende: Alle (!) Vertriebsmitarbeiter.

Location:

Exklusive Location (stylisher Ausstellungssalon im eigenen oder bei befreundetem Unternehmen, Schloss, historische Produktionshalle oder anderes originelles Gebäude mit besonderem Ambiente, Messehalle) – alles was viel Platz bietet und über die technischen Einrichtungen verfügt, das Produkt nach allen Regeln der Kunst zu beleuchten und exklusiv vor vielen Gästen zu präsentieren.

Programm:

Begrüßung durch Chef, dann ein oder zwei Gastredner (Autoritäten aus Wissenschaft oder Branche), Vortrag durch Führungskräfte aus Technik, Marketing oder Design, nachmittags Produktpräsentation und -vorführung durch Produktmanager in kleineren Gruppen, abends Show mit Entertainment, Artisten, Liveband und anderen – oder einfach nur Disco mit motivierendem DJ.

Verpflegung:

Erfrischungsgetränke, Snacks, Buffet – oft wird dafür ein eigenes Partyzelt aufgebaut, abends Menü und alkoholische Getränke.

Zeiten:
Beginn 10:30 Uhr bis in den Abend (open end mit Disco) – die Zeiten richten sich ganz danach, ob Gäste schon am Vorabend zur Händlerkonferenz anreisen oder ob diese am Tag danach stattfindet.

Moderationsaufgabe und Stil:
Moderation bei der Eröffnung mit viel Überzeugungskraft, Power und Durchsetzungsvermögen. Erstens ist das vor extrovertierten Verkäufern (die sich kennen!) sowieso angesagt und gewünscht, zweitens kann es durchaus sein, dass bei einigen von ihnen die gehabte oder bevorstehende Verhandlung über ihre Konditionen Unbehagen bereitet. Die Moderation darf sich davon nicht beirren lassen. Im weiteren Verlauf den Moderationsstil – je nach Stimmung – eher wieder lockern, die Stars bei den Referenten mit großer Freude und Begeisterung anmoderieren. Alles Weitere ergibt sich. Meist werden die Moderatoren der Vortragsveranstaltung im weiteren Programm einer Hausmesse nicht mehr gebraucht. Besondere Moderatoren-Gags anfangs eher vermeiden (Spaßmacher sind die Geladenen oft gern selbst).

Show-Element/Rahmenprogramm:
Mitarbeiter bei den einzelnen Produkten, Werbeagentur, Eventagentur, DJ.

Weitere Show-Elemente:
Abendveranstaltung durch Eventagentur. Sollten die Moderatoren des Vortragsprogramms auch bei der Abendveranstaltung noch zum Einsatz kommen, empfiehlt sich gänzlich anderer Stil, deutlich betont auch durch ein anderes Outfit der Moderatoren: Jetzt werden sie zum Showmaster …

Fazit und Empfehlung für Moderation:
Bei Hausmessen geht es meist fröhlich und stellenweise sogar ein wenig aufgeregt zu. Denn die meisten Besucher kennen sich, freuen sich über das Wiedersehen, haben sich viel zu erzählen und wollen sich natürlich auch vor der Geschäftsführung in Szene setzen. Doch unter dieser Oberfläche sieht es ganz anders aus, da gibt es latente Interessenkonflikte und Animositäten zwischen verschiedenen Gruppierungen: Erfolgreiche Händler und weniger erfolgreiche, fortschrittliche (offen für neue Vertriebskanäle) und konservative (die alles so belassen wollen und im anderen Fall geschäftliche Einbußen für sich befürchten), Vertriebsmitarbeiter im Spannungsverhältnis zwischen Händlern und Vertriebsführung und – wenn es ganz heftig wird – auch noch interne Spannungen zwischen Design und Entwicklung, Marketing und Vertrieb. Dazwischen in der Besucherschar Gäste und Experten, die von den Bewegungen und Strömungen im Untergrund selten etwas mit bekommen, aber gern die Unternehmensführung mit ihren eigenen Anliegen in Beschlag nehmen, und

Mitarbeiter, die nicht nur für die reibungslose Organisation (so etwas machen sie sonst nicht) beordert werden, sondern die dann auch schon mal unversehens als Blitzableiter für den einen oder anderen Temperamentausbruch (auch Besucher und Chefs sind nur Menschen) herhalten müssen. Und mittendrin in dieser emotional-politischen Gemengelage die Frau oder der Herr Moderator, die der Vertreter der einen oder anderen Partei ein wenig für eigene Absichten vereinnahmen will. Vorsicht, Schleudergefahr! Immer ein wenig freundliche Distanz halten, auch wenn die Kontaktaufnahme durch Besucher besonders herzlich ist.

Klare Botschaft für die Moderation: Stur der Briefing-Linie folgen, die mit der Unternehmensführung im vorbereitenden Briefing besprochen worden war. Natürlich schließt das nicht aus, situativ vom Programm abzuweichen, das gehört ja zur professionellen Moderation. Doch dabei immer dem Geist der Absprachen folgen: Moderatoren sollen wissen, dass es bei Hausmessen mit angeschlossener Händlertagung (Konditionen!) unter der fröhlichen Oberfläche oftmals nicht ganz spannungsfrei zugeht und müssen sich im Stil ihrer Moderation (durchsetzungsstark, aber fröhlich) darauf einstellen. Doch mehr Aufmerksamkeit sollten sie diesem unterirdischen Stimmungsthema nicht widmen.

Es sei denn …

Es sei denn, irgendein Konflikt bricht im direkten Umfeld der Veranstaltung offen aus und die meisten Gäste bekommen das mit. Dann ist es durchaus legitim, etwa den Beginn des nächsten Vortrags ein wenig zu verzögern, um mit der Unternehmensführung kurz das weitere Vorgehen zu besprechen.

2.4   Tag der offenen Tür

Sind bei einer Hausmesse unterschwellige Strömungen beim Publikum im Moderatoren-Hinterkopf zu behalten, geht es in der Moderation bei einem „Tag der offenen Tür" für Moderatoren eher darum, ihr Publikum für den nächsten Programmpunkt immer wieder einzusammeln – buchstäblich. Denn so eine Veranstaltung ist typisch für völlig unterschiedliche, zentrifugale Attraktionen und sehr unterschiedliche Gäste. Glücklicherweise kann man davon ausgehen, dass bei solchen Festivitäten die Mitarbeiter unter sich Frieden halten und die üblichen internen Konflikte – wenigstens für diesen einen Tag – vergessen sind und stattdessen ein „wir sind alle eine große Familie"-Gefühl dominiert.

Einen „Tag der offenen Tür" veranstaltet ein Unternehmen, wenn es sich als vorbildlicher Arbeitgeber, Nachbar, Wirtschaftsfaktor, Umweltschützer und mehr präsentieren will: Eingeladen sind dazu

- die Mitarbeiter und ihre Familien („ach, da arbeitet der Papa ...", „... die Tochter", „... die Ehefrau", „... der Freund"),
- die Einwohner in der direkten Nachbarschaft und Unternehmensvertreter in der Umgebung,
- lokal und regional agierende Politiker,
- alle möglichen Experten, Vertreter von Ämtern, Verbänden, Gewerkschaften,
- Schüler und Studenten (potenzielle Bewerber!),
- Journalisten aus Tages- und Fachpresse, Rundfunk, TV und weiteren Medien,
- Kunden vorsichtshalber auch, allerdings sind für Kunden andere Veranstaltungen besser geeignet (Kunden dürften wenig Interesse an Aktionen für Mitarbeiterkinder haben).

Also im wahrsten Sinn des Wortes: Ein Tag der offenen Tür. Ziel ist es, ein sympathisches Image aufzubauen oder zu vertiefen und Beziehungen zu intensivieren oder zu knüpfen mit allen, die in irgendeiner Weise mit dem Unternehmen zu tun haben (könnten). Klar: Ein Unternehmen muss ständig neue Herausforderungen im Markt, in der Entwicklung, in der Produktion, bei Mitarbeitern, in der Gesellschaft erfolgreich bestehen. Da hilft es enorm, wenn es von sich aus alles tut und seine Türen weit öffnet, um nach allen Seiten Goodwill zu erzeugen und Sympathisanten oder Verbündete zu finden. Natürlich ist das auch ein Präventivprogramm für alle unternehmerischen Katastrophen, Pannen und Angriffe, die urplötzlich aus allen möglichen Richtungen daherkommen können.

Moderatoren haben da neben ihrer ureigenen Aufgabe auch die Funktion des Kindermädchens, Auskunftgebers, Lautsprechers ... Natürlich nicht allein: Für die zig Attraktionen und Stationen, die das Unternehmen an diesem Tag für Groß und Klein, Kunden und Experten, Politiker und Presse auf die Beine stellt und vorgesehen hat, sind jeweils auch gut vorbereitete Mitarbeiterinnen und Mitarbeiter an Besucher-Sammelplätzen abgestellt. Dennoch: Als Moderatorin oder Moderator werden Sie vor allen anderen öffentlich zentral wahrgenommen und leichter angesprochen als die Damen und Herren der Geschäftsführung, die als Ansprechpartner in erster Linie für VIPs, Politiker und Presse reserviert sind.

Fallbeispiel

Moderation „Tag der offenen Tür"

Anlass:

Im Idealfall kein konkreter Anlass, sondern Tradition im 3–5-Jahresrhythmus. Im weniger idealen Anlass Terminierung bei der Wahrnehmung erster politischer oder gesellschaftlicher Spannungen, die sich gegen das Unternehmen richten könnten (heute meistens Angst vor Umweltschäden). Unternehmen tun allerdings gut daran, diesen weniger idealen Fall gar nicht erst abzuwarten, sondern auch ohne konkreten Anlass regelmäßig und offensiv mit einem „Tag der offenen Tür" oder ähnlichen Veranstaltungen um Sympathie vor Ort zu werben.

Ziel:

Präsentation des Unternehmens als Sympathieträger und Wirtschaftsfaktor in der Region.

Gäste:

Mitarbeiterfamilien, Nachbarn, Politiker, Presse ...

Location:

Das Unternehmen selbst, gut präpariert für einen kaum zu kalkulierenden, neugierigen Besucheransturm.

Programm:

Auftaktveranstaltung mit Chef-Ansprache, Grußworte von Politikern, Verbandsvertretern und eventuell auch einem Gastredner. Dann ein sehr unterschiedliches Programm mit Attraktionen für Kinder, Führungen durch das Unternehmen, Produktpräsentationen, Quiz/Preisausschreiben, Show-, Musik- und Tanz-Einlagen (mit ortsansässigen Vereinen) und vielem anderen mehr (da kennt die Fantasie kaum Grenzen). Zwischendurch am Nachmittag oder zum offiziellen Veranstaltungsende noch einmal eine moderierte Minivortragsreihe, Talkrunde oder Abschiedskundgebung mit Unternehmensführung und führenden Mitarbeitern oder auch prominenten Gästen.

Verpflegung:

Erfrischungsgetränke, Brotzeit, Snacks, Kaffee und Kuchen und vieles andere mehr ...

Zeiten:

Beginn 10:00 Uhr, Ende meist am späten Nachmittag (oder noch später mit Party und Feuerwerk, wenn's ganz prächtig werden soll).

Moderationsaufgabe und Stil:

Führung (im wahrsten Sinn des Wortes) durch die Veranstaltung, Integration und genaue Absprache aller Mitmoderatoren und Animateure der

verschiedenen Programmpunkte, ständiger Kontakt mit Veranstaltungs-/Orga-
nisationsleitung und Unternehmenskommunikation, jederzeit vorbereitet sein
auf Programmänderung und Improvisation. Zum Start herzliches und offenes
und einfühlsames „Willkommen" an alle (!) auch die Kinder – wenn im Publikum -, sehr höflich bei Anmoderation der Unternehmensführung und sehr
respektvoll bei der Begrüßung der Ehrengäste (peinlich genaue Absprache
mit Unternehmensführung, wer da von wem wie zu begrüßen ist), Moderation
der Redebeiträge so, dass möglichst alle im bunt zusammengesetzten Publikum folgen können. Im weiteren Verlauf des Tages wandelt sich die Moderatorenrolle dann zunehmend zu der des Ausrufers bis hin zum Animateur oder
Marktschreier, um dann bei einer Abschlussveranstaltung wieder gewohnt professionell aufzutreten und fröhlich mit dem einen oder anderen Gag und selbst
erlebten Geschichten gemeinsam mit der Unternehmensführung das Ende
eines gelungenen Tages zu verkünden.

Show-Element/Rahmenprogramm:
Reichhaltiges Programm, besetzt mit eigenen Mitarbeitern.

Fazit und Empfehlung für Moderation:
Wenn Moderatoren bei einem „Tag der offenen Tür" über die Eröffnungsveranstaltung hinaus engagiert sind, dann sind sie voll und ganz mit allen
Registern ihres Könnens und allen ihren Fähigkeiten zum mehrmaligen Rollenwechsel gefordert (und danach bekannt wie ein bunter Hund). Wer das will
und kann, erlebt sicher einen unvergesslich eindrucksvollen Tag – mit einer
entsprechend physischen wie psychischen Erschöpfung am Tag danach. Doch
so bunt, vielfältig und ausgelassen dieser Tag für Mitwirkende und Besucher
auch werden soll: Die Eröffnungsveranstaltung muss hoch professionell und
charmant einen gelungenen, motivierenden Auftakt bieten. Und das eigentliche Ziel, dass es hier nämlich um ein Unternehmen geht, das für seine Zwecke
in Sympathieaufbau und gute Beziehungen investiert und nicht einfach so eine
Volksbelustigung veranstaltet, muss bei allem eigenen Vergnügen an der Sache
stets der gedankliche Leitstrahl der Moderation sein.

2.5   Unternehmenspräsentation

Während sich der „Tag der offenen Tür" an eine buchstäblich sehr offene Zielgruppe wendet mit einem sehr offenen Ziel (Sympathie erzeugen), richtet sich
eine Unternehmenspräsentation mit einem klar definierten Fokus an eine ganz
bestimmte Interessengruppe. Unternehmenspräsentationen werden veranstaltet für

- Partner oder Lieferanten,
- Lizenzgeber/potenzielle Lizenznehmer,
- Banken/andere Kreditgeber,
- Sponsoren,
- Vertreter von Forschungsfonds, Stiftungen, Organisationen zur Drittmittelvergabe,
- politische Institutionen auf Bundes-, Landes- und Kommunalebene,
- Investoren,
- ausgesuchte Kundengruppen und Großkunden,
- Journalisten (Fach-/Tages-/Lokal- und Wirtschaftspresse).

Kennzeichen dieser Events ist, dass sie durchaus diskret in einem kleinen Kreis veranstaltet werden. Da finden möglicherweise alle Teilnehmenden an einem großen Konferenztisch Platz. Eine andere, häufig anzutreffende Variante ist eine Unternehmenspräsentation vor 15 bis 30 Vertretern einer oder sogar mehrerer für die Zukunft des Unternehmens wichtigen Interessengruppen. Ebenfalls zu dieser Art Event gehört die Sonderform einer Pressekonferenz und im weitesten Sinn sogar die Aktionärsversammlung, die jedoch den Regeln des Aktiengesetzes folgt und die hier deshalb nicht weiter behandelt wird.

Der jeweilige Anlass für einen hier als „Unternehmenspräsentation" bezeichneten Event ergibt sich aus den eben genannten Zielgruppen: Ein Unternehmen will neue Partner, Sponsoren-Unterstützung, Fördermittel oder Investoren direkt gewinnen (indirekt über die Medien – Pressekonferenz), die es für seine weitere gedeihliche Entwicklung braucht. Investoren, Anleger, Partner und Kundengruppen, die das Unternehmen unterstützen, die dessen Pläne als Erfolg versprechend einschätzen und die es ein Stück weit in die Zukunft begleiten wollen. Und im Gegensatz zu allen bisher beschriebenen Event-Typen tauchen hier drei wichtige Begriffe auf, die die Veranstaltung – und entsprechend auch die Moderation – ganz wesentlich bestimmen:

- unternehmerischer Erfolg,
- künftige Pläne,
- Partner/Unterstützer/Investoren.

Nun geht es ja in den bisher beschriebenen Events ebenfalls um die Unternehmenszukunft. Allerdings nur um einen Teilbereich, um den Vertrieb, beziehungsweise sehr allgemein und breit um das Image des Unternehmens (beim „Tag der offenen Tür"). In diesem Event geht es jedoch existenziell, ganzheitlich und sehr gezielt um die Darstellung unternehmerischer Erfolge in der Gegenwart, um daraus für die Unterstützung für die Zukunft eines Unternehmens zu überzeugen.

Hier stehen betriebswirtschaftliche Bilanzen, technische Errungenschaften, Marktentwicklungen und Trends, Rohstoffe, Personal, Führung und Strategie im Mittelpunkt der unternehmerischen Präsentation. Es geht um abstrakte Zahlen, Diagramme, Konstruktionspläne. Hier werden Zahlen der jüngsten Entwicklung vorgestellt.

Für Moderatoren gilt: Sie müssen der abstrakten, zahlenbasierten Darstellung des Unternehmens und der dann oft sehr theoretisch-hypothetischen Erörterung folgen können und sind besonders nach der Präsentation gefordert, wenn Fragen aus dem Publikum gestellt werden und eine Diskussion beginnt. Noch mehr als bei anderen Events agieren Moderatoren hier als Anwälte des Publikums. Denn wenn dieses ausgesuchte Publikum das Gefühl hat, nicht gehört, nicht ernst genommen oder gar manipuliert zu werden, entsteht ein dauerhafter, gar nicht auszudenkender Schaden für das Unternehmen.

Für die Besetzung der Moderatorenfunktion kommen deshalb vor allem gut trainierte Mitarbeiterinnen und Mitarbeiter der internen Unternehmenskommunikation infrage. Bei ihnen weiß das Publikum, dass sie Angestellte des Unternehmens und damit von der Unternehmensführung abhängig sind. Es würdigt deren neutralen und professionellen Einsatz in der Moderation deshalb besonders wohlwollend (was wiederum sehr positiv für die ganze Veranstaltung und damit für das Unternehmen gewertet wird).

Keinesfalls darf eine Unternehmenspräsentation von einem Mitglied der Unternehmensführung oder von Leitenden Angestellten (Ausnahme: Unternehmenskommunikation) geleitet werden. Diese Damen und Herren haben im Sinne des Unternehmens, beziehungsweise für den von ihnen zu verantworteten Bereich vorzutragen und sich den Fragen der Gäste zu stellen. Sie sind erklärtermaßen Partei und schon aus diesem Grund ungeeignet für eine Moderatorenrolle, die ja die Interessen der Besucher vertreten soll. Ein praktischer Grund kommt hinzu: Sie sollen sich in der Diskussion auf die Inhalte von Fragen konzentrieren und blitzschnell treffende Antworten vorbereiten – das geht nicht, wenn sie – wie es der Job von Moderatoren verlangt – alle Anwesenden gleichzeitig im Auge behalten und mögliche Wortmeldungen bemerken und richtig zuordnen müssen.

Für die Moderation solcher Events sind auch externe Berater geeignet, die das Unternehmen gut kennen und denen man trotz ihrer Verbindung zu ihren Auftraggebern abnimmt, dass sie weitgehend unabhängig und neutral agieren. Für Pressekonferenzen werden gern ehemalige Wirtschaftsjournalisten als Moderatoren verpflichtet, in der Hoffnung, mit ihrer Berufserfahrung der Presse einen guten Ansprechpartner anzubieten. Das kann erfolgreich sein, wenn diesen Damen und Herren während ihrer Moderation ein deutlicher Rollenwechsel vom Journalisten zum Moderator gelingt – das heißt, nicht vor allem selbst etwas erfahren und nachhaken zu wollen, sondern hier erst einmal den eingeladenen Kolleginnen und Kollegen Vortritt zu gewähren und sie dazu nachdrücklich zu animieren (so merkwürdig deren Fragen manchmal auch scheinen mögen). Ferner sind als mögliche externe Moderatoren noch PR- oder Kommunikationsexperten des Unternehmens zu nennen, sofern auch ihnen der Rollenwechsel zum neutralen Moderator gelingt und sie in der Lage sind, die betriebswirtschaftliche und technische Diskussion bis ins Detail verfolgen, verstehen und zuordnen können.

Fallbeispiel

Moderation Unternehmenspräsentation

Anlass:

Situativ nach Bedürfnissen der Unternehmensentwicklung, Pressekonferenzen: jährlich nach Abschluss der Bilanz.

Ziel:

Gewinnung neuer Partner/Unterstützer für die weitere Entwicklung des Unternehmens.

Gäste:

Entscheider strategisch wichtiger Kundengruppierungen, potenzielle Sponsoren, Vertreter des Kapitalmarkts, von Stiftungen und wissenschaftlichen Institutionen.

Location:

Konferenzraum/Vortragssaal im eigenen Unternehmen oder in einem verkehrsmäßig gut erreichbaren Tagungshotel mit gepflegtem bis exklusiven Ambiente.

Programm:

Moderierte Präsentations- und Diskussionsveranstaltung, Präsentationen der Unternehmensführung und Leitenden Angestellten (mindestens Finanzen, Technik, Entwicklung), möglicherweise ein Gastredner aus der Wissenschaft beziehungsweise externe Experten (Gutachter).

Verpflegung:

Erfrischungsgetränke und Snacks, Business-Lunch.

Zeiten:

Beginn 10:00 Uhr, Ende spätestens 16:30 Uhr, Pressekonferenz: Beginn 11:00 Uhr, ab etwa 12:30 Uhr Business-Lunch und Möglichkeit für Einzelinterviews.

Moderationsaufgabe und Stil:

Knappe, aber freundliche Ansage der einzelnen Redner und Programmpunkte und Leitung der Diskussion – konzentriert, charmant, verbindlich und vorrangig die Interessen der Fragenden vertretend.

Show-Element/Rahmenprogramm:
Nicht vorgesehen. Allerdings sollten besondere inhaltliche Höhepunkte in der Präsentation auch mit einem besonderen Akzent dargestellt werden. Zum Ende der Veranstaltung kann durchaus auch eine strahlende, bei aller Anspannung als befreiend erlebte Video-/Fotoshow über die Leinwand flimmern.

Weitere Show-Elemente:
Nicht vorgesehen (es sei denn, die Unternehmenspräsentation wird verknüpft mit der Vorstellung eines neuen Produkts im Anschluss – das sollte prächtig werden).

Fazit und Empfehlung für Moderation:
Achtung! Die Gäste dieser Veranstaltung sind normalerweise durch schriftliche/E-Mail-Vorabinformation und andere Lektüre, beziehungsweise umfangreiche Handouts zur Tagung besonders gut vorbereitet. Diese Vorbereitung ist (mindestens) auch von der Moderation zu erwarten. Auf eine ausführliche Anmoderation sollten Moderatoren mit Rücksicht auf ihre gut informierten Zuhörer dringend verzichten und sich vor allem auf den Ablauf und auf die Diskussion nach der Präsentation konzentrieren. Dort wird den Moderatoren zugebilligt, dass sie je nach Verlauf und Zahl der Wortmeldungen durchaus mehrere Fragen vor einer Antwort zulassen und bündeln und dass sie situativ auch Zusammenfassungen zu einem Themenkomplex anbieten, um dann den Fragekatalog zu einem anderen Themenkomplex eröffnen.

Hohe Sensibilität und diplomatisches Geschick ist besonders bei diesen Veranstaltungen auch in der zeitlichen Steuerung der Diskussion zu beachten: Selbst wenn die dafür vorgesehene Zeit knapp wird, sollten möglichst alle Fragen gestellt und Antworten gegeben werden dürfen. Erst wenn Moderatoren schließlich erhebliche Unruhe, Ungeduld und heimliches Füßescharren bei den Besuchern feststellen, ist sanfter Druck mit allmählicher Eskalation legitim, die Fragerunde zu beenden.

2.6 Fachkonferenz/Tagung

Nächster Event, nächste Moderationsdramaturgie – und wieder ganz anders: Bei der Moderation von Fachkonferenzen oder Tagungen dürfen, können und müssen Moderatoren von Beginn an die ganze Spannbreite ihrer Professionalität mit Pflicht und Kür zeigen.

Als Fachkonferenz/Tagung werden hier Veranstaltungen von Unternehmen bezeichnet, bei denen das Unternehmen und seine Produkte selbst eher eine Rolle

im Hintergrund spielen. Im Vordergrund geht es um einen technischen, wirtschaftlichen oder gesellschaftlichen Dialog, der dem Unternehmen wichtig ist und den es gewissermaßen sponsert.
Gründe für so ein Mäzenatentum gibt es viele: Das Unternehmen will

* Kunden mit weit gefassten, interessanten und aktuellen Themen und Darbietungen unterhalten, inspirieren und für seine Treue zum Unternehmen belohnen (und sie auf diese Weise als Freunde und Förderer gewinnen),
* sich in der wissenschaftlichen und/oder gesellschaftlichen Diskussion einen Namen machen,
* Beziehungen zu Autoritäten in verschiedenen Disziplinen vertiefen, ihnen eine Bühne anbieten und neue interessante Kontakte anbahnen,
* direkt von den Erkenntnissen der Veranstaltung profitieren und Ideen der Referenten (und aus dem Dialog mit dem Publikum) als Anregungen ins operative Geschäft übernehmen,
* Kontakte zu Opinion Leaders in Wissenschaft, Politik und Gesellschaft pflegen und vertiefen …

Also da gibt es eine Reihe sich ergänzender Motive, warum Unternehmen ihre Kunden, Partner, VIPs und Mitarbeiter, die ihre Teilnahme als Auszeichnung empfinden sollten, zu einer Fachkonferenz einlädt – einmal jährlich oder alle zwei Jahre – und am besten immer im gleichen Monat.
So eine Veranstaltung kann, wenn sie gut läuft und mit renommierten Referenten kontinuierlich fortgesetzt wird, das Ansehen und die Ausstrahlung eines Unternehmens in Wirtschaft und Wissenschaft, Politik und Gesellschaft nachhaltig verbessern. Die überall auftretenden Hürden, geeignete Bewerber, Partner und Berater für das Unternehmen zu finden, dürften mit so einer Veranstaltungstradition kleiner werden. Natürlich bedarf es dafür auch einer professionellen Öffentlichkeitsarbeit und einer gewissen Größe – unter 30 externen Gästen lohnt der Aufwand kaum, nach oben ist die Grenze offen.

Fallbeispiel
Moderation Fachkonferenz/Tagung
Anlass:
Muss kreiert werden – vielleicht ein historischer Gedenktag des Unternehmens (Gründung, Erfindung, Neubau, Produktlinie, Kooperation …).
Ziel:
Gezielte Imagesteigerung, Kundenbindung, Intensivierung und Knüpfen von Kontakten in Wissenschaft und Gesellschaft.

Gäste:

Kunden, Partner-Unternehmen, Experten, Wissenschaftler, potenzielle Bewerber, ausgewählte Mitarbeiter.

Location:

Vortragssaal in gut erreichbarem Tagungshotel mit gepflegtem bis exklusiven Ambiente, aber auch origineller Veranstaltungsort (historisches Gebäude, alte Fabrik), die sich gut für größere Tagungen einschließlich Catering eignen.

Programm:

Vorträge von renommierten Referenten, meist Wissenschaftlern, eventuell kleines Unterhaltungsprogramm zur Auflockerung, Talkrunde mit Referenten und/oder Gästen am Ende, Begrüßung und Verabschiedung durch Unternehmensführung.

Verpflegung:

Erfrischungsgetränke und Snacks, Business-Lunch, Kaffee und Kuchen nachmittags.

Zeiten:

Eintreffen der Gäste ab 10:00 Uhr, Beginn 10:30 Uhr, offizielles Ende etwa 16:30 Uhr, danach allmählicher Ausklang mit Möglichkeit zu Kontakten und Small Talk.

Moderationsaufgabe und Stil:

Einladend, informierend, unterhaltend animierend. In dieser Art von Veranstaltung wird von Moderatoren erwartet, mit einem eigenen Beitrag auf das Motto der Veranstaltung einzugehen, eine Anekdote zum Besten zu geben, Unterhaltendes zu bieten – doch sie dürfen nie dabei die eigene Rolle vergessen, mit ihren Beiträgen lediglich die Referenten, die Hauptpersonen, zu unterstützen.

Show-Element/Rahmenprogramm:

Hilfreich und auflockernd sind kleine Darbietungen von jungen Musikern, Artisten, Kabarettisten, Künstlern, denen das Unternehmen als Mäzen oder Sponsor eine Chance zum Auftritt geben will. Vor dem Veranstaltungsraum, in der Lobby kann man sich auch kleine Stände vorstellen mit Produkten des Unternehmens oder von Partnerfirmen – mit einheimischem Kunsthandwerk oder ortsansässigen Künstlern. Keinesfalls sollte jedoch der Eindruck einer Verkaufs- oder Werbeschau entstehen – aber ein kleines Souvenir will der eine oder andere Gast vielleicht doch erstehen ...

Weitere Show-Elemente:

Nicht notwendig.

Fazit und Empfehlung für Moderation:

Die Frau Moderatorin oder der Herr Moderator oder ein Moderatoren-Pärchen führen souverän, gut gelaunt und so unterhaltsam durch die Veranstaltung, dass sie auch selbst viel Beifall bekommen. Hier dürfen sie alles, was anschließend zum Thema Moderationskonzept geschrieben ausgeführt wird, anwenden. Ideal ist es, wenn ihnen gelingt, das Publikum mit kleinem Frage- und Antwortspiel oder Mini-Übungen mit einzubeziehen und die Kontaktauf- nahme zu den Sitznachbarn, zu Vorder- oder Hintersassen zu erleichtern, früh Applaus und viel Lachen und Heiterkeit im Saal zu generieren, dann aber auch wieder zum Nachdenken und zum Reflektieren der Beiträge zu animieren. In diesen Veranstaltungen sind auch Moderatoren die Stars – in ihrer Rolle.

▶   **Wichtiger Hinweis:** Die Fachkonferenz/-Tagung weist die größte Bandbreite des Moderationseinsatzes auf. Dieser Event-Typ mit 200 und mehr Besuchern in einem großen Vortragssaal mit Bühne wird deshalb automatisch in später folgenden Kapiteln als Modell für die Arbeit von Moderatoren unterstellt. Sollten sich Einsätze in anderen Events deutlich davon unterscheiden, wird darauf jeweils gesondert hingewiesen.

2.7   Vortragsveranstaltung am Abend

Eine Tagung im Miniaturformat ist eine abendliche Vortragsveranstaltung. Dabei will ein Unternehmen seine Kunden und Gäste aus der Umgebung einladen, um ihnen ein interessantes Thema und einen Referenten vorzustellen, der im weiteren Sinn irgendeine Verbindung mit dem Unternehmen hat oder um sich in allgemeinen gesellschaftlichen Fragen mit einem eigenen Beitrag zu profilieren. Die Intention des Unternehmens ist die gleiche wie die bei einer Fachkonferenz/Tagung, der damit verbundene Aufwand ist allerdings bei Weitem kleiner. Durchaus denkbar ist, dass ein Unternehmen eine abendliche Vortragsveranstaltung deshalb sogar mehrfach im Jahr zu verschiedenen Themen ausrichtet.

Fallbeispiel
Moderation abendliche Vortragsveranstaltung
Anlass:
Muss kreiert werden – vielleicht ein aktueller Anlass, aus dem dann bei Erfolg eine Tradition mehrmaliger Abendveranstaltungen des Unternehmens wird.
Ziel:
Gezielte Imagesteigerung, Kundenbindung, Intensivierung und Knüpfen von Kontakten (siehe auch Fachkonferenz/Tagung).

Gäste:

Kunden, Partner-Unternehmen, Gäste aus dem Ort/der Umgebung, Experten, Mitarbeiter. Das Publikum umfasst bei diesen Veranstaltungen normalerweise 50 bis 100 Besucher.

Location:

Vortragssaal in Hotel oder in Räumen des Unternehmens (Kantine).

Programm:

Vortrag von renommiertem Referenten, eventuell noch eine Talkrunde, Begrüßung und Verabschiedung durch Unternehmensführung.

Verpflegung:

Erfrischungsgetränke und Snacks.

Zeiten:

Eintreffen der Gäste ab 18:30 Uhr, Beginn 19:00 Uhr, offizielles Ende etwa 22:00 Uhr, Ausklang mit Möglichkeit zu Kontakten und Small Talk.

Moderationsaufgabe und Stil:

Einladend, informierend, unterhaltend. Achtung: Alle haben zu diesem Zeitpunkt schon einen langen Arbeitstag hinter sich. Also Moderationsauftritt möglichst kurz halten.

Show-Element/Rahmenprogramm:

Nicht notwendig, aber in kleinem Rahmen möglich (siehe auch „Fachkonferenz/Tagung").

Weitere Show-Elemente:

Nicht notwendig.

Fazit und Empfehlung für Moderation:

Freundlich, verbindlich und ohne Show-Einlage. Natürlich darf und soll im Publikum gelacht werden. Doch Moderatoren-Gags sind nicht gefragt – die Gäste wollen entspannt einen Vortrag hören und vor allem davor und danach noch Kontakte mit anderen Gästen auffrischen oder neu knüpfen, es handelt sich hier ja nicht um eine temperamentvolle Gala.

2.8   Gala

Ein Unternehmen hat etwas zu feiern. Das kommt auch in dieser bewegten Zeit immer mal wieder vor. Wirtschaftliche Erfolge werden meist mit einer opulenten Pressekonferenz und anschließendem Empfang abgefeiert, andere mit einem nicht öffentlichen Diner für die am Erfolg Beteiligten und ihre Lebenspartner. Ausländische Delegationen oder Politiker werden mit einem feierlichen Empfang hofiert und ebenso Mitarbeiter oder Führungskräfte, die etwas ganz Besonderes geleistet haben und denen beispielsweise bei diesem Empfang auch eine öffentliche Ehrung überreicht wird. Alles sehr würdig, sehr festlich, sehr staatstragend. Moderatoren übernehmen da vor allem die Rolle eines Hofzeremonienmeisters oder die eines auf höchste Seriosität bedachten Protokollchefs.

Ganz anders, lockerer, beschwingter, erotischer ist eine Gala. Die kann ein Unternehmen beispielsweise aus wohltätigen, karitativen Gründen veranstalten, um Preisträgerinnen und Preisträger eines Wettbewerbs zu küren, um eine Show für neue, megatrendy Produkte zu inszenieren, um Stars aus Film und Fernsehen zu präsentieren, die für Produkte des Unternehmens werben, um Sportler, die man als Sponsor betreut, vorzuführen … für die Veranstaltung einer Gala gibt es viele Gründe und Fantasie.

Für die Moderation einer Gala sollte man das Talent eines Showmasters m/w mit Bühnenerfahrung nutzen. Man spricht hier von echten Rampensäuen, die das Publikum sofort ansprechen, es aufpeitschen und mitnehmen. Frauen und Männer, die ohne Ende voller Begeisterung sprühen und immer noch eine Steigerung in die Show bringen. Profis eben.

Oder ganz anders: Man nehme für den moderierten Teil der Veranstaltung zwei junge Mitarbeiter, männlich und weiblich, die ein ansehnliches Äußeres haben, die über eine gewisse Ausstrahlung verfügen, die sich gut bewegen und sprechen können (vielleicht mit Freizeit-Erfahrungen aus Theater-, Show- oder Tanzgruppen), die bei dieser Gala auch gern auftreten wollen – und die auf der Bühne vor allem unverdorbene Frische, Jugendlichkeit und Charme ausstrahlen. Die lasse man ihre Auftritte unter Anleitung einer erfahrenen Trainerin oder eines Trainers intensiv üben, stecke sie in ein schickes Outfit – und los geht's.

So ganz weit daneben ist die zweite Lösung nicht: Jungen Menschen fliegen, wenn sie sich nicht ganz dumm anstellen, schnell die Herzen des Publikums zu. Schneller jedenfalls als professionellen Rampensäuen, die sich die Gunst des Publikums immer wieder erst erarbeiten müssen. Zudem steigt das veranstaltende Unternehmen in der Achtung des Publikums für den Mut, eigenen Mitarbeitern bei so wichtigen und glanzvollen Ereignissen die Chance eines Bühnenauftritts zu geben. Drittens schließlich erhält diese Gala durch den Charme, durch die Unverbrauchtheit und manchmal vielleicht auch durch eine vorübergehende Unbeholfenheit (das Publikum zittert mit) des jungen Moderatoren-Pärchens eine ganz eigene, frische Note.

Allerdings kippt die positive Zuneigung sofort, wenn das junge Moderations-Pärchen immer unsicherer wird, sich in der Moderation nicht frei schwimmen kann und den Kontakt mit dem Publikum verliert. Das war's dann. Da ist der

Veranstalter mit einer erfahrenen Rampensau m/w besser bedient: Die haben mit eigenen bitteren Erfahrungen gelernt, ein Publikum auch bei einem plötzlichen Stimmungstief wieder in das Hoch der guten Laune zu führen.

Fallbeispiel

Moderation Gala

Anlass:

Wohltätigkeitsveranstaltung, Show mit neuen Produkten, Kür von Preisausschreibengewinnern, Präsentation von Stars … der Fantasie sind keine Grenzen gesetzt.

Ziel:

Steigerung Bekanntheitsgrad, Unterhaltung der Fans, Kundenbindung, eventuell auch gezielte und emotionale Unterstützung bei einem Imagewechsel.

Gäste:

Kunden und deren Angehörige, Fans, Interessenten, VIPs, weit mehr als hundert Besucher.

Location:

Großer Saal/Halle und Nebenräume in schickem Tagungshotel, aber auch origineller Veranstaltungsort (historisches Gebäude, alte Fabrik), wo es sich elegant und ausgelassen feiern lässt.

Programm:

Begrüßung Unternehmensführung, Ansprache Gastredner, Aktionen (z. B. Preisverleihung oder Darbietungen von Stars oder Sportlern), dazwischen immer wieder Show-Elemente, viel Licht-Aktionen, Video und Musik, zum Abschluss Liveband, Tanz und Disco.

Verpflegung:

Trendy Drinks (ohne und mit Alkohol), Sekt zur Begrüßung, Snacks …

Zeiten:

Eintreffen der Gäste ab 18:00 Uhr, Beginn 19:00 Uhr, open end.

Moderationsaufgabe und Stil:

Animation, Motivation, Begeisterung – Publikum bei einzelnen Aktionen zu Beifallstürmen hinreißen – dennoch gekonnt dramaturgische Steigerung bis zum Programm-Höhepunkt aufbauen.

Show-Element/Rahmenprogramm:

Hier sind der Fantasie und dem Können von Eventagentur nur finanzielle Grenzen gesetzt.

Weitere Show-Elemente:

Dito.

Fazit und Empfehlung für Moderation:
Eine Gala zu moderieren erscheint wegen des gebotenen Show-Charakters, wegen der zu moderierenden Stars, wegen des großen Publikums in Feierlaune, und wegen Glanz und Glamour überall (und man selbst im Mittelpunkt) eine große Herausforderung. Das ist sie auch für alle, die nicht direkt gierig sind, bei so einem Anlass auf der Bühne zu stehen.

Doch so schwierig ist das alles nun auch wieder nicht. Viel Rückenwind erhalten Moderatoren durch das Publikum selbst: Das Publikum will feiern, will fröhlich sein und schier in Ekstase fallen, wenn ihre großen Stars auf die Bühne kommen, wenn Gewinner mit großen Emotionen zu beglückwünschen (Verlierer still zu bemitleiden) sind oder Produktvorführungen staunende Ohs und Ahs (untermalt von entsprechender Musik) hervorlocken. – Moderatoren müssen da gar nicht viel anfeuern, sie sollten der versammelten Begeisterung nur nicht im Weg stehen, sondern sich von ihr tragen lassen und darauf moderatorische Glanzlichter aufsetzen.

Und moderatorische Glanzlichter sind es, wenn sie bei der Anmoderation von Stars ein überraschendes „… und übrigens, wussten Sie, dass …" einflechten, wenn sie bei der Verkündung von Gewinnern emotional rührende Abschnitte aus deren Lebensläufen erzählen oder noch einen kurzen Gag einschieben vor der Anmoderation des nächsten Highlights… geht doch!

2.9   Firmenjubiläum

Es wird immer wieder gern für einen Event genommen: Das Firmenjubiläum. Endlich ein Anlass, eine größere Feier auszurichten und vor allem ein Anlass, den niemand infrage stellt, für den man keine Begründung braucht. Praktisch.

Also feiert man fröhlich die runden Geburtstage des Unternehmens. Meist verbunden mit einer Werbeaktion („Zum Geburtstag Glückwunsch-Rabatt auf alles") und mit einer Geburtstagsfeier. Die kann recht unterschiedlich ausfallen: Eine schräge Party zum zehnjährigen Überleben des inzwischen schon nicht mehr ganz taufrischen Start-ups, eine würdige Feier zum Hundertjährigen des Familienunternehmens in der vierten Generation – oder genau umgekehrt. Hier ist jede Art von Feier denkbar, abhängig von Temperament, Geschmack und Budget der Unternehmenseigner oder der Unternehmensführung.

Auf jeden Fall ist ein Firmenjubiläum ein guter Anlass, auf sich aufmerksam zu machen und den einen oder anderen zusätzlichen Umsatz über Jubiläumsaktionen zu erzielen. Natürlich spielt da auch eine vertrauensbildende Komponente eine Rolle: „Uns gibt es schon seit xx Jahren, wir sind bodenständig, wir haben Tradition, zu der wir uns bekennen, wir sind solide …". Ob das tatsächlich so ist, ist eine ganz andere Sache. Doch darstellen lässt sich Beständigkeit und Solidität eines Unternehmens mit einem Firmenjubiläum allemal.

Unverzichtbar bei einer Jubiläumsfeier ist denn auch seine Historie: Die Gründer, die ersten Kunden, die Herausforderungen beim Aufbau, die Bewältigung diverser Krisen, die Mitarbeiter der ersten Stunde, das erste Fabrikgebäude (oder der erste Laden, das erste Büro, der erste Computer), die Übergabe an die nächste Generation, neue Produktionsanlagen, das Firmenlogo einst, damals und jetzt … endlich kann man mal in den Firmenarchiven wühlen, vergilbte Fotos wieder entstauben und zeigen, in Erinnerungen schwelgen – oder froh sein, dass heute alles anders ist. Tatsächlich bieten Firmenhistorien oft ein reichhaltiges und buntes historisches Material – Geschichtsunterricht zum Anfassen.

Doch wie das ganze darstellen, dass es nicht langweilt? Wie demonstrieren, dass das Unternehmen trotz aller glorreichen Vergangenheit nicht dort stehen geblieben ist, sondern gerade deswegen eine Zukunft hat? Wie deutlich machen, dass man aus der Geschichte gelernt hat, ohne den Geist und die Arbeit früherer Generationen zu entwürdigen? „Immerhin sind wir ein modernes, gut aufgestelltes Unternehmen, haben Zukunft … oder vergessen wir das ganze Geschichtsgekrempel (so toll war es bei näherer Betrachtung auch wieder nicht, da gab's ja auch bittere Familienfehden, Fehlentwicklungen, Beinahe-Insolvenzen) – lassen wir das und feiern einfach eine Geburtstagsparty und schauen nur nach vorn?"

Diese oder ähnliche Überlegungen werden Veranstalter und ihre PR-Berater haben, wenn sie darangehen, die Feier für ein Firmenjubiläum auszurichten. Und Moderatoren, die nun durch einen Jubiläums-Event führen sollen, kommen nicht darum herum, sich ebenfalls zu überlegen, wie sie die Feier moderieren. Denn ohne Historie geht's nicht. Zugleich sind Historie und der Auftritt von Zeitzeugen eine echte Spaßbremse, wenn gleichzeitig eine megageile Zukunft des Unternehmens und seiner Produkte angekündigt werden soll. Hier einige Tipps, wenn Sie als Moderatorin oder Moderator Einfluss auf den Ablauf der Veranstaltung haben:

• Gründer-Kinder und -Enkel sind, wenn sie gleichzeitig Verantwortung in der Führung des Unternehmens haben, stets im Konflikt befangen, Leistungen ihrer Vorfahren gebührend zu würdigen und gleichzeitig das eigene Profil und die Zukunft des Unternehmens darzustellen. Ausweg: Lassen Sie die Historie kurz, knackig und fröhlich von jungen Mitarbeitern oder gar Mitarbeiter-Kindern erzählen und diese Erzählung (vorher aufgeschrieben und geübt) mit einer zügigen Präsentation alter Fotos illustrieren. Damit ist die historische Pflicht im Wesentlichen erfüllt, junge Menschen gehen an dieses Thema unbefangen heran, und sie demonstrieren gleichzeitig Zukunft.

- Zeitzeugen, Gründer-Nachfahren, ehemalige Chefs, erste Kunden oder Mitarbeiter der ersten Stunde lassen Sie besser nicht frei reden, sondern bitten sie als Interviewpartner auf die Bühne. Damit begrenzen Sie die Gefahr, dass sich die alten Damen und Herren in Erinnerungen und Histörchen verlieren. Die sind zwar durchaus interessant, aber nicht für alle (!) und nicht jetzt.

- Die Unternehmensführung muss sich zur Gegenwart und Zukunft des Unternehmens äußern. Das ist ihr Job und ihre Verantwortung gegenüber Eignern, Mitarbeitern und Kunden. Sie sollte davon nicht mit der Darstellung einer glorreichen Vergangenheit ablenken. Natürlich ist es richtig, wenn sie mit einem oder zwei Sätzen die Unternehmensgeschichte und die Arbeit ihrer Vorgänger würdigen (und im Weiteren auf die Historienschau verweisen). Doch aus ihrem Mund interessieren vor allem die Zukunftschancen.

Fallbeispiel
Moderation Firmenjubiläum
Anlass:
Firmenjubiläum – runder Geburtstag des Unternehmens.
Ziel:
Positive Wirkung in der Öffentlichkeit, Umsatzsteigerung.
Gäste:
Kunden, Mitarbeiter, Partner-Unternehmen.
Location:
Je nach Ausrichtung der Feier die Kantine im eigenen Unternehmen, Saal in schickem Tagungshotel, aber auch origineller Veranstaltungsort (historisches Gebäude, alte Fabrik).
Programm:
Egal, ob die Feier wie eine fröhliche Geburtstagsparty oder wie eine feierliche Zeremonie ausgerichtet wird, Pflichtprogramm sind die Darstellung der Historie des Unternehmens und die Ansprache der Firmenführung. Ergänzend dazu kommen Interviews mit Zeitzeugen, Grußworte von Politikern oder befreundeten Unternehmen. Im weiteren Sinne denkbar ist auch der Festvortrag eines Wissenschaftlers oder einer anderen bekannten Persönlichkeit.

Verpflegung:
Je nach Ausrichtung der Feier.

Zeiten:
In der feierlichen Variante vom späten Vormittag bis zum frühen Nachmittag, in der Party-Variante abends (alternativ für Mitarbeiter: Jubiläums-Betriebsfest).

Moderationsaufgabe und Stil:
Freundliche und deutliche Ansage der einzelnen Beiträge, bei Interviews mit Zeitzeugen – konzentriert, charmant, verbindlich, gleichzeitig aber stets darauf achtend, ob das Publikum mehr hören will oder ungeduldig wird.

Show-Element/Rahmenprogramm:
Video-/Fotoshow zur Historie, Ausstellung historischer Produkte, Aktionen von Mitarbeitern und Künstlern, Party mit Liveband oder DJ.

Weitere Show-Elemente:
Denkbar, aber nicht zwingend.

Fazit und Empfehlung für Moderation:
Geburtstagslaune! Also offen und fröhlich, gleichzeitig aber ohne eigene Gags oder Show-Einlagen (also ganz anders als bei der Gala). Je nach Programm kann der atmosphärische Spagat zwischen Vergangenheitsnostalgie und Zukunftseuphorie schwierig werden, besonders, wenn es freie Ansprachen von Zeitzeugen gibt. Wenn diese einigermaßen originell und witzig erzählen, ist alles gut. Wenn nicht, ist alles Können der Moderatoren gefragt, diesen Programmpunkt diplomatisch, mit Anstand und Respekt zügig zu Ende zu bringen. Ziel der Moderation muss es sein, dass sich das Publikum wirklich wie auf einem Geburtstagsfest fühlt, feiert und zusammen mit dem Jubiläumsunternehmen fröhlich auf weitere gemeinsame Jahre anstößt.

Ohne Moderation geht es bei keinem Event

Aus der Fülle möglicher Kundenevents sind in diesem Kapitel neun Fallbeispiele für typische Kundenveranstaltungen konstruiert und daraus Moderations-Empfehlungen abgeleitet. Deutlich werden dabei zwei Erkenntnisse: Ohne Moderation geht es bei keinem Event und Moderatoren müssen in ihrem Rollenverständnis flexibel und professionell die jeweiligen Eventziele vorantreiben – mal als Marktschreier, mal als Hofzeremonienmeister, mal als Showmaster und dann wieder als einfühlsamer und dennoch konsequenter Interviewer oder als höflicher Ansager und Taktgeber. Wie das geht und welche Methoden, Hilfen und Tipps sich jeweils dazu eignen, zeigen die weiteren Kapitel.

Vorbereitung: Stoff sammeln und Gedanken lesen

3

▶ Die frühzeitige und gründliche Vorbereitung einer Veranstaltungs-moderation bietet die Basis für den späteren Erfolg. Erfahrene Moderatoren führen deshalb noch vor der Übernahme des Mode-ratoren-Auftrags ein sehr intensives und vertrauliches Gespräch mit dem Inhaber, beziehungsweise den Vorsitzenden von Vorstand oder Geschäftsführung, um die Einstellung der höchsten Führungsspitze zum Kundenevent direkt zu erfahren und sich danach auszurichten. Ebenso intensiv und sensibel werden im Vorfeld der Veranstaltung Gespräche mit den Vortragenden gesucht und vertrauensvolle Bezie-hungen zu ihnen aufgebaut, um während der Veranstaltung Missver-ständnisse und Irritationen weitgehend auszuschalten. Während das sehr reizvolle und herausfordernde Aufgaben sind, sind die vollstän-dige Kenntnis und der Check aller organisatorischen Vorbereitungen eher eine lästige Pflichtübung. Aber auch sie muss sein.

3.1 Auftrag

Das Programm für den geplanten Kundenevent steht in groben Zügen, die gewünschten Referenten werden kontaktiert, die Event-Location ist gefunden und ein Moderator oder eine Moderatorin werden zum Gespräch mit dem Veran-stalter gebeten. Doch hoppla, jetzt wird's kritisch: Schon Wochen vor dem Event gibt es mit dem Briefing durch den Veranstalter eine wichtige Weichenstellung, die erhebliche Auswirkungen auf die weitere inhaltliche Moderationsarbeit hat. Denn wenn der Veranstalter im Briefing oberflächlich oder vage bleibt, besteht

© Springer Fachmedien Wiesbaden 2016
C. von Kutzschenbach, *Kundenevents – richtig gut moderiert!*,
DOI 10.1007/978-3-658-13100-5_3

die Gefahr, dass die gesamte inhaltliche Ausrichtung der Veranstaltung auf einen falschen Kurs gerät (und nachher die Moderation dafür verantwortlich gemacht wird). Böse Falle! Und meist geht ein Briefing durch den Veranstalter nicht einmal absichtlich daneben, sondern weil der Veranstalter

- im Gespräch unkonzentriert ist und sich wenig Zeit dafür nimmt,
- Moderation nicht für so wichtig hält, damit „jetzt schon" viel Aufhebens zu machen,
- die kritischen Themen und Fragen für die Veranstaltung selbst (noch) nicht kennt,
- meint, es wäre Sache der Moderation Antworten selbst herauszufinden.

Also da gibt es aus Sicht des Veranstalters eine Reihe von durchaus nachvollziehbaren Gründen, das Briefing schnell und oberflächlich abzuhaken. Umso mehr, wenn er selbst nicht im Veranstaltungsbusiness zu Hause ist und die Wichtigkeit und die Arbeit von Moderatoren gut genug abschätzen kann, sondern im Hauptberuf Firmenchef ist oder Marketingleiter. Deshalb müssen Moderatoren im Briefing selbst die richtigen Fragen stellen.

Zuvor wäre zu klären, welche Rolle denn der hier schon mehrfach genannte „Veranstalter" oder Auftraggeber selbst hat, der das Briefing mit dem oder der Moderatorin durchführt:

Inhaber/Vorsitzender Vorstand/Geschäftsführung
Wenn der Auftraggeber selbst an der Spitze des Unternehmens steht, ist alles klar – Moderatoren haben damit den richtigen Ansprechpartner gefunden. Mit ihm können sie die wichtigste inhaltliche Linie und weitere Fragen besprechen. Für alle weiteren Informationen reicht als Ansprechpartner auch eine eventuell mit der weiteren Organisation beauftragte Mitarbeiterin.

Andere
Wenn der Veranstalter nicht zugleich an der Spitze des Unternehmens steht, sondern nur im Auftrag der Unternehmensführung mit der Organisation und Durchführung des Kundenevents betraut worden ist (Eventagentur, Marketing-/Vertriebsleiter, Unternehmenskommunikation oder andere), sollten Moderatoren darauf dringen, die Chef-Fragen auch wirklich mit dem obersten Chef/der obersten Chefin zu besprechen. Denn die inhaltliche Ausrichtung eines Kundenevents muss Chefsache sein. Auch, wenn der darauf verweist, das doch delegiert zu haben und wenn gleichzeitig die mit Organisation und Durchführung betrauten Personen, Abteilungen oder Agenturen (eifersüchtig) mauern und einen Chef-Kontakt mit Moderatoren verhindern wollen.

Davon sollte man sich nicht abschrecken lassen: Wenn die Moderation der Veranstaltung nicht in die vom Chef (insgeheim) erwünschte Richtung geht, wenn sich in der Veranstaltung Sprachregelungen oder gedankliche Richtungen breit machen, die der Unternehmens-(Chef)-Philosophie nicht entsprechen oder ihr gar zuwider laufen und die man mit ein bisschen moderatorischem Geschick hätte vermeiden können, dann ist das nicht mehr zu reparieren – dumm gelaufen. Also:

▶ Noch bevor man den Moderationsauftrag verbindlich übernimmt, Verbindung und direkten Kontakt mit der Unternehmensführung aufnehmen und herausfinden, was ihr ausgesprochen (und unausgesprochen) wichtig ist, worauf es ihr bei der gesamten Veranstaltung wirklich ankommt.

Das mutet vielleicht an wie der Versuch, eine Karriere als Gedankenleser zu starten. Doch das stört nicht, es könnte sogar Teil der Moderatoren-Ausbildung sein.

▶ Ein Trick, das Chef-Gespräch gegen alle Widerstände durchzusetzen: Die kurze Begrüßung und Ansprache der Unternehmensführung beim Event. Die muss ja anmoderiert werden. Und um das im Sinne des Redners richtig zu tun, ist ein vorheriges Gespräch mit dem Redner (wie mit allen anderen auch) unerlässlich. Also, Termin beim Chef, bitte!

Der Katalog der nachfolgenden „Fragen an Auftraggeber" beim Briefing ist umfangreich und vielleicht nicht einmal vollständig. Einige Fragen erscheinen vielleicht auf den ersten Blick sogar überflüssig, weil die Antworten scheinbar gar keine Rolle spielen bei der tatsächlichen Moderation des Events. Möglicherweise gehen sie dem Ansprechpartner auch zu weit und er will nicht offen darauf antworten.

Professionelle Moderatoren werden diese Fragen trotzdem stellen, denn sie müssen sich ja ein Bild machen von der inneren Verfassung, Einstellung und Position der Firmenspitze gegenüber dem Event. Da ist es durchaus hilfreich, dem Ansprechpartner zu versichern, dass einige dieser Fragen ausschließlich zur persönlichen Orientierung und Einstimmung dienen und Antworten vertraulich behandelt werden.

Fragen an Auftraggeber

- Anlass für den Kundenevent (erstmalig – wie oft schon – Tradition geworden);
- Idee dazu (von wem – wie entstanden – wie bei Mitarbeitern aufgenommen);
- wichtigste Elemente des Events aus Chef-Sicht;
- persönliche Einstellung des Chefs/der Chefin dazu (begeistert/eigene Idee – steht voll dahinter – mal ausprobieren – Pflichtübung);
- Ziel des Kundenevents (strategisch – betriebswirtschaftlich – persönlich);
- derzeitige Entwicklung des Unternehmens (Ziele – Position im Markt/in der Region);
- herausragende unternehmerische Erfolge oder Produkte (zwei bis drei Beispiele – aus den letzten drei Jahren – in der Unternehmensgeschichte);
- Einschätzung der gegenwärtigen/künftigen Entwicklung des Unternehmens;
- Mitarbeiter (Zahl – Berufe/Ausbildung – aus der Region oder weiter her – legendäre Feiern/Feste – ehrenamtliche/freiwillige personelle Engagements des Unternehmens);
- erwartete Event-Gäste (VIPs – Kunden – Politiker – Verbandsfunktionäre – Experten – andere);
- Stellenwert der moderierten Veranstaltung im Rahmen des gesamten Events aus Chef-Sicht;
- wichtigste Referenten, Experten oder Künstler beim Event (und warum);
- Ablauf moderierte Veranstaltung (lebhafte Diskussion – ohne Diskussion – Einbeziehen von anwesenden Experten – Spaß),
- Fallen (heikle/unerwünschte Themen – Konflikte – schwierige Referenten oder Gäste);
- besondere Hinweise auf … (Personen – Themen – Zeit – andere Event-Schwerpunkte);
- schließlich: Gibt es noch Antworten, zu denen keine Frage gestellt wurde, ist noch etwas offen [Fragen zum Ablauf und organisatorische Details sind nicht unbedingt Chef-Fragen]?

Mit Antworten auf diese Fragen ist der grobe Kurs für die Veranstaltung und ihre Moderation erst einmal festgelegt. Und vor allem: Mit diesen Fragen und dank dieses Gesprächs kann sich die Führungsspitze des Unternehmens nun auch einen guten und ziemlich umfassenden Eindruck von den Moderatoren machen. Das ist wichtig für den unerlässlichen Vertrauensaufbau zwischen beiden Parteien. Die Unternehmensspitze weiß nun, woran sie beim Moderator oder bei der Moderatorin ist und worauf sie bei ihm oder ihr bauen kann – eine wesentliche Voraussetzung für das Gelingen der moderierten Veranstaltung.

Deshalb sind Moderatoren gut beraten, auch ihrerseits dem Gesprächspartner in der Unternehmensführung Fragen anzubieten und ganz offen zu antworten. Wahrscheinlich wird der Chef sogar zuerst persönliche Fragen stellen. Und wenn Moderatoren-Antworten offen bleiben müssen – etwa, wenn es um Details des geplanten Events geht, ist das nicht peinlich. Dieses Chef-Gespräch sollte ja ganz am Anfang aller anderen Informationsgespräche zum Kundenevent stehen – verständlich, dass in dieser Phase der Informationsstand der Moderatoren zum Event noch gering ist. Aber, aufgemerkt: Die noch offenen Chef-Fragen weisen darauf hin, was dem Chef offensichtlich wichtig ist. Es ist nicht ganz verkehrt, dem Chef nach dem Gespräch die noch offenen Antworten zu liefern (per E-Mail oder als Angebot eines persönlichen Berichts über den Stand der Vorbereitungen).

Nicht in den „Fragen an Auftraggeber" enthalten sind die klassischen Fragen für die Anmoderation der Unternehmensführung bei deren Begrüßung/Ansprache während der Veranstaltung. Diese Fragen entsprechen jedoch genau den „Fragen zur Anmoderation Referenten", die etwas später in diesem Kapitel (Abschn. 3.3 Referenten) extra aufgelistet sind.

Mit dem Chefgespräch und einem weiteren Briefing durch die Organisatoren ist der inhaltlich wichtigste Part der Vorbereitung erledigt. Nun liegt es an Moderatoren und Auftraggebern, eine gute Zusammenarbeit zu beschließen. Der Auftrag ist erteilt und angenommen.

Halt! Ein wichtiger Aspekt muss noch vor der Übernahme des Moderationsauftrags geklärt werden: Der des zeitlichen Aufwands und seiner Vergütung. Den für die Moderation eines Kundenevents notwendigen Vorbereitungsaufwand kann man nach allen Erfahrungen etwa so kalkulieren:

- mindestens einen Arbeitstag (verteilt auf mehrere Meetings) für interne Absprachen – je nachdem, wie sehr man als Moderator/in in die Vorbereitung und Organisation des Events eingebunden ist – der Aufwand für interne Absprachen und Organisation kann sich schnell auf drei Arbeitstage und viel mehr summieren;
- eine gute Stunde pro Vortragendem (Recherche, Vortragslektüre, Telefon-Interview, Mails);
- ein Arbeitstag (und mehr) für die eigene Vorbereitung nach Abschluss aller Recherchen;
- ein Arbeitstag für die Veranstaltung selbst.

Für externe Moderationsprofis ist das nichts Neues. Sie haben ihre eigenen Erfahrungen und die Routine, die einzelnen Vorbereitungsschritte möglicherweise abzukürzen. Sie lassen sich ihren Einsatz nach meist festen Sätzen vergüten (oft mit unterschiedlichen Honorarsätzen: einen für die persönliche Präsenz und einen reduzierten Satz für Arbeitstage in ihren Büros).

Wenn jedoch Mitarbeiter des Unternehmens die Moderation übernehmen, sollten sie unbedingt mit ihren Vorgesetzten eine Vereinbarung treffen, dass sie für die Zeit, die sie für die Vorbereitung der Moderation brauchen, von anderen Arbeiten freigestellt werden, sich eventuell zu Hause vorbereiten können oder dass entsprechende Überstunden vergütet werden. Es ist nun mal so: Eine Moderation macht man, wenn sie gut werden soll, nicht einfach so nebenher.

3.2   Organisation

Mit der Organisation eines Kundenevents haben Moderatoren zunächst einmal nichts zu tun. Außer, dass sie sich über das Ergebnis der Maßnahmen informieren und natürlich Bescheid wissen müssen, wo, wer, wann während des Events welche Aufgaben der Gästebetreuung übernimmt. Denn neben den Mitarbeitern am Eingang beim Besucherempfang sind die Moderatoren die deutlich sichtbaren Ansprechpartner während des Events – und meist werden sie in Pausen von allen möglichen Menschen auch als Auskunftei für alle möglichen Fragen genutzt (und vorher auf jeden Fall von den Vortragenden). Also müssen Moderatoren Bescheid wissen über die wichtigsten organisatorischen Einrichtungen und Abläufe.

Es kann aber auch sein, dass Moderatoren schon von Beginn an in den gesamten Event-Prozess einbezogen werden, etwa auch als Ideengeber und Berater bei der Programmgestaltung. Dann sind sie sogar sehr heftig mit Fragen des Ablaufs und der Organisation des gesamten Events befasst. Dann wissen sie alles …

Doch das im Detail wissen zu müssen und die Organisation erfolgreicher Kundenevents oder -Kongressen in der Tiefe zu behandeln, ist nicht Thema dieses Buchs. Deshalb hier nur eine kurze Übersicht in Checklistenform, worüber sich Moderatoren in der Vorbereitung auf ihren Einsatz informieren sollten.

Checkliste Organisation Kundenevents

- Verantwortung/Ansprechpartner für gesamte Organisation (mit Mail- und Mobil-Nummer),

- Event-Location
  - genaue Adresse, Anfahrt, Übernachtungsmöglichkeit für Referenten,
  - evtl. Besonderheit der Location (Historie, Umgebung),
- Parkplätze (Beschilderung für Vortragende, VIPs),
- Ausschilderung für Besucher,
- Eingangsbereich
  - Garderobe,
  - Toiletten,
  - Begrüßungskomitee? (bei kleinen Events: Unternehmensführung)
  - Mitarbeiter im Eingangsbereich/Namen und Verantwortung (telefonisch erreichbar),
  - Namensschilder Referenten und Gäste,
  - Liste der Gäste (immer beliebt, zum Mitnehmen anbieten),
  - Programm und andere Informationen,
- Vortragsraum
  - Leinwand (Bedienung bei absenkbarer Leinwand?),
  - Flipchart mit neuen Filzstiften,
  - Beamer,
  - Audioanlage, Mikrofone – welche? (Hörprobe und Funktion prüfen!),
  - Elektronik (Verbindung mit bevorzugtem Medium der Vortragenden prüfen),
  - Lichtregulierung,
  - Bühne,
  - Rednerpult,
  - Blumenschmuck am Rednerpult,
  - Wasser für Vortragende (für jeden Vortragenden neues Glas, neue Flasche),
  - Geschenke/Blumen für Referenten,
  - Stolperfallen (und andere Hindernisse auf der Bühne und im Saal),
  - Bestuhlung,
  - Sitzreservierungen für Vortragende/Ehrengäste,
  - Durchgänge,
  - Ein- und Ausgänge,
  - Softdrinks, Notizblocks, Schreibgerät für die Gäste,
  - Auslegeware (Prospekte, Give-aways u. a.),

- Plakate, Banner im Raum,
- ausgestellte Produkte,
- Assistenz im Vortragsraum (Mitarbeiter/in – Namen?), für Referentenbetreuung und für kleinere Hilfsdienste auf Zuruf,
- Telefon/Hotline Saaltechnik/Hausmeister,
- Notausgänge und nächstgelegene Toiletten,
- Sicherheitsdienst/medizinische Hilfe/Brandschutz,
- sonst noch Wissenswertes (etwa bei Räumen in historischen Gebäuden),

- Programm
  - Zeiten (Vorträge, Pausen, Mittagessen etc.)
  - Vortragende und Themen (ideal: Kurze Vita Vortragende und Abstracts zu Themen),
  - Informationen über weitere Programmpunkte des Events,
  - kurze Firmendarstellung,
  - kurze Darstellung Location,
  - Sponsoring durch Werbung im Programm?

- Musik (wer verantwortlich, wie regulierbar)
- Verpflegung (Pausengetränke und Snacks, Essen, Sektempfang usw.),
- Überraschung, Special Guest/Attraktion/Performance,
- Verabschiedung durch Unternehmensführung,
- Give-aways am Schluss der Veranstaltung.

Eine lange Liste – die vielleicht sogar langweilt. Doch besser ist es, über die wesentlichen organisatorischen Maßnahmen früh Bescheid zu wissen und mit den Verantwortlichen zu entscheiden, welche Punkte daraus wie und wann umgesetzt werden, als dass den Organisatoren im Countdown vor Beginn der Veranstaltung noch einfällt, „dieses könnte man ja noch …", „ups, wir haben ja gar nicht …", „wo bekommen wir jetzt noch schnell …".

Und Achtung: Versäumnisse oder gar Fehler in der Organisation bekommen die Moderatoren immer zu spüren. Entweder direkt, weil das notwendige Handwerkzeug nicht da ist oder die zeitlichen Abläufe durcheinander gekommen sind – oder über verärgerte oder angesäuerte Referenten und Gäste, wenn beim Ankommen der Service nicht gestimmt hat. Das mag keiner. Besonders nicht die Moderatoren, die dann im Saal wieder für gute Laune sorgen müssen. Harte Arbeit!

3.3 Referenten

Auch das muss noch im Zuge der Vorbereitungen für eine gelungene Moderation gemacht werden: Kontakt aufnehmen und Interviewen der Vortragenden. Das ist vor allem für Moderatoren, die nicht von Anfang an in die Planung einbezogen waren, manchmal eine echte Herausforderung.

Oh weh! Da bekommt der arme Moderator oder die bemitleidenswerte Moderatorin eine Liste von wohlklingenden Namen (mit wichtigen Attributen und kryptischen Abkürzungen),

- mit denen sie überhaupt nichts anfangen können,
- die einen schon beim Lesen vor lauter Respekt in die Knie zwingen,
- die man irgendwo schon mal gehört oder gesehen hat und die man insgeheim für sich als lästigen Dummschwätzer oder als Edel-Zicke für sich abgespeichert hat.

Hilft nix. Hilft gar nix: Die Personen sind vom Veranstalter bestellt und der Moderatoren-Job ist es nun mal, diese Menschen bei der Veranstaltung ins beste Licht zu setzen. Man muss es lieben. Man muss sie lieben – die Vortragenden! Aber so schlimm ist es dann meist gar nicht. Also 'ran an die Arbeit, Hausaufgaben machen und die Vortragenden kennenlernen. Die erste Frage ist natürlich die an den Veranstalter, warum gerade der oder die Vortragende verpflichtet wurden. Doch dann geht's allein weiter mit der Recherche:

Lebenslauf
Wie ist der Lebensweg der Vortragenden, welche besonderen Verdienste haben sie, was verrät dazu das Internet, müssen Moderatoren später selbst im Gespräch herausfinden?

Publikationen/Vortragsthema
Was findet man außerdem über die Vortragenden heraus – welche Publikationen muss man von ihnen kennen (und irgendwo mal kurz inhaltlich überfliegen), gibt es schon eine Veröffentlichung über das Thema, über das der oder die Vortragende bei der Veranstaltung sprechen will? Und wenn ja: Gibt es Reaktionen dazu?

Auftritte
Wo sind die Vortragenden anderswo schon aufgetreten, gibt es darüber irgendwelche Hinweise im Internet, Berichte in der Fachpresse oder Ähnliches? Und so vorbereitet erfolgt dann schließlich die Kontaktaufnahme mit den Referenten.

Am besten zunächst über E-Mail (wenn keine E-Mail-Adresse bekannt, kleines Briefchen). Darin stellt sich der Moderator/die Moderatorin kurz vor und teilt mit, dass er oder sie als Moderator/in für den Kundenevent der Firma (vollständige Firmenbezeichnung) am (Datum) in (Ort und Adresse Event-Location) vorgesehen sei und man nun mit dem Referenten/der Referentin ein Telefonat führen will, um den gemeinsamen Auftritt bestmöglich abzustimmen. Wann sei denn in Ruhe ein Telefonat zu führen?

Natürlich kann man auch direkt anrufen. Doch das ist oft weniger zielführend als der umständlichere Weg über den elektronischen oder postalischen Brief. Denn mit der Schriftform bekommt der Empfänger nicht nur den korrekt geschriebenen Namen und die Adresse der Moderatoren, er kann sich innerlich auch auf das Anliegen einstellen und einen Termin nennen, um das entsprechende Telefonat in Ruhe zu führen. Beim direkten telefonischen Kontakt weiß man nie, in welcher Situation der Angerufene den Hörer abnimmt, er muss sich konzentrieren, muss sich Notizen machen, schreibt den Namen falsch, bringt einen Zahlendreher in die Telefonnummer … und auch richtig: Höflicher ist die Voranmeldung mit geschriebenem Text. Und dieser erste Eindruck ist entscheidend für die Beziehung, die Moderatoren und Referenten für ein gelungenes Miteinander bei der Veranstaltung haben sollten.

Kommt dazu: Eine schriftliche Vorankündigung sorgt auch bei den Vortragenden für einen gewissen Respekt den Moderatoren gegenüber und hilft auch ihnen, sich innerlich auf den Moderator/die Moderatorin einzustellen. Denn gerade viel begehrte und gehetzte Referenten reagieren bei unbekannten Anrufern am Telefon schon einmal mehr oder weniger abweisend und unwirsch – und haben hinterher ein kleines Problem, ihren unfreundlichen Tonfall wieder zu neutralisieren und den ersten Eindruck, den sie hinterlassen haben, wieder zu verbessern. Auch sie sind nur Menschen.

Dabei ist das Telefon-Interview mit Vortragenden gar keine große Sache. Die angerufenen Referenten werden natürlich zuerst selbst etwas über die Veranstaltung wissen wollen: Warum, wer kommt, wie viele Gäste, woher, was wird sonst geboten … Gut, wenn Moderatoren diese und andere Fragen dann beantworten können. Denn damit wird der oder die Moderator/in automatisch zum kompetenten Ansprechpartner des/der Vortragenden (es ist ja auch sonst gerade kein anderer da). Manchmal erscheint es fast so, als ob sich der eine oder die andere Vortragende damit schon in eine gewisse Abhängigkeit der Moderation begibt, Vorschläge/Weisungen dankbar aufnimmt und sich von der Veranstaltungskompetenz der Moderation führen lässt.

Im positiven Fall. Im schwierigen Fall zeigen Vortragende schon im Vorgespräch reichlich Starallüren, wollen nichts weiter wissen und unternehmen schon in dieser frühen Phase alles, um sich bei Moderatoren unbeliebt zu machen (wohl wissend, dass diese sich nicht dagegen wehren können). Das ist nicht nett. Aber so sind halt manche Mitmenschen – und Profi-Moderatoren werden dennoch locker und charmant damit fertig!

Mit dem Informationsaustausch über die Veranstaltung finden beide nun eine Wellenlänge, um schließlich die eigentlichen Fragen zu stellen und zu beantworten:

Fragen Anmoderation Referenten
„Ihr Name: Habe ich den richtig geschrieben und richtig ausgesprochen?"
Diese Moderatorenfrage ist vor allem dann berechtigt, wenn Referenten einen Namen tragen, der nicht gerade klassisch deutsch buchstabiert wird. Wichtig ist diese Frage deshalb, weil

- keiner will, dass sein Name falsch ausgesprochen oder anderweitig missachtet wird,
- bei der Anmoderation der Name auf jeden Fall richtig ausgesprochen werden muss – nicht nur aus Wertschätzung dem Referenten gegenüber, sondern weil ja jemand im Publikum die richtige Aussprache kennen könnte (peinlich),
- der eigene Name eines der emotional wichtigsten Dinge von Menschen ist – und wenn Moderatoren gerade mit dieser ersten Interview-Frage zeigen, wie sehr sie sich um Korrektheit und Wertschätzung bemühen, ist das für alle weiteren Fragen ein wahrer Eisbrecher.

„Ihr Lebenslauf, Ihre wichtigsten Publikationen ..."
Moderatoren lassen sich mit dieser Frage das vorher schon angeeignete Wissen bestätigen und ergänzen. Gut wäre noch, wenn der Befragte besonders wichtige Stationen seines Lebenslaufs und/oder Werke/Arbeiten nennt, die später in einen engen Zusammenhang mit dem Vortrag und der gesamten Veranstaltung gebracht werden können.

Und an der Stelle noch einmal aufgemerkt: Fallen im Lebenslaufgespräch jetzt schon bestimmte Orte, Schulen/Ausbildungen, Hobbys auf, die für das Publikum interessant sein könnten? Ereignisse, Fähigkeiten oder Geschichten, die Verbindungen zur Veranstaltung und seinem Publikum herstellen lassen?

Denn Menschen versuchen ganz instinktiv, andere in ihrem eigenen Weltbild unterzubringen und einzuordnen. Und das geht dann ganz gut, wenn sie bei anderen Herkunft, Ereignisse, Beziehungen oder Positionen entdecken, die sie mit eigenem Erleben oder Einsichten abgleichen können. Je mehr man davon findet, desto mehr meint man, andere Menschen zu kennen und einschätzen zu können (was nicht immer auch schätzen oder mögen bedeutet – schließlich hat jeder seine eigenen Vorurteile).

„Wie darf ich Sie anmoderieren?"
Diese Frage ist wieder so ein kleiner Türöffner. Denn erstens verstärkt diese Frage noch einmal den psychologischen Aspekt der Namens-Wertschätzung (siehe zuvor), zweitens gibt sie Referenten die Chance, kleine Eitelkeiten auszuleben (oder sie betont bescheiden zu vermeiden – wenn da gar kein Vorschlag von den Referenten kommt, müssen Moderatoren einen machen und sich den bestätigen lassen) und drittens machen Moderatoren nichts falsch, wenn sie den Referenten so ankündigen, wie er es gern hat.

Nun kann es ja sein, dass da zwei Referenten sehr ähnliche Verdienste haben und genau damit auch angekündigt werden wollen. Das ist natürlich nicht so glücklich, das kann nachher vielleicht sogar als ironische Verhöhnung aufgefasst werden. Also sollten Referenten und Moderatoren schon im Vorfeld ganz offen über dieses Thema sprechen. Für den, der zuletzt eine schon belegte Positionierung für sich selbst vorgeschlagen hat, sollten dann neben den Verdiensten des Referenten-Kollegen auch noch ganz andere Eigenschaften herausgestellt werden. Beispiel: „Wie Herr X, hat auch Herr Y besondere Verdienste auf dem Gebiet (X), gleichzeitig ist er in der Fachwelt bekannt für seine bahnbrechenden Arbeiten auf dem Gebiet (Y)".

„Und übrigens, wussten Sie, dass Herr/Frau ..."
So eine Anmerkung von Moderatoren lässt später im Saal alle die Ohren spitzen: Jetzt wird wohl gleich ein kleines Geheimnis über den Referenten verraten. Was sind wir doch alle neugierig, wie lieben wir Geschwätz! Richtig. Und diese Neugier bedienen professionelle Moderatoren perfekt, bekommen dafür die ganze Aufmerksamkeit des Publikums, das sich obendrein unendlich geschmeichelt fühlt, diese Neuigkeit jetzt und hier – und vermutlich sogar als erste – zu erfahren.

Nur, was erzählt man denn da, was kann man denn da preisgeben, was weiß man denn, was nicht alle anderen auch schon im Internet oder sonst wo haben nachlesen können? Ja, da kann nur der Herr Referent/die Frau Referentin helfen. Die müssen jetzt im Telefon-Interview etwas lustig Harmloses erzählen, das später in der Anmoderation zum Besten gegeben werden darf. Und wenn denen nichts einfällt, dann kann man ja schon einmal ein paar Stichworte geben: Hobbys, erstes Auto, Lieblingsgericht, Sportart, größtes Glück, größter Reinfall ... naja, wird auch nicht jeder gleich erzählen, es gibt auch unter den Referenten viele Spaßbremsen. Wenn da also gar nichts Originelles, Witziges, Liebenswertes herauskommt, dann gibt's dazu auch später nichts zu bemerken. Schade. Doch die meisten Referenten (besonders die guten) spielen bei diesem Thema mit, wenn erst einmal das Eis gebrochen ist, und haben auch ihren Spaß daran.

Referenten-Briefing
Schon beim ersten Kontakt, spätestens aber (noch einmal) bei der Abstimmung kurz vor dem Beginn der Veranstaltung, briefen professionelle Moderatoren auch die Referenten, beziehungsweise geben ihnen noch einmal deutlich zu verstehen:

* die Vorstellung der Person und des Themas erfolgt durch die Moderation, die Referenten beginnen sofort mit ihrem Thema,
* Referenten fordern das Publikum nicht von sich aus zu Fragen auf, das ist ausschließlich Sache der Moderation,
* ob im Anschluss Fragen gestellt oder ob eine Diskussion (und wie lange) sie stattfinden wird, kann zwar vorher vereinbart werden, liegt aber situativ in den Händen der Moderation.
* Referenten müssen nicht aus falsch verstandener Höflichkeit in ihren Beiträgen für das Unternehmen oder seine Produkte werben – Werbung und verkaufsfördernde Mittel sind zwar immer gut, das ist jedoch bei einem Event Aufgabe der Organisation und eventuell auch der Moderation.

Diese Vereinbarungen (übrigens auch mit Chefin oder Chef des Unternehmens notwendig) sind wichtig und sollten nicht deshalb unterbleiben, weil man Referenten nicht zu nahe treten will oder weil man das für selbstverständlich ansieht. Gerade extrovertierte Referenten neigen dazu, ihrem Temperament folgend spontan selbst in den Publikumsdialog einzutreten und stören damit manchen fein ausgearbeiteten Ablauf. Vielleicht sind sie bisher auch nicht gewohnt, professionell mit Moderatoren zusammen zu arbeiten. Dann müssen sie es jetzt lernen …

Der Vorbereitungsaufwand einer guten Moderation ist gewaltig …
und während der Moderation wird doch nur ein Bruchteil der vorher mühsam und aufwendig recherchierten und erfragten Informationen genutzt. Das ist richtig. Richtig ist aber auch, dass immer sehr viele Informationen und Gespräche notwendig sind, um daraus die kommunikativen Höhepunkte, Verbindungen und Überraschungen herauszufiltern, die nachher die Veranstaltung so einzigartig und wertvoll werden lassen. Zudem: Wenn Moderatoren kein Gespür entwickeln für die wirkliche Intention ihrer Auftraggeber (ist aufwendig, ja) oder nur schlecht informiert sind über das Gesamtprogramm, dann sollten sie besser gar nicht erst zur Moderation antreten.

Moderationskonzept: Akzente setzen

4

▶ Eine gute Moderation hilft dem Publikum, der Veranstaltung folgen zu können, sie zu verstehen und sie letztlich gut zu finden. Dazu bedarf es allerdings mehr als nur der sachlichen Ankündigung der jeweiligen Programmpunkte, die aber unerlässlich ist. Die Vorbereitung eines guten Moderationskonzepts erfordert deshalb hohen gedanklich-kreativen Aufwand. Der ist aber möglicherweise umsonst, wenn das Publikum von der ersten Sekunde an von Themen und Referenten fasziniert ist und jede noch so sorgfältig ausgearbeitete Moderation nur als störend empfunden wird. Doch ob es so kommt, weiß man immer erst während der Veranstaltung. Dieses Kapitel zeigt, wie sich Moderatoren Schritt für Schritt auf ein persönliches Moderationskonzept vorbereiten, um das Publikum in allen nur denkbaren Phasen bei guter Laune zu halten – auch und gerade, wenn mal etwas schief geht.

4.1 Struktur und erste Ideen

Bislang war alles nur unverbindliche Fleißarbeit. Doch jetzt wird's persönlich: Als Moderatorin oder als Moderator müssen Sie jetzt aus der Fülle schriftlicher und mündlicher Informationen, aus Fakten, Geschichten und Vermutungen einerseits und andererseits unter dem Diktat des streng durchgetakteten Programms und den räumlichen Gegebenheiten der Event-Location Ihr ganz persönliches Moderationskonzept erarbeiten. Oder auch nicht: Es genügt doch völlig, später, bei der Veranstaltung, lediglich die Gäste zu begrüßen, die notwendigen organisatorischen Hinweise zu geben, die Referenten vorzustellen, eine Diskussion zu leiten und

© Springer Fachmedien Wiesbaden 2016
C. von Kutzschenbach, *Kundenevents – richtig gut moderiert!*,
DOI 10.1007/978-3-658-13100-5_4

schließlich erleichtert das Ende der Veranstaltung zu verkünden. Das reicht schon, dazu braucht man nicht extra ein persönliches Moderationskonzept zu entwerfen. Doch auch das wird schwierig. Allein die Aufgabe, einen Referenten treffend in weniger als drei Minuten vorzustellen und nicht einfach seinen langen Lebenslauf vorzulesen, verlangt Konzentration auf das Wesentliche und den Mut des Weglassens. Und was wäre denn in jedem Fall das Wesentliche? – Die gewissenhafte Antwort auf diese Frage zeigt unausweichlich doch die Notwendigkeit eines durchgängigen Moderationskonzepts.

Nun hat jeder Mensch seine eigene Methode entwickelt, Ordnung, Übersicht und Sinn in ein fleißig aufgebautes Chaos von sehr unterschiedlichen Informationen zu bringen und daraus ein neues Ganzes zu schaffen. Deswegen sind die beiden nachfolgend vorgestellten Vorgehensweisen lediglich Anregungen (die aber auch im weiteren Verlauf der Moderation immer wieder herangezogen und diskutiert werden).

Mindmap

Für ein erstes, grobes Moderationskonzept ist eine Mindmap ganz hilfreich. Dazu Vorbemerkungen: Wer bislang noch nicht mit handschriftlichen Mindmaps gearbeitet hat, wird es vermutlich sehr schwer haben, sich diese Methode schnell anzueignen. Für die Anfertigung von Mindmaps gibt es zwar einige leicht erlernbare Softwareprogramme, doch sie eignen sich wenig für diesen kreativen Zweck: Je dichter die Verästelung, desto größer wird die elektronische Mindmap und ist als Ganzes nicht mehr auf dem Bildschirm zu sehen. Oder allenfalls in einem Maßstab, in dem die Beschriftungen der einzelnen Zweige nicht mehr zu lesen ist. Eine altmodische, per Hand angelegte Mindmap auf einem Blatt Papier hilft in dieser Phase des ersten Nachdenkens viel besser.

Sie beginnen mit einer Struktur, die die einzelnen Phasen der Moderation abbildet: In die Mitte der Mindmap steht das Motto oder Thema der Veranstaltung, ein Ast ist reserviert für „Begrüßung", der nächsten für Organisation („Orga"), der dritte für „Überleitung", je ein weiterer für jeden Vortragenden („REF. A" = in der Mindmap Namen des Referenten notieren) und ein letzter für den „Schluss" der Veranstaltung.

Nun kann man ja sofort die beiden nächstkleineren Äste anfügen:

- Referenten: „Thema" der jeweiligen Vorträge und Lebenslauf („Vita").
- Begrüßung: „ich", „Motto", zu begrüßende Ehrengäste („VIPs"),
- Organisation: „Pausen" und „Essen" – mehr scheint jetzt noch nicht wichtig,
- Überleitung: ebenfalls noch offen (muss ja erst kreativ erdacht werden),

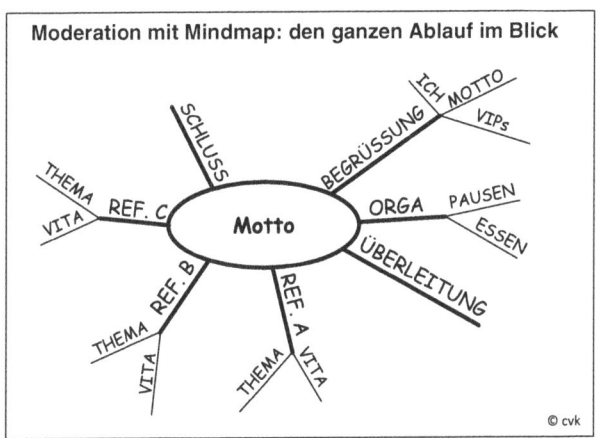

Abb. 4.1 Bei einer Mindmap zur Vorbereitung der Moderation werden als Grundstruktur zunächst die einzelnen Phasen des Ablaufs als Äste gezeichnet

- Schluss: Auch da fällt vermutlich im ersten Denk-Durchgang noch nichts Wichtiges ein.

Diesen Stand zum Start der Mindmap-Arbeit zeigt Abb. 4.1.

Nächster Schritt: Ohne in den gemachten Notizen nachzusehen, gilt es nun, Stichworte in den dann wachsenden Zweigen der Mindmap bei „Vita" und „Thema" der Referenten zu notieren, wie sie gerade spontan einfallen. Nicht lange dabei nachdenken: Diese erste Mindmap wird mit neuen Ideen oder Korrekturen durch weitere Mindmaps ersetzt und aktualisiert werden. Wichtig in diesem kreativen Prozess (und grundsätzlich beim Erstellen einer Mindmap) ist es, dass Gedanken notiert werden, wie sie spontan aus dem Unterbewusstsein heraus kommen – 'raus dem Kopf 'rauf aufs Papier. Dann (Denk-)Pause.

In dieser „Denkpause" kann man am besten die notwendigen „mechanischen" Arbeiten vornehmen: Zunächst beim Ast „Ich" den eigenen Namen und die Funktion notieren. Vielleicht erscheint das nun völlig überflüssig und reine Platzverschwendung: „Ich weiß doch, wie ich heiße und was ich zu tun habe!" Normalerweise schon. Nicht aber in der Aufregung der Moderation vor viel Publikum. Wie oft passiert es da, dass die Moderatorin oder der Moderator vergisst, sich vorzustellen und/oder bei der Aufgabe, die nun übernommen worden ist, bös ins Stottern kommt. Also: besser hinschreiben und die eigene Funktion (Aufgabe) ebenso. Damit ist die Gefahr des Vergessens in der ersten Minute des Auftritts

gebannt (theoretisch wenigstens) und die erste Hürde genommen. Aus dem gleichen Grund das Motto der Veranstaltung notieren. Und dann die Namen der VIPs.
Bei all diesen Arbeiten muss man nicht nachdenken, das kann man einfach hinschreiben. In dieser Phase arbeitet das Gehirn im Unterbewusstsein sowieso an der
Frage weiter, wie und wo möglicherweise ein roter Faden durch das Programm
geknüpft werden kann, der tiefer geht und witziger ist, als nachher bei der Veranstaltung die Referenten jedes Mal platt anzukündigen „… sein Thema ist, und das
passt hervorragend zum Motto der Veranstaltung…" – Gut, so kann man es immer
noch machen, wenn einem nichts Besseres einfällt. Und letztlich ist diese platte
Ankündigung besser, als eine intellektuell hochstehende Verbindung zwischen
Referent und Motto zu konstruieren, der im Publikum niemand mehr folgen kann.

Danach fallen – als Zwischenschritt gewissermaßen – möglicherweise ein paar
nette Geschichten ein zu der Frage im Referenten-Interview, die dann bei der
Moderation mit der Einleitung: „Und übrigens, wussten Sie, dass …" anzubieten
wären. Stichworte dazu in die Mindmap!

Jetzt sind nur noch die Äste „Überleitung" und „Schluss" völlig frei. Vielleicht
gibt's ja da schon ein paar Ideen – wenn nicht, dann könnte man jetzt natürlich
auch den Ast „Organisation" noch weiter ausbauen – mal nachdenken darüber
und dazu gedanklich den Ablauf der Veranstaltung durchgehen.

Insgesamt ist nach diesem Schritt die Mindmap schon ziemlich voll geworden,
wie man in Abb. 4.2 gut sehen kann. Da zeigt sich aber auch der Vorzug dieser
Methode, wenn sie von Hand erstellt wird: Alles auf einen Blick! – Auch, wenn
sich das für Mindmap-Anfänger eher als verwirrendes Chaos darstellen mag.

Deutlich wird aus der Abb. 4.2 auch, dass man bei der Anfertigung der Mindmap verschiedene Formen nutzen kann: eine Wolke für das Veranstaltungsmotto,
eine Umrahmung der Namen von Ehrengästen, Sprechblasen für den Einschub
der „Übrigens-" Bemerkung. Später wird das helfen, die Bedeutung der verschiedenen Informationen schnell zu erfassen und einzuordnen.

Interessant – auch für den Autor selbst – ist hier, dass in der Erstellung dieser Mindmap zufällig ausgerechnet dort viel Platz geblieben ist, wo die Fragezeichen stehen
und unsere Kreativität weiterhin gefordert ist – magic! Aber genau das passiert eben
beim Mindmappen … Tiefer soll hier jedoch nicht auf das Thema Mindmap eingegangen werden, das ist in vielen anderen Werken umfassend dargestellt und beschrieben.

Kartenmethode

Zurück zum Moderationskonzept: Immer noch haben wir bei „Überleitung"
und „Schluss" Fragezeichen stehen. Doch weil man geniale Ideen nicht erzwin-
gen kann (und sich unser Unterbewusstsein dennoch ständig damit weiter
beschäftigt), jetzt ein Gedankensprung zu einer Methode, die bei der kreativen

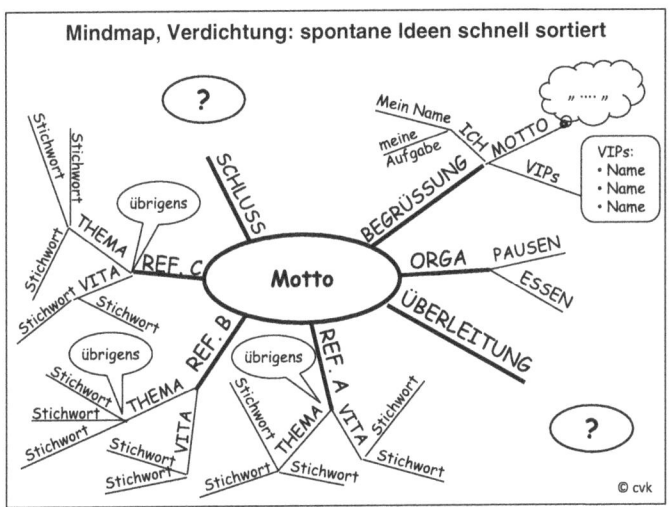

Abb. 4.2 Im zweiten Schritt werden spontan völlig unterschiedliche Ideen und Gedanken als Zweige zu den jeweiligen Ästen angefügt und damit gleich richtig zugeordnet

Erarbeitung eines Moderationskonzepts ebenfalls ganz gute Unterstützung anbieten kann: Arbeit mit Moderationskarten.

Mit Moderationskarten werden vor allem kreative Gruppenprozesse unterstützt: Die Teilnehmenden schreiben ihre Gedanken und Ideen zu einem bestimmten Thema mit einem Stichwort auf die Karte und bringen sie auf einer Pinnwand an – meist assistiert von einem Moderator. Ideal für solche Zwecke: selbstklebende Moderationskarten auf einer mit Packpapier bespannten Pinnwand (ansonsten Karten mit Stecknadeln fixieren – umständlich – oder mit kleinen, leicht wieder ablösbaren Tesakrepp-Streifen ankleben). Das Ergebnis ist eine Pinnwand voller Ideen, die mit manchmal sogar mehrmaligem Umhängen und Sortieren der Karten allmählich interessante Ideenbündel und Ansätze zu einer Lösung bieten. In unserem Thema ist die Gliederung allerdings schon durch die verschiedenen Phasen der Veranstaltung vorgegeben.

Aus dieser kurzen Schilderung wird deutlich: Die Kartenmethode fordert viel Platz! Nicht nur die Pinnwand als Präsentationsfläche will untergebracht werden – um das Ergebnis gebührend zu würdigen, muss man auch mit genügend Abstand davor stehen können. Allerdings hilft sie denen, die mit Mindmap nicht zurechtkommen und ist nahezu unverzichtbar, wenn mehr als nur eine Person gleichzeitig in einem kreativen Prozess wirken sollen.

Kreative Einzelkämpfer, die mit dieser Methode arbeiten wollen, nehmen anstelle der Moderationskarten gern auch Post-it-Zettel, die sie auf einem großen Papierbogen, auf einer Flipchart oder an einer Bürotür (gefährlich, wenn jemand unversehens die Tür aufmacht!) anheften. Doch auch dafür braucht man weit mehr Platz als bei einer Mindmap auf einem DINA-4-Bogen. Wie die Kreativarbeit bei der Erarbeitung eines Moderationskonzepts mit der Kartenmethode aussehen könnte, zeigt Abb. 4.3.

Natürlich gibt es, wie vorn geschrieben, auch weitere Methoden, ein gelungenes Moderationskonzept zu erarbeiten. Zudem kann man auch zu jedem einzelnen Thema (Begrüßung, Orga, Überleitung …) vertiefend ein eigenes Blatt (Mindmap- oder Kartenmethode) erarbeiten. Die Erfahrung lehrt jedoch, dass man mit der Mindmap-Methode letztlich am besten bedient ist. Andererseits: Wer später in der Moderation der Veranstaltung mit Karten als Hilfsmittel und Spickzettel arbeiten will, hat hier schon eine praktikable Gliederung gefunden.

Zurück zum eigentlichen Thema dieses Kapitels: Wie findet man nun ein durchgängiges inhaltliches Konzept für die Moderation? Die noch offenen Kreativ-Baustellen „Überleitung" und „Schluss" können wir, solange nichts Besseres einfällt, erst einmal mit „platten" Pflichtübungen schließen:

Überleitung

Hier wird in der Moderation ein Zusammenhang hergestellt zwischen Motto der Veranstaltung, ihrer Geschichte („zum x-ten Mal"), einer eventuell aktuellen Besonderheit („noch nie so viele Gäste", „bei strahlend schönem/extrem schlechten Wetter", „in diesem wunderbaren Raum"), um dann mit einem oder zwei Sätzen einen Überblick über die nachfolgenden Themen und die Referenten zu geben, bevor dann der erste Vortrag anmoderiert wird.

Schluss

Persönliches thematisches Fazit, thematische Zusammenfassung aller Vorträge, Dank an die Referenten und das Publikum („rege Diskussion", „hohe Aufmerksamkeit"), Hinweis auf den nächsten Programmpunkt (z. B. Schau der Produkte) und/oder Verkündung des Endes der Veranstaltung mit Wunsch („und kommen Sie gut nach Hause", „und freuen wir uns schon auf das nächste Zusammentreffen"). So weit, so gut. Oder so normal.

Kann man es nicht noch besser machen, kann man in den wichtigsten Phasen (Überleitung und Schluss) die Moderation nicht noch ein wenig persönlicher, charmanter, einzigartiger gestalten? Man kann! Doch dazu bedarf es eines zweiten oder gar dritten und vierten gedanklichen Durchgangs, um die moderatorische

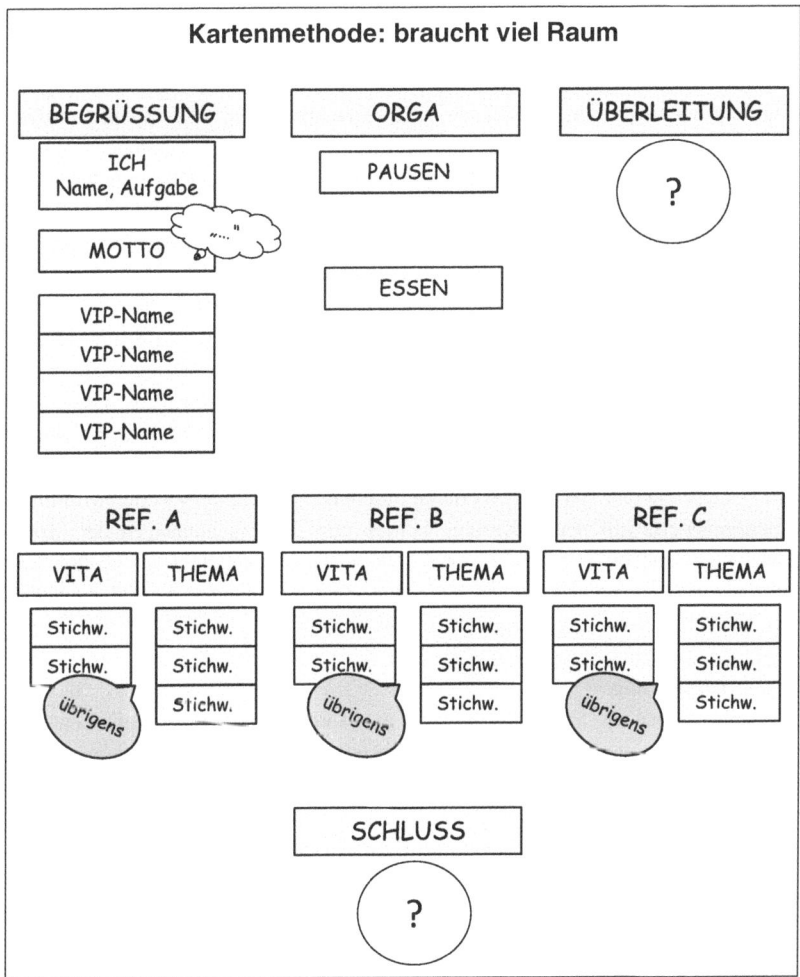

Abb. 4.3 Auch Moderationskarten helfen bei der Erarbeitung eines Moderationskonzepts – diese Methode sieht übersichtlicher aus, ist aber im Aufbau umständlicher und braucht viel Platz

Pflichtübung mit einer Kür zu ergänzen und mit einer gut ausgearbeiteten Moderation die gesamte Veranstaltung zu einem interessanten, originellen und einzigartigen Ereignis für alle Beteiligten zu machen.

4.2   Pflichtansagen

Bis jetzt sind ja lediglich die Stoffsammlung der umfangreichen Vorbereitung via
Mindmap oder Kartenmethode grob strukturiert und dabei erste, spontane Ideen
notiert worden. Das ist noch kein Konzept. Ein durchgängiges, interessantes Konzept würde während der Veranstaltung Schwerpunkte setzen, Highlights schaffen
und/oder an den richtigen Stellen dramaturgische Überraschungen bieten und
vielleicht sogar einige Lacher produzieren – echte Höhepunkte also. Mit der reinen Pflichtangabe von Namen und Vortragsthemen würde die Veranstaltung eher
emotional linear verlaufen.

Damit man sich bei der Ausarbeitung eines Konzepts nicht in allen möglichen
Gedanken, Höhenflügen, intellektuellen Verzweiflungstaten und anderem verirrt,
erledigt man erst einmal die Pflichtangaben. Dazu fertigt man am besten eine
zweite Mindmap an oder ein zweites Kartentableau. Die erste Mindmap/das erste
Kartentableau wird erst einmal zur Seite gelegt. Hier waren ja bereits erste Ideen
notiert, die vielleicht später noch einmal nützlich sind. Auf der zweiten Mindmap,
beziehungsweise auf neuen Karten, werden nun die Pflichtansagen der Moderation (und zunächst nur diese!) notiert. Dabei ist es unbedingt notwendig, sehr
exakt zu arbeiten und alle Namen, Daten und Zeiten noch einmal mit den entsprechenden Vorlagen zu vergleichen.

Eigene Vorstellung
Wenn Sie selbst als Moderatorin oder als Moderator das Publikum begrüßen
(„Guten Morgen … willkommen zur Veranstaltung … ich bin …"), dann nennen
Sie zuerst Ihren Vor- und Nachnamen, Ihre berufliche Funktion. Beispiele:

- bei freiberuflichen Profis: „hauptberuflich Moderator",
- bei Mitarbeitern einer Eventagentur: „bei der Agentur XY", „verantwortlich
  für",
- bei angestellten Mitarbeitern: „Verantwortlich für das Marketing dieses Unternehmens" o. ä.

Die Nennung Ihrer hauptberuflichen Funktion hat nichts mit Angeberei oder
Eitelkeit zu tun, sondern sie hilft dem Publikum, Sie einzuschätzen, Sie kennen
zu lernen und Ihr Agieren richtig zuordnen zu können. Bitte an der Stelle keine
Geschichte über sich oder keinen Lebenslauf anbieten. Das passt gar nicht: Sie
sind in den Augen des Publikums nicht die wichtigste Person.

Allerdings, wenn es etwas gibt, das dem Publikum hilft, eine bessere emotionale Beziehung zu Ihnen aufzunehmen, dann weisen Sie mit einem einzigen (!)

Satz darauf hin. Beispielsweise: „... mit diesem Unternehmen verbinde mich ...“ oder „ich bin an diesem Ort aufgewachsen...“ oder andersherum „ich stamme zwar nicht von hier, habe mich aber sehr gefreut, endlich einmal diesen Ort zu besuchen ...“ oder „... mir war gar nicht bewusst, dass ich mit dem Vorstandsvorsitzenden vor vielen Jahren dieselbe Schule besucht habe ...“ – Also irgendeine emotionale Beziehung nennen, die aber bitte nicht auf beruflichen Leistungen (Studium, Karriere, Auszeichnungen) beruht, sondern auf rein menschlichen Ereignissen, die jede und jeder andere im Saal auch erfahren haben könnte. Dann schließen Sie Ihre Vorstellung mit den Worten: „Meine Aufgabe ist es heute, diese Veranstaltung zu moderieren und dabei besonders Ihre Interessen, sehr geehrte Damen und Herren im Publikum, zu vertreten. Ich freue mich darauf“.

Jetzt könnten Sie eventuell noch nachschieben: „Das mache ich zum ersten Mal – und das ist für mich natürlich besonders spannend“ (bitte nicht sagen „... habe Lampenfieber“ oder „bin ein wenig aufgeregt“ – erstens vermutet das das Publikum sowieso und zweitens klingt es ein wenig nach Mitleidsrabatt schon vorab). Wenn Sie die Veranstaltung schon öfters moderiert haben, dann ist das natürlich auch einer Erwähnung wert: „Diese Veranstaltung moderiere ich heute schon zum dritten Mal und ich habe mich sehr gefreut, einige bekannte Gesichter im Publikum wieder zu sehen“.

Manchmal kommt es auch vor, dass der Veranstalter, der Chef oder die Chefin, die Veranstaltung selbst eröffnen will und die Begrüßung der Ehrengäste persönlich vornimmt. Normalerweise stellt er oder sie danach auch Sie als Moderator/Moderatorin vor und nennt Ihren Namen und Ihre Funktion. Wenn das so abläuft, dann war's das auch: Sie äußern, egal was der Chef/die Chefin gesagt hat, keinen Mucks mehr zu Ihrer eigenen Person – auch wenn Sie sich überhaupt nicht richtig dargestellt fühlen (nur, wenn für Sie ein völlig falscher Name genannt wurde, können/müssen Sie korrigieren).

Organisation
Nachdem Sie sich vorgestellt haben oder vorgestellt wurden, starten Sie jetzt Ihre Moderation: „Bevor wir nun mit dem Programm beginnen, möchte ich Ihnen noch einige organisatorische Hinweise geben ...“. In der Vorbereitung der Moderation haben Sie mit den Verantwortlichen der Gesamtorganisation die Informationen zusammengestellt, die nun zu verkünden sind. Einen letzten Check, ob die Informationen stimmen und alles perfekt vorbereitet ist, werden Sie kurz vor der Veranstaltung gemeinsam mit den Organisatoren vornehmen. Ebenso werden Sie kurz vor der Veranstaltung noch einmal prüfen, ob im Saal alles hergerichtet ist und die elektronischen Anlagen funktionieren. Als Anhaltspunkt und als Stoffsammlung für diese Phase der Moderation haben Sie vielleicht die „Checklist

Organisation Kundenevents" genutzt (Abschn. 3.2). Nun schreiben Sie die zu verkündenden organisatorischen Hinweise auf ein Kärtchen oder auf Ihre Mindmap.
Damit ist auch dieses Pflichtprogramm abgeschlossen.

Überleitung
Der Mindeststandard und Pflichtteil der Überleitung wurde im letzten Abschnitt
schon angedeutet und mit „platt" klassifiziert. Als Pflichtprogramm reicht das. Zu
nennen sind hier:

* Motto der Veranstaltung (auch, wenn Sie das im „Willkommen" schon erwähnt
  haben),
* Erklärung für das Motto (haben Sie in der Vorbereitung vom Veranstalter/
  Unternehmensführung erfragt),
* Zusammenhang mit den nachfolgenden Vorträgen und/oder der Auswahl der
  Referenten (also eine kurze Vorschau auf das, was das Publikum nun erwarten
  kann).

Und schon können Sie mit der Anmoderation des ersten Vortrags beginnen.

Referenten/Vorträge
Pflicht bei der Anmoderation der Referenten:

* Titel, Vorname und Name des Referenten,
* gegenwärtige berufliche Position,
* Titel des Vortrags

Mehr ist zunächst nicht notwendig. Aber für alles Weitere ist es aus vielfacher
Erfahrung heraus wichtig, dass Sie diese drei Informationen deutlich sichtbar
notieren (wiederum auf einem extra Kärtchen oder in der zweiten Mindmap),
damit Sie sie auf jeden Fall griffbereit haben. Es ist schon mal vorgekommen,
dass der Moderator den Namen des großen und ihm sogar lange persönlich
bekannten Stars in der Aufregung völlig vergessen hat …

Schluss
In dieser letzten Phase der Veranstaltung ist der Pflichtteil ebenfalls schnell
erledigt:

* Ende verkünden,
* persönliches inhaltliches Fazit nach den Vorträgen,

- Ankündigung des nächsten Prorammpunkts oder Hinweis auf Give-away und eventuell noch einmal Wiederholung der jetzt noch wichtigen organisatorischen Informationen,
- Dank an Referenten,
- Dank und Lob für Publikum,
- Wunsch für gute Heimreise beziehungsweise viel Vergnügen bei weiterem Event-Programm.

Passende Formulierungen, Gestik und Körperhaltungen während einzelner Phasen in der Moderation werden später im Buch, wenn es um den tatsächlichen Auftritt geht, angeboten. Zunächst einmal geht es ja nur darum, die Pflichtinformationen aufzuschreiben, damit die auf keinen Fall mehr verloren gehen. Und damit wir uns jetzt noch einmal in aller Ruhe überlegen können, wie dieses Pflichtprogramm mit einigen persönlichen und originellen Akzenten aufgewertet werden kann.

4.3 Interpretation und Unterhaltung

Vorbemerkung: Alles, was Sie in diesem Abschnitt lesen, ist überflüssig – wenn die Beiträge der Veranstaltung hoch interessant sind, die Referenten das Publikum von der ersten bis zur letzten Sekunde faszinieren und die Organisation freundlich, perfekt und geräuschlos funktioniert. Wenn das so ist, sollten Moderatoren mit eigenen Beiträgen in der Veranstaltung nicht weiter stören und ihren Einsatz auf das vorher beschriebene Pflichtprogramm reduzieren. Nichts ist schlimmer, als wenn Moderatoren ärmliches eigenes Wissen oder schale, abgekaute Gags zum Besten geben, während das Publikum sehnlichst den nächsten Referenten erwartet. Nicht die Moderatoren sind die Stars, sondern die Referenten. Und alles, was Sie in diesem Abschnitt lesen und möglicherweise mit erheblichem Zeit- und Denkaufwand für Ihre Moderation aufbereiten, wird umsonst gewesen sein.

Wenn aber nicht …? Ja, wenn nicht: In der Praxis läuft eben nicht alles super und Moderatoren müssen ihr Publikum nach einem mittelmäßigen Beitrag trösten und innerlich aufrichten (und zum weiteren Bleiben animieren) oder Organisationspannen geschickt kaschieren. Das geht jedoch nur mit einem schon vorher erarbeiteten Konzept, mit inhaltlichen Reserven oder Turboladern, wenn die Veranstaltung anfängt, zu schwächeln. Und um diese mentalen Adrenalinzuführungen geht es in diesem Abschnitt. Weglassen geht im Zweifel immer. Peinliche oder schwierige Situationen mit den richtigen Gedanken, Worten und Inhalten zu überbrücken, geht nur mit perfekter Vorbereitung.

Ziel jeder Veranstaltung ist, dass die Besucher am Ende mindestens ein „gut" für die gesamte Veranstaltung vergeben. Normalerweise wollen sie das auch. Denn zu einer Veranstaltung, die sie von vornherein als „nicht so gut" einschätzen, wären sie ja gar nicht erst gekommen. Damit sie aber eine Veranstaltung hinterher als „gut" werten und ihre eigene Vorabeinschätzung zufrieden bestätigen können, brauchen sie – wenn eben nicht alles von selbst perfekt läuft – die Hilfe der Moderatoren. Dann sind Moderatoren für das Publikum als ihre Anwälte und Vertreter auch Übersetzer und Interpreten dessen, was in der Veranstaltung geboten wird – damit es das Publikum gut verstehen kann und danach eben ein „gut" oder sogar „sehr gut" vergibt.

Moderatoren führen das Publikum durch die Veranstaltung. Das tun sie zwar schon mit den im letzten Abschnitt beschriebenen Pflichtansagen für jeden Programmpunkt. Über die rein programmatische Führung hinaus setzen professionelle Moderatoren jedoch auch zusätzliche, erhellende Akzente und bieten Interpretationshilfen. Moderation folgt also vor allem dem Ziel, dem Publikum treffende Interpretationshilfen für die Veranstaltung zu geben und es bei Laune zu halten (wenn notwendig). Möglicherweise setzen sich Motivations-Gurus sogar das ehrgeizige Ziel, ihr Publikum regelrecht begeistern zu wollen. Doch auch das beginnt mit der disziplinierten Kleinarbeit zum Aufbau eines persönlichen Moderationskonzepts.

Wo also kann man nach den bisherigen Erkenntnissen im Programm Akzente und eine persönliche Note setzen? Wo ist das vermutlich sogar zwingend notwendig – und wo eher nicht? Dazu empfiehlt es sich, sich die in Abschn. 4.1 beschriebene Arbeit mit einer Mindmap oder mit einem Kartentableau wieder vorzunehmen. Dort sind ja hier und dort schon spontane Ideen zu Vorträgen, Referenten oder Organisation notiert. Nun betrachtet man diese Arbeit aus einer anderen Perspektive, gewichtet neu und geht das Programm noch einmal in einer anderen Reihenfolge durch:

Höhepunkt
Wo liegt nach der Vorstellung des Auftraggebers der absolute Höhepunkt der Veranstaltung? Das kann ein Vortrag mit hoch aktuellem Inhalt sein oder ein bekannter Referent mit großer Ausstrahlung, aber auch die den Vorträgen folgende Produktpräsentation. Wenn ein Veranstaltungshöhepunkt beim Veranstalter schwierig zu ermitteln ist („Alle Beiträge sind spitze, was denken Sie denn?"), müssen Moderatoren selbst Schwerpunkte setzen.

In der Dramaturgie einer reinen Vortragsveranstaltung sollten in der normalen Publikumserwartung der zweite und der letzte Beitrag besondere Höhepunkte darstellen. Der zweite, weil das Publikum spätestens dann seine Erwartungen („bin gekommen, weil gute Veranstaltung") frühzeitig bestätigt sieht und gut gelaunt bleibt, der letzte, weil es sich dann selbst loben kann („gut, dass ich bis zum Schluss geblieben bin").

Bei Veranstaltungen mit nur einem Beitrag (die Begrüßung der Unternehmensführung oder Grußworte von VIPs werden im Verständnis des Publikums selten als „Beiträge" eingestuft), ist eben dieser eine Beitrag der Schwerpunkt. Eventuell natürlich auch ein Zweiter, nämlich eine folgende Produktpräsentation, Unternehmens-Show oder Ähnliches, die aber keinesfalls in diesem Stellenwert oder in Konkurrenz zu diesem Beitrag (deswegen sind ja die Zuhörenden jetzt schon gekommen), sondern als wichtige Ergänzung angekündigt werden sollten. Als Moderatorin oder Moderator suchen Sie nun alle Informationen zusammen, die dem Publikum helfen, diesen Schwerpunkt-Beitrag auch als Höhepunkt der Veranstaltung zu verstehen. Aber bitte nicht akademisch! Bitte in der Moderation nicht inhaltliche, rationale Beschreibungen absondern im Stil „warum, wieso und weshalb …". Das weiß das Publikum aus dem vorher verteilten Programm selbst (meint es wenigstens) und damit würden Sie es belehren, was es gar nicht mag und was allenfalls (schlechten) Referenten vorbehalten sein sollte. Und versuchen Sie bitte auch nicht, sich selbst als Experten oder Fachkundigen darzustellen und eine Anmoderation im Stil „unter uns Experten" aufzuführen. Das bringt niemandem etwas – je klarer die Rollenverteilung (der Referent ist der Experte!), desto einfacher und sympathischer für das Publikum.

Was das Publikum mag und wie Sie ihm am besten helfen können, Beiträge als Höhepunkte und erlebenswerte Ereignisse zu verstehen, ist die Aktivierung von Emotionen und der Aufbau von Beziehungen. An dieser Stelle nützen die schon in der ersten Mindmap/Kartenarbeit bei diesem Höhepunkt („Ref. A(B/C)") gemachten ersten Ideen, die Sie nun mit folgender Checklist ergänzen können:

Checkliste Veranstaltungshöhepunkt

- liebenswerte, sympathische Eigenschaften der vortragenden Person (aus Telefon-Interview),
- besondere Beziehungen zum Unternehmen,
- originelle Antwort zum Thema „übrigens, wussten Sie, dass …",
- Bedeutung des Beitrags/der vortragenden Person in der Wissenschaft/in der Branche,

- Charakterisierung/Bewertung des Beitrags/der vortragenden Person in Presse und Internet,
- emotionale/persönliche Bemerkung des Auftraggebers zu diesem Programmpunkt,
- Ihr persönliches Erlebnis mit vortragender Person in Ihrer Vorbereitung und im ersten Kontakt …

Also, da gibt es ausreichend Anknüpfungspunkte, den kommenden Beitrag als Schwerpunkt der Veranstaltung emotional und mit Zusatzinformationen zu positionieren, ohne dass man ihn plump als „den Höhepunkt" ankündigt. Denn so eine Vorab-Bewertung setzt die anderen Beiträge herab und entmündigt das Publikum, das schließlich selbst entscheiden will, welcher Beitrag ihm am besten gefällt.

Passt da das „persönliche Erlebnis" des Moderators oder der Moderatorin? Die Moderation sollte doch möglichst bescheiden auftreten! Ja, es passt. Denn das Publikum kennt Sie ja bereits. Es hat Sie schon kennen gelernt in der Begrüßung und der Ansage über die organisatorischen Hinweise. Es hat Sie schon ein paar Minuten lang beobachtet, hat Sie im Agieren erlebt und eine (hoffentlich sympathische) Beziehung zu Ihnen aufgebaut, hat Sie eingeordnet, lässt sich von Ihnen führen. Und in diese Beziehung, die das Publikum zu Ihnen hat, beziehen Sie nun (buchstäblich) den wichtigen Beitrag ein – Sie erweitern die Beziehung des Publikums, bauen ihm eine emotionale Brücke zur vortragenden Person und ihrem Beitrag. Und spätestens damit wird Ihr Moderationskonzept persönlich, entwickelt einen eigenen Charakter.

Andere Beiträge

Alles das, was Sie nun für diesen Veranstaltungshöhepunkt erarbeitet haben, können Sie in der Moderation natürlich auch den anderen Beiträgen voranschicken. Es ist auch nicht dumm, das so zu tun. Allerdings werden Sie jene automatisch verbal und in der Länge Ihrer Anmoderation dosieren, Sie werden andere Berührungspunkte und Hinweise für die weiteren Beiträge finden als für den, der der Höhepunkt der Veranstaltung werden soll.

Doch auch das muss gewissenhaft vorbereitet werden: Kann es sein, dass Sie persönlich einen ganz anderen Referenten als den Hauptreferenten bevorzugen, weil Sie im Vorgespräch mit jenem schnell eine viel bessere Wellenlänge als mit diesem gefunden haben? Wenn ja, dann brauchen Sie das in Ihrer Moderatorenrolle ja nicht verheimlichen (auch das wirkt „persönlich" und soll es auch). Doch dafür müssen Sie sich umso mehr anstrengen und solche Attribute für den Programmschwerpunkt und die anderen Beiträge finden, dass diese auch wirklich vom Publikum als höher- beziehungsweise gleichrangig wahrgenommen, verstanden und gewürdigt werden.

So schwer ist das nicht. Denn neben den Referenten haben ja auch die Vorträge unterschiedliche Ausprägungen. Selbst wenn Ihnen als branchenfremdem Moderator die Titel von Fachvorträgen wenig sagen und Sie weder aus dem Programm noch aus dem Vorgespräch deutliche Unterschiede erkennen konnten – sie gibt es. Und Aufgabe einer guten Moderation ist es, diese herauszuarbeiten und zum besseren Verständnis des Publikums vorzustellen.

Befürchtungen, bei diesem Versuch vom Publikum als Laie enttarnt zu werden oder dann doch wieder in die Falle des Belehrens (oder gar eines Ko-Referenten) zu tappen, sind überflüssig. Zumindest dann, wenn Sie sich in der Moderation darauf beschränken, nur einen inhaltlichen Satz zu sagen, in dem Sie den einen vom anderen Vortrag inhaltlich deutlich abgrenzen und Unterscheidungsmerkmale setzen: Im Publikum bieten Sie denen, die darüber noch nicht tiefer nachgedacht haben, einen Aha-Effekt – und denen, die tief in der Materie verwurzelt sind, die Chance für ein kleines, intellektuelles Eigenlob („ha, war mir doch gleich klar!").

Tipps zur unterschiedlichen Gewichtung relativ ähnlicher Beiträge

- Blick fürs Große und Ganze – wichtige Detailbetrachtung,
- wissenschaftliche Analyse – Wirkungsweise/Anwendung in der Praxis,
- technische Entwicklung – gesellschaftlicher Trend/Kundenbedürfnis,
- Situation Unternehmen – Entwicklung Märkte/Wettbewerb,
- einzelner Mensch (Anwender/Verbraucher) – Teams/Mitarbeiter,
- analytisch – visionär
- …

In der Moderation würde dann beispielsweise dieser wichtige Satz zur Unterscheidung und Schnell-Einstufung von Beiträgen so lauten: „Während der Beitrag X, den wir eben gehört haben, sich mehr mit der analytischen Seite des Themas befasst hat, folgt jetzt zum selben Thema eine eher visionäre Betrachtung …"

Mehr ist gar nicht notwendig, um dem Publikum die notwendige Unterscheidungs- und Interpretationshilfe zu geben. Selbstverständlich werden Sie vorher sicherheitshalber bei den Referenten vorgefühlt haben, ob Ihre grobe Interpretation ihrer Beiträge auch in etwa so passt, obgleich sie sich, besonders, wenn es Wissenschaftler sind, meist gegen eine so stark vereinfachte Klassifizierung ihrer Vorträge wehren. Dann bleiben Sie hartnäckig und fragen Ihrerseits: „Wenn Sie nur einen Satz sagen dürften, wie würden Sie ihn formulieren, um einen deutlichen inhaltlichen Unterschied zum Vortrag von Herrn/Frau XY herauszustellen, den ein wenig fachlich gebildetes Publikum sofort versteht?" Wenn dann etwas Kompliziertes kommt, können Sie immer noch entscheiden, ob Sie dieses Angebot annehmen oder eine andere Lösung finden („ich werde darüber noch einmal nachdenken ...").

Überleitungen

Dieser Abschnitt geht schrittweise vom Schwerpunkt der Veranstaltung zur Peripherie und nicht nach der zeitlichen Abfolge. Deshalb sind jetzt die Überleitungen dran. Überleitungen brauchen wir, um nach der Begrüßung das Publikum inhaltlich auf das eigentliche Vortragsprogramm einzustimmen und bei Pausen zwischen einzelnen Vortragssequenzen.

Der Mindeststandard für den Übergang nach der Begrüßung ist bei den „Pflichtansagen" schon beschrieben (Motto Veranstaltung, Erklärung dafür, Vorschau auf Vorträge). Diese Pflichtansagen müssen hier – wie beim „Höhepunkt" und „anderen Beiträgen" selbstverständlich erst einmal erfolgen.

Weitere Möglichkeiten, das Publikum zu gewinnen und auf die nachfolgenden Beiträge einzustimmen, sind möglicherweise schon spontan als Ideen auf der ersten Mindmap oder auf dem Kartentableau festgehalten. Hier dazu noch einmal ausführlicher einige Stichworte:

Publikum

Wer sitzt im Saal (Kunden, Mitarbeiter, Gäste)? Woher kommen die meisten, gibt es welche, die von weither angereist sind oder andere, die schon seit Jahren zum Zuhörerkreis zählen? Bitte erkundigen Sie sich allerdings erst bei den Betroffenen, wenn Sie dazu auch Namen nennen wollen: Wir wissen nicht, ob es dem einen oder der anderen im Publikum peinlich ist, in der Anonymität der großen Gruppe plötzlich namentlich genannt zu werden (oder ob sie beleidigt sind, nicht genannt zu werden).

Anreise

Wetter, aktuelle Verkehrsbedingungen, Weg zum Vortragssaal („Ausschilderung hat wohl gut geklappt ...").

Unterhaltung/Auflockerung

Zitat oder eine kleine Anekdote eines Dichters, Philosophen oder Politikers erweitern die Gedanken der Zuhörenden, schaffen kleine Extra-Ereignisse und helfen, die Veranstaltung noch einmal in einen anderen Zusammenhang zu sehen. Horizonterweiterung! Gut für diesen Zweck eignen sich anstelle der Anekdoten auch – wenn originell – ein aktuelles Umfrageergebnis, ein verblüffendes Forschungsresultat oder eine Entdeckung in einem ganz anderen Themengebiet als dem der Vorträge, um dann mit einer verblüffenden Logik oder Assoziation wieder im thematischen Hier und Jetzt anzukommen.

Unternehmen/Event-Thematik
Schließlich leiten Sie die Konzentration des Publikums auf die bevorstehenden Vorträge: Warum das Unternehmen diesen Event veranstaltet ... um dann die Gesamt-Thematik kurz anzureißen und mit der Anmoderation des ersten Beitrags zu beginnen.

Übergänge nach Pausen
Diese Übergänge können nach ähnlichem Muster vorbereitet werden. Gut ist es dabei immer, das Publikum zunächst direkt anzusprechen, sich zu freuen, dass nach der Pause wieder alle im Saal sind, rhetorisch zu fragen, ob der Imbiss gemundet, die Zigarette an der frischen Luft geschmeckt hat und alle Telefonate und Mails gecheckt sind ...

▶ **Verboten, strikt verboten,** sind bei diesen Übergängen politische Äußerungen, religiöse Anspielungen, sexistische, rassistische oder andere Bemerkungen, persönliche Angriffe oder Verletzungen.

Der Begriff der „Political Correctness" gilt selten so streng wie bei der Moderation eines Kundenevents. Denn während der Moderation sind die Moderatoren immer zuerst auch Vertreter des Unternehmens. Gags sind erlaubt, gute Witze auch. Aber nur solche, die Gefühle anderer nicht verletzen und am besten nur solche, die man vorher nicht schon irgendwo anders gehört hat. Witze oder Gags, die Überraschung und Verblüffung auslösen und auf harmlose Weise mit dem Schicksal aller Lebewesen versöhnen.

Begrüßung und Schluss
Die Begrüßung der Ehrengäste
Diese sollte man kurz halten, um nicht zu viel Zeit zu verbrauchen und später Langeweile zu erzeugen, wenn nach demselben Raster auch Referenten vorgestellt werden. Wenn nicht ein Vertreter der Unternehmensführung selbst die Begrüßung der Ehrengäste vornimmt (bitte nicht mehr als höchstens fünf VIPs,

sonst wirkt es inflationär und schadet), dann genügt es, Titel, Namen und Profession des Ehrengastes zu nennen und mit einem Satz, wie er oder sie mit dem Unternehmen oder dem Thema der heutigen Veranstaltung verbunden ist.

Die Begrüßung/Anmoderation Vorstand und Geschäftsführung
Diese Begrüßung muss vorher unbedingt abgestimmt sein. Normalerweise sind die Chefs bekannt. Deswegen erscheint es eher deplatziert, mehr als ihre Namen und Funktion zu nennen. Anders ist es, wenn der Chef/die Chefin erst kurze Zeit (bis zu einem Jahr) in dieser Funktion ist. Dann ist es sehr wohl hilfreich, ein paar Fakten aus der Vita zu nennen. Denn mit dieser Veranstaltung wird er oder sie ja vielleicht erstmals einem größeren Publikum vorgestellt.

Die eigene Vorstellung
Die eigene Vorstellung des Moderators wurde bei den „Pflichtansagen" schon ausführlich dargestellt – hier sind Pflichtansage und Unterhaltung deckungsgleich.

Beim Schluss
Auch hier übernehmen Sie Ihre Notizen aus der Pflichtansage. Mehr gibt es dazu kaum zu sagen.

4.4   Moderations-Spickzettel

Jetzt bleibt nur noch, alle Informationen und Überlegungen so aufzubereiten, dass man sie während der Moderation auch parat hat. Wie also macht man am besten einen für die Moderation tauglichen Spickzettel, eine Gedächtnisstütze, damit man während der Moderation weder die wichtigen Pflichtansagen noch den roten Faden verliert? Alle Infos einfach herunter zuschreiben und dann vom Papier oder Notepad vorzulesen, geht ja gar nicht. Nicht nur, weil der Blickkontakt, den die Unterlagen erfordern, dem Publikum fehlt, sondern auch, weil man sehr schnell den Überblick verliert und die Zeilen nicht mehr findet.

Einfachste Lösung: Moderationskarten mit den Pflichtangaben groß und fett und allen anderen Ideen in Stichworten mager darunter. Normalerweise reicht eine Karte pro Programmpunkt/pro Beitrag aus. Lediglich die organisatorischen Hinweise brauchen manchmal mehr Platz.

Der Vorteil, für diese „Spickzettel" Moderationskarten zu nutzen ist klar: Den Text dafür kann man sauber und gut lesbar ausdrucken und aufkleben, zudem sind Moderationskarten in Format und Papierstärke sehr praktisch zu handhaben. Nichts spricht gegen Moderationskarten als Spickzettel bei der Moderation. Und:

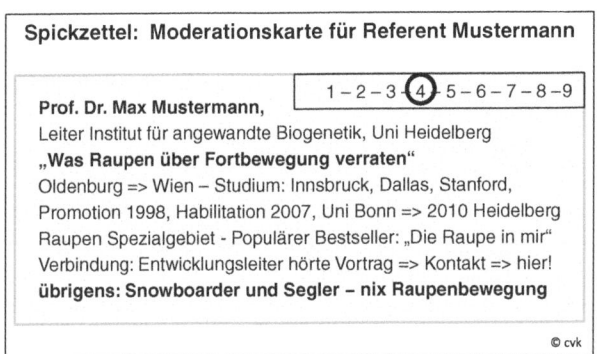

Abb. 4.4 Beispiel für eine fertige Moderationskarte zur Anmoderation von Prof. Dr. Max Mustermann – die wichtigsten Stichworte sind fett hervorgehoben und die markierte Ziffer „vier", oben rechts, lässt auf einen Blick erkennen, dass es sich hier um die vierte von neun Moderationskarten handelt (falls versehentlich die Reihenfolge der Karten durcheinander kommen sollte)

Man braucht sie ja nicht einmal ständig in der Hand halten: Elegant ist es, sie nur bei Pflichtansagen (Referenten und organisatorischen Hinweisen) zur Hand zu nehmen und die Infos zur Not vorzulesen, sie ansonsten auf dem Rednerpult abzulegen und mit viel Blickkontakt zum Publikum frei zu sprechen. Der einzige Nachteil der Karten allerdings ist, dass man sie im Eifer des Gefechts durcheinander bringt und man dann in aufsteigender Panik gar nicht mehr weiß, was zuerst und was dann kommt und was möglicherweise schon dran war. Bei solchen Sortierproblemen hilft auf dem oberen Rand die Durchnummerierung der Karten (in der Abb. 4.4 ist es die 4. Moderationskarte von 9) am besten rechtsbündig, damit sie den Notizen keinen Platz rauben (Notizen linksbündig). Ganz schlimm nämlich, und auch das ist schon passiert, dass ein Moderator auf dem Weg zur Bühne stolpert, ihm seine Moderationskarten aus der Hand fallen und munter kreuz und quer zu Boden flattern …

Hinweise zur Gestaltung von Moderations-Spickzetteln

- Wählen Sie bei der Beschriftung einen Zeilenabstand von 1,2 Zeilen und mehr (nicht den „einfachen" Zeilenabstand). Denn der größere Zeilenabstand lässt die notwendigen Stichworte besser und schneller erfassen, siehe Abb. 4.4.

- Neben der Durchnummerierung der Moderationskarten kann es auch hilfreich sein, bei größeren Veranstaltungen Karten je nach Programm mit unterschiedlichen Farben zu wählen.
- Auch die handschriftliche Mindmap kann als Spickzettel bei der Moderation dienen. Allerdings hilft die nur den Moderatoren, die diese Methode kennen und auch sonst in ihrem Alltag anwenden. Der Vorteil der Mindmap ist – wie zuvor schon beschrieben – dass sie auf einem Blatt die vollständige Übersicht bietet.
- Die Fülle der zu verkündenden Ansagen und Geschichten ist kaum in einer im Stress noch entzifferbaren Mindmap unterzubringen. Ausweg: Eine Mindmap für jedes Thema/jeden Abschnitt oder eine Mindmap für den gesamten Ablauf in der Hosentasche (männliche Moderatoren haben es da gut) und die Moderationskarten für die einzelnen Pflichtansagen griffbereit auf dem Rednerpult.

Profi-Moderatoren schaffen es, sich so vorzubereiten, dass sie völlig frei und ohne Spickzettel sprechen können – und haben dennoch (professionell!) eine kleine Mindmap in Größe einer kleinen Notizblockseite in der Hosentasche – falls sie doch mal stecken bleiben sollten (oder einfach als abergläubischen Glücksbringer).

4.5   Katastrophen, Pannen, Peinlichkeiten

Auch dafür sollten Sie sich noch konzeptionell vorbereiten: Was tun, wenn in oder kurz vor der Veranstaltung etwas furchtbar schief geht? Da kann alles Mögliche passieren, und Sie können sich unmöglich auf jeden nur denkbaren Notfall vorbereiten. Hier die wichtigsten Peinlichkeiten, Pannen und Katastrophen, auf die Sie sich mit einem Notfallplan vorbereiten können:

Katastrophe (Brand, Terror, Erdbeben, Unfall, plötzliche Erkrankung eines Anwesenden)
Sofortiger Abbruch der Veranstaltung, Anweisungen zum geordneten Verlassen des Saales geben oder Platz zu machen für Erste-Hilfe-Leistende und Rettungssanitäter (wenn eine einzelne Person plötzlich zusammenbricht). Das setzt natürlich voraus, dass Sie sich vorher über Rettungswege und entsprechende Notrufnummern informiert haben, beziehungsweise sofortigen Zugriff darauf haben.

Bei größeren Katastrophen (etwa Terroranschlag) im Umfeld der Veranstaltung ist die Beurteilung der Situation schwierig. Als Moderator sollten Sie bei Bekanntwerden so einer Katastrophe in jedem Fall unterbrechen, sich mit Auftraggeber und eventuell auch Sicherheitsdiensten/Polizei beraten, um dann Ihrem Publikum mitzuteilen, ob und warum Sie die Veranstaltung nun abbrechen oder fortsetzen.

Das gilt ebenso, wenn sich kurz vor der Veranstaltung eine Katastrophe im direkten Umfeld ereignet haben sollte – die Absage der Veranstaltung ist dann nicht nur wegen einer möglichen direkten Gefährdung der Teilnehmenden, sondern auch aus Imagegründen oft besser, als sie trotzdem noch durchziehen zu wollen. Allerdings: Alles, was vor Beginn der Veranstaltung passiert, liegt in der Verantwortung des Auftraggebers. Wenn der beschließt, „wir ziehen das trotzdem durch", dann müssen Sie als Moderatorin oder Moderator mitspielen.

Unwetter/Verkehrschaos

Die schon im Saal anwesenden oder gerade ankommenden Gäste informieren und die Veranstaltung eine halbe Stunde später beginnen lassen (kann man Kaffee und Erfrischungsgetränke in der Lobby vor dem Saal anbieten?) – länger als eine halbe Stunde mit dem Veranstaltungsbeginn zu warten, lohnt nicht.

Übrigens: Wegen eines nicht vorhersehbaren drohenden Unwetters (Blitzeis) und dann gefährlichen Straßenverhältnissen, ist es auch durchaus legitim, Zuhörer schon vor dem Ende der Veranstaltung freundlich zu verabschieden, die diesem Unheil entgehen wollen.

Referent verspätet sich/sagt ab

Das ist peinlich, passiert jedoch leider häufiger, als man denkt. In diesem Fall gibt es mehrere Möglichkeiten. Moderatoren sollten sich nur vorher versichern, dass die Ersatzlösung auch funktioniert. Beispiele:

- Referent verspätet sich: Programm umstellen, andere Referenten vorziehen – Check: Wer der nachfolgenden Referenten ist anwesend?
- Programmumstellung schwierig, säumiger Referent war als Letzter vorgesehen: Bei Referentenverspätung bis zu höchstens 15 min zur kleinen Pause einladen (Imbiss und Getränke schon verfügbar? ansonsten: Pause um Mails zu checken …) mit dem Hinweis, dass Sie informieren, wenn der Referent eingetroffen ist.
- Bei absehbar mehr als einer halben Stunde Verspätung des letzten Referenten: Schluss der Veranstaltung – da ist jetzt nichts mehr zu retten – hoffentlich sind die Give-aways schon vorbereitet und gibt es noch kleine Snacks in der Lobby vor dem Vortragssaal.

- Referent erkrankt/verunglückt, kann nicht kommen: Ersatzreferent oder Programmumstellung.
- Referent erscheint nicht, keiner weiß, warum: Etwa fünfzehn bis zwanzig Minuten mit Pause oder Publikums-Interaktion überbrücken (siehe Kap. 9), Programmumstellung, Ersatzreferent ... und wenn der richtige Referent vor dem Ende der Veranstaltung doch noch auftaucht, dann darf er auch noch referieren.
- Referent hat während des Vortrags Aussetzer, wird krank, bricht zusammen ... siehe Katastrophe, Pause. Dann weiter mit den anderen Beiträgen, wenn der eine Referent nicht lebensgefährlich erkrankt ist, in schlimmerem Fall Abbruch der Vortragsveranstaltung, die Konzentration und die Stimmung dafür ist bei den Zuschauern nicht mehr gegeben und auch nicht mehr herzustellen. Als Moderator dankt es Ihnen das Publikum, wenn Sie abbrechen.

Technische, organisatorische Panne

Schleunigst Abhilfe suchen (immer Ersatzmikrofon, Beamer etc. vorhalten), improvisieren und sich beim Publikum für diese Panne entschuldigen. Nun können eine ganze Menge kleiner Dinge während der Veranstaltung schief gehen oder nicht so ablaufen, wie gewünscht. Die Frage bleibt stets, ob das im Publikum überhaupt auffällt oder ob man durch den eigenen Hinweis und eine Entschuldigung die Sache schlimmer macht, als sie wirklich ist. Dazu folgende Leitlinie:

▶ Wenn das Programm nicht, wie vorgesehen, durchgeführt werden kann (auch, wenn es nur Nebensächlichkeiten sind), ist eine entsprechende Ansage mit Entschuldigung zwingend erforderlich. Denn das Publikum ist wegen des so ausgeschriebenen Programms gekommen. Ob Sie es dann mit einer viel besseren Lösung sogar mehr beglücken (Upgrading), ist eine ganz andere Sache.

Alle weiteren kleineren oder größeren Pannen werden gute Moderatoren dann nicht verschweigen, wenn sie beobachten oder darüber informiert werden, dass diese vom Publikum registriert wurden und es darüber bereits Geraune, Getuschel und Verstimmung gibt.

Wie schon geschrieben: Die hier aufgelisteten Pannen sind bei Weitem nicht alle Peinlichkeiten, die während eines Kundenevents passieren können. Aber es sind die, für die Moderatoren schon mal weit vor der Veranstaltung einen

Gedanken übrig haben sollten, wenn sie ihr Moderationskonzept fertigstellen. Wie Sie dann im Fall des Falles idealerweise am besten agieren, lesen Sie in Kap. 8. „Startverzögerung". Und für Ausnahmesituationen, die Sie hoffentlich nie bei der Moderation eines Kundenevents erleben, die aber dennoch eintreten können, finden Sie praktische Tipps in Kap. 11.

Weglassen und kürzen geht immer

Ein gutes Moderationskonzept bietet neben den Pflichtansagen inhaltliche und emotionale Akzente und gibt dem Publikum die Chance, Beziehungen zu Referenten und Themen zu entwickeln. Professionelle Moderatoren bereiten sich darauf intensiv vor und wissen gleichzeitig, dass sie während der Moderation situativ möglicherweise ganz anders agieren müssen: Weglassen und verkürzen geht immer. In schwierigen Situationen jedoch die richtigen Worte zu finden geht nur mit perfekter Vorbereitung bis hin zur Anfertigung passender Spickzettel für die Moderation.

Praxis: Dumme Sprüche, schlaue Tipps

5

▶ In diesem Kapitel werden praktische Hilfen für die Moderationsvorbereitung angeboten. Das beginnt mit den Fallen gedankenloser Floskeln und Worte, die man immer wieder von Sprechern hört und die man tunlichst vermeiden sollte. Dann folgen handwerkliche Tipps: Wie man möglichst früh Beifall im Publikum erzeugt, wie man mit einer abgewogenen Ansprache geheime Vorbehalte entkräftet und so das gesamte Publikum gewinnt, wie wichtig der richtige Dresscode auf der Bühne ist und schließlich wenige, aber notwendige Hinweise zur Körpersprache von Moderatoren. Und wenn Sie mit Ihren Moderationsvorhaben dann fertig sind, sollten Sie mal auf die Uhr schauen, ob das alles noch in den vorgegebenen Zeitplan passt …

5.1 Floskeln und Worte

Zum Abschluss der gedanklichen Vorbereitung auf die Moderation schon an dieser Stelle einige praktische Hinweise fürs Praxis-Training. Denn wenn man ein Konzept erarbeitet und allmählich in die Endfassung bringt, nisten sich mehr oder weniger automatisch einige oft gehörte Floskeln im Gehirn ein, über die man nicht weiter nachdenkt. Das sollte man aber. Denn einige Bemerkungen und sogar einige Worte beinhalten mehr rhetorische Schleudergefahr, als man denkt.

Überaus peinlich sind einige allseits bekannte dumme Sprüche von gedankenlosen Rednern oder Moderatoren. Irgendjemand hat damit wohl irgendwann einmal spießige Heiterkeit erzeugt (originell und witzig – haha!) und seitdem werden sie ohne tieferen Hintersinn formelhaft nachgeplappert. Man hat diese Sprüche schon hundertmal gehört und erlitten, sie wollen einfach nicht aussterben.

© Springer Fachmedien Wiesbaden 2016
C. von Kutzschenbach, *Kundenevents – richtig gut moderiert!*,
DOI 10.1007/978-3-658-13100-5_5

Damit Sie als Moderatorin oder Moderator auch in der größten Bühnenpanik vermeiden, in diese gedanklichen Versumpfungen geraten, werden nachfolgend einige dieser dummen Sprüche aufgelistet (leider ohne den geringsten Anspruch auf Vollständigkeit) und, wo notwendig, bessere Formulierungen angeboten. Am Ende dieses Abschnitts noch Moderations- und Rede-Tipps zur Komplettierung der Vorbereitung und zur reibungslosen, erfolgreichen Moderation in der Praxis.

Hier zunächst die dummen Sprüche – und wie man es besser machen kann:

„… dass Sie so zahlreich erschienen sind …"
Ja hoppla, kann ich „zahlreich" erscheinen? Wohl eher nicht, es sei denn, der Redner spricht mich als gespaltene Persönlichkeit an. Besser:

„Ich freue mich, dass Sie alle heute hier sind, und dass ich nun vor Ihnen, vor einem großen (!) Publikum, stehe. Da haben wir wohl in der Einladung zu unserer Veranstaltung ein hohes Interesse geweckt. Jetzt liegt es an uns, Ihre Erwartungen für die heutige Veranstaltung voll zu erfüllen …"

„… leider sind nur wenige gekommen"
Hallo? Sorry, dass ich trotzdem da bin. Und jetzt möchte ich hier etwas geboten bekommen und kein wehleidiges Jammern eines enttäuschten Veranstalters, dem die, die nicht da sind, offenbar „leider" viel wichtiger sind … Bitte, lieber Redner, in so einem Fall totale Gehirnwäsche vornehmen, Reset-Taste drücken und dann noch einmal von vorn:

„Wie schön, dass Sie unserer Einladung gefolgt sind. Wie Sie sicher bemerkt haben, befinden Sie sich heute hier in einem sehr kleinen, exklusiven Kreis. Ihr Interesse an unserem Thema freut uns sehr und ist für uns Ansporn, Ihnen nun eine besonders gelungene Veranstaltung zu bieten …"

„… meine Wenigkeit …"
Oh Graus: Wenn da schon eine „Wenigkeit" auf der Bühne steht, was kommt dann noch alles daher? Nichts wie weg! Für „Wenige" ist mir meine Zeit, die ich als Zuhörer investiere, zu schade. Und für Menschen mit mangelndem Selbstwertgefühl bringe ich vielleicht Mitleid auf, aber kein weiteres Interesse – Wo bin ich hier nur hineingeraten?

„… keine Worte mehr verlieren …"
Ach so, da hat der Redner etwas verloren – seine Worte nämlich. Und ich dachte bislang, er schenkt Sie mir und bringt mir damit Wertschätzung entgegen. In diesem Moment hat für mich vor allem der Redner verloren.

„... in dieser schnelllebigen Zeit ..."/„in Zeiten wie diesen ..."
Das muss man kaum noch kommentieren: Eine Zeit lebt nicht schnell – und
ob wir schnell oder langsam leben, hat ausschließlich etwas mit der jeweiligen
Gefühlslage oder Langeweile zu tun – und: Wir kennen nur Zeiten (der Plural von
„Zeit" ist schon verkehrt) wie diese – in anderen haben wir nicht gelebt.

„..., aber ..."
Höchst gefährlich: „aber" leitet eine Aussage ein, die viel stärker ist als der Halb-
satz vor dem „aber". Das heißt, alles, was vor dem „..., aber ..." gesagt wurde,
ist bedeutungslos. Besser als „aber" sind: „und", „gleichzeitig", „dennoch", – mit
diesen Satzverbindungen bleibt die Bedeutung des ersten Satzteils erhalten.

„Gelder"
Was meint der Sprecher damit wirklich? Dann soll er es doch sagen, keiner hin-
dert ihn daran – und Geld ist Geld – die Mehrzahl davon gibt es nicht.

„... glauben ..."
Ist das wirklich so? Glauben tut man in einer Religion. Tatsächlich aber meint der
Redner, etwas „zu vermuten", „zu meinen", „zu denken" oder „sich etwas vorzu-
stellen" ...

„ähm/äh ..."
Ein „ähm" oder „äh" als Pausenfüller zwischen einzelnen Worten oder Satz-
partien ist durch nichts zu ersetzen. Also kann man es doch einfach weglassen!
Warum jemand diese Füll- und Übergangslaute häufig ausstößt und ganz offensichtlich braucht, soll hier nicht weiter interessieren. Interessant ist aber, dass
man sich im Selbstheilungsversuch die „ähms" und „ähs" sehr schnell abge-
wöhnen kann (ebenso, wie wir vermutlich irgendwann einmal gelernt haben,
zumindest in der Öffentlichkeit nicht reflexhaft in der Nase zu bohren): Bei
Videoaufnahmen im Moderationstraining fällt vielen Teilnehmenden selbst zum
ersten Mal auf, wie oft sie mit „ähm" und „äh" Sprechpausen herbeiführen oder
überbrücken wollen. Beim zweiten Durchgang, wenige Minuten später, werden
schon weniger „ähm" und „äh" gezählt und beim dritten kaum noch.

▶ **Tipp:** Machen Sie doch ein Video-Selfie und zählen Sie Ihre „ähm" und
   „äh". Wenn Sie mit dem Ergebnis nicht zufrieden sind, wiederholen Sie
   den Versuch und denken bei jedem „ähm"-/„äh"-Reflex an ein öffentli-
   ches Nasenbohren. Das sollte helfen.

„… Danke für Ihre Aufmerksamkeit!"

Nanu? Eigentlich hätte ich mich ja für den guten Vortrag zu bedanken. Aber so gewinne ich den Eindruck, der Redner empfindet sich selbst als langweilig und bekommt sonst wenig Aufmerksamkeit. Schade, bislang hat mir sein Auftritt gut gefallen, jetzt komme ich ins Grübeln … Und so kann man eine Ansprache besser und ehrlicher beenden:

„Damit beende ich meinen Vortrag …

- … Sie waren ein sehr aufmerksames Publikum, das ist mir nicht entgangen …",
- … es war mir ein Vergnügen, vor Ihnen zu sprechen und Ihre Aufmerksamkeit zu genießen …",
- … und freue mich, wenn der eine oder andere Gedanke bei Ihnen gut angekommen ist …",
- … Sie waren ein kritisches Publikum und haben mich gefordert – das beweist Ihr hohes Interesse – und dafür danke ich Ihnen …".

Das klingt anders. Warum? Weil der Redner in seinem Schlusswort selbstbewusst, aber nicht überheblich, seine eigenen Eindrücke schildert, und er dem Publikum Feedback gibt. Eine gute Kommunikation.

▶ **Für Moderatoren gilt grundsätzlich:** Werden Sie buchstäblich hellhörig, sensibel und selbstkritisch, wenn Sie merken, intuitiv Floskeln oder Redner-Sprüche übernehmen zu wollen, die Sie anderswo schon einmal gehört haben. Was wollte der Sprecher damit sagen? Wie haben Sie sich bei dieser Ansage als Teil des Publikums gefühlt? Ist dieser oder jener Ausspruch wirklich bis zum Ende durchdacht oder zielt er nur oberflächlich auf einen plumpen Effekt?

Es ist ja grundsätzlich gut, von anderen Sprechern zu lernen und Worte/Sätze zu übernehmen, die gut gefallen – wenn sie denn zu Ihnen und zur jeweiligen Situation passen. Immer besser aber ist es, das, was Sie in einer Situation denken, fühlen oder vermuten, auch genauso auszusprechen (im negativen Fall natürlich gefiltert durch die normalerweise zu erwartende Höflichkeit).

5.2   Beifall

Je früher Sie als Moderatorin oder Moderator das Publikum zum Mitmachen bewegen können, umso leichter haben Sie es im weiteren Verlauf der Veranstaltung. Eines dieser Mitmach-Elemente ist Beifall. Trick dabei: Wer fröhlich mit den Händen klatscht, lockert auch gedankliche Bremsen, öffnet sich.

Nun ist das eine oder andere Publikum anfangs etwas reserviert. Es findet die Veranstaltung vielleicht ganz gut, fühlt sich aber noch etwas befangen. Der oder die eine im Publikum will vielleicht schon klatschen, damit aber keineswegs anfangen („wie peinlich, wenn sonst keiner mitklatscht"). Da müssen Moderatoren die Klatschbremsen lockern. Anregungen:

- „… gespendet/erfolgreich verpflichtet/… uns hier eine Freude gemacht/ erreicht, dass … – das, meine ich, ist unser aller Beifall wert!"
- „und begrüßen Sie mit mir und einem kräftigen Applaus …"
- „also das war gut – das ist doch einen Beifall wert?!"
- „… da könnte man doch wirklich noch einmal klatschen …"
- „liebes Publikum, wo bleibt denn Ihr begeisterter Applaus?"

Natürlich wirken diese Aufforderungen zum Applaus nur, wenn das Publikum halbwegs dafür in Stimmung ist. Und das Publikum folgt mit Beifall auch nur dann, wenn Moderatoren sofort selbst anfangen zu klatschen.

Andererseits: Auch nach schlechten Beiträgen klatscht das Publikum. Wenn auch nur höflich – und eher dankbar dafür, dass dieser Vortrag nun endlich beendet ist. Ein sogenanntes Erleichterungs-Klatschen. Eine Missstimmung im Raum sollte Moderatoren auf keinen Fall entgehen und auch hier wieder – das Publikum führend – früher als gewöhnlich mit dem Applaudieren aufhören und es dann gut sein lassen.

▶   **Für Moderatoren gilt grundsätzlich:** Beenden Sie den Beifall zuerst. Bei lang anhaltendem Beifall des Publikums können Sie ja noch einmal mitklatschen – das verstärkt die Wirkung und die Beziehung zum Publikum.

Ganz schlimm ist es aber, wenn das Publikum seinen Applaus beendet und der Moderator immer noch einsam und allein weiter klatscht. Fast so schlimm ist es, wenn Moderatoren anfangen zu klatschen – und das Publikum folgt nicht. Doch mit

ein wenig Charme drehen gute Moderatoren diese peinliche Situation wieder ins
Positive: „Oh, da habe ich mich wohl als einzige/r amüsiert – sorry, ..." und weiter
im Programm.

▶   Früher Beifall lockert die Stimmung – und meistens wartet das Publi-
    kum darauf, zum richtigen Zeitpunkt von den Moderatoren zum Beifall
    animiert zu werden. Doch ob es ein „richtiger Zeitpunkt" ist, müssen
    Moderatoren sensibel beobachten: Kaum etwas ist für das Publikum
    schlimmer, als von Moderatoren zu Beifall (oder anderen Aktionen)
    gezwungen zu werden, wenn es gerade nicht in Stimmung ist. Genau
    dann offenbart sich, dass Moderatoren ihre zuvor beschriebene Auf-
    gabe als „Vertreter des Publikums" nicht verstanden (oder gekonnt)
    haben.

5.3   Ansprache

Moderatoren sind keine Redner. Im Allgemeinen jedenfalls. Dennoch müssen
auch sie manchmal eine kurze Ansprache halten, beispielsweise in der Überleitung von der Begrüßung und den organisatorischen Ansagen zum Beginn des
eigentlichen Programms und zur Anmoderation des ersten Referenten.

Gut, wem da eine kleine Geschichte, eine persönliche Anekdote oder eine
aktuelle Begebenheit einfällt, die zum Motto der Veranstaltung passt und die sich
wunderbar zur allmählichen Einstimmung auf den ersten Beitrag eignet. Doch
manchmal findet sich nichts Passendes. Zudem gibt es hin und wieder Situationen, in der eine Veranstaltung von den Besuchern und vor allem von Gruppierungen in der Öffentlichkeit eher kritisch gesehen wird.

In solchen Fällen empfiehlt sich ein einfaches Redeschema, das möglicherweise unterschwellige Kritikpunkte offen anspricht und auflöst: Der Redner nennt
bis zu drei Argumente für und bis zu drei Argumente gegen die Veranstaltung.
Dann zieht er ein Fazit, untermauert es mit einem persönlichen Standpunkt und
spricht eine Empfehlung oder einen persönlichen Wunsch aus. Um das eben skiz-
zierte Redeschema anschaulicher zu machen, soll ein harmloses Fallbeispiel konstruiert werden:

Fallbeispiel
Ansprache bei „Tag der offenen Tür"
Ein Unternehmen veranstaltet nach fünf Jahren wieder einen „Tag der offe-
nen Tür" (siehe Abschn. 2.4). Im Vorfeld gab es vereinzelt kritische Stimmen

von Verbraucherschutz-Organisationen und von extrem linken Splittergruppen, das Unternehmen solle lieber die Preise seiner Produkte senken und/oder die Löhne der Mitarbeiterinnen und Mitarbeiter erhöhen, anstatt mit dieser Veranstaltung Geld zu verschwenden.

Die Unternehmensleitung will sich zu diesen vereinzelten kritischen Stimmen bei der Veranstaltung nicht äußern und überlässt es der Moderation, hier die passenden Worte zu finden. Gleichzeitig will die Unternehmensleitung die offizielle Begrüßung erst nach den einleitenden Worten der Moderation vornehmen.

So könnte in diesem Fall die Ansprache der Moderation aussehen:

Begrüßung:

„Herzlich willkommen zum ‚Tag der offenen Tür' bei der XY GmbH. Mein Name ist Maria Mustermann, ich arbeite in der Entwicklungsabteilung der XY GmbH und freue mich, Sie heute als Moderatorin durch den Tag führen zu können …"

Thema/Einleitung:

„Wir alle (Mitarbeiterinnen und Mitarbeiter, Familienangehörige …) haben uns hier zum ‚Tag der offenen Tür' getroffen, den die XY GmbH heute seit fünf Jahren erstmals wieder veranstaltet. Vielleicht erinnern sich noch viele von Ihnen an den letzten ‚Tag der offenen Tür' … (zwei bis drei kleine Anekdoten daraus) … Damals wie heute geht es darum, dass das Unternehmen seine Türen auch einmal für Sie – Angehörige, Nachbarn, Partner und die interessierte Öffentlichkeit – öffnet, um Ihnen die Möglichkeit zu geben, einmal das Innere des Unternehmens zu besuchen, das sie normalerweise nur von außen kennen …"

Dafür-Argumente:

„Für einen ‚Tag der offenen Tür' spricht viel:

* Familien machen sich nun ein Bild davon, wie es dort aussieht, wo Ihre Frauen und Männer …"
* Nachbarn können nun vielleicht besser verstehen, warum Lkw …"
* Vertreter der Stadt, Verbände und befreundete Unternehmen bekommen nun einen umfassenden Eindruck, ebenso Schulabgänger und Studenten, die demnächst Bewerbungen …"

Dagegen-Argumente:

„Natürlich stellt sich ganz grundsätzlich die Frage, ob solche Veranstaltungen heute überhaupt noch sinnvoll sind:

- denn so eine Veranstaltung kostet Geld, das man vielleicht besser für einen anderen Zweck ausgeben könnte, beispielsweise zur Unterstützung Notleidender, zur Unterstützung öffentlicher Einrichtungen, zur Stiftung an Vereine ..."
- zudem wird die Nachbarschaft wird gestört und belastet durch viele Besucher ..."
- schließlich kann man Informationen heute einfacher und schneller im Internet und über die sozialen Medien verbreiten und bekommen ..."

Fazit:
„Tatsächlich gibt es diese und viele andere gute Gründe für und gegen so eine Veranstaltung, die sicher allen Beteiligten auch hohen persönlichen Einsatz abverlangt. Die Unternehmensführung hat deshalb – wie ich erfahren habe – alle Argumente sehr sorgfältig gegeneinander abgewogen und sich schließlich für diesen ‚Tag der offenen Tür' entschieden. Dabei wird sie auch von den Mitarbeitern, vertreten durch den Betriebsrat, voll unterstützt."

Persönliches Statement:
„Liebe Veranstalter, liebe Mitarbeiterinnen und Mitarbeiter, liebe Angehörige, sehr geehrte Nachbarn und Gäste! Auch mir sind die Diskussionen um dieses Fest nicht entgangen. Auch ich habe im Vorfeld viel darüber nachgedacht. Doch wenn ich nun in Ihre erwartungsvoll gespannten Gesichter sehe, wenn ich weiß, mit wie viel Engagement, Freude und Hoffnungen auch meine Kolleginnen und Kollegen diese Feier für Sie und uns alle vorbereitet haben, dann freue ich mich wirklich sehr, dass dieser ‚Tag der offenen Tür' jetzt – und mit Ihnen allen – stattfindet."

Empfehlung:
„Lassen Sie uns heute einfach einmal auf eine ganz andere Weise zusammenkommen und zusammen feiern! Ich wünsche Ihnen viele neue Eindrücke, Erkenntnisse, Antworten – und vor allem ganz viel Lachen und Vergnügen beim ‚Tag der offenen Tür' der XY GmbH!"
    ... (Beifall?!) ...

Anmoderation:
„Und jetzt begrüßen Sie mit mir und mit einem herzlichen Applaus, den Geschäftsführer ..."

Nachbetrachtung

In ihren Dafür- und Dagegen-Argumenten hat die Moderatorin das ausgesprochen, was viele im Saal denken, sie hat sie also zu einem innerlichen „Ja" animiert und damit Zustimmung gewonnen, die sich mit einem bestimmt sehr herzlichen Beifall bei der Begrüßung des Geschäftsführers (und gleichzeitig als Dank, dass die Moderatorin das Publikum verstanden hat!) geäußert hat.

Dabei ist sie geschickt sehr allgemein auf die Art der Veranstaltung eingegangen: „… für *einen* ‚Tag der offenen Tür' …" und später: … „stellt sich *ganz grundsätzlich* die Frage…". Damit vermeidet sie, konkret auf die vereinzelten kritischen Stimmen einzugehen und behandelt dennoch den grundsätzlichen Vorwurf der Geldverschwendung für diese Veranstaltung.

Gleichzeitig folgt sie damit der Entscheidung der Geschäftsführung, sich zu kritischen Stimmen nicht äußern zu wollen. Denn wenn die Moderatorin die vorher vereinzelt laut gewordenen Kritikpunkte offen angesprochen hätte, hätte die Geschäftsführung dazu Stellung nehmen (also sich äußern) müssen, um diese Angriffe nicht im Raum stehen zu lassen.

Wenn allerdings die Kritiker im Vorfeld mehr Erfolg gehabt und mehr Menschen hinter sich gebracht hätten und die Veranstaltung dennoch durchgeführt werden sollte, dann muss die Geschäftsführung gleich zu Beginn der Veranstaltung darauf öffentlich reagieren. Sei es mit einem eigenen Statement in der Begrüßung oder – bessere Lösung – im Anschluss daran mit Antworten auf Fragen der Moderatorin, die in dieser Phase als Interviewerin auftritt, bevor sie den weiteren Programmablauf erläutert, organisatorische Hinweise gibt und anschließend den ersten Beitrag anmoderiert.

Schließlich – auch das ist wichtig für die Kommunikation und den Aufbau von Beziehungen mit ihrem Publikum – hat die Moderatorin auch ihre eigene Betroffenheit (als Mitarbeiterin des Unternehmens und als Moderatorin) zu diesem Ereignis offenbart: „… habe im Vorfeld viel darüber nachgedacht …", um schließlich emotional ganz klar Position zu beziehen: „… dann freue ich mich wirklich sehr, dass dieser ‚Tag der offenen Tür' jetzt – und mit Ihnen allen – stattfindet!" Damit hat die Moderatorin vor dem Publikum buchstäblich ihr Herz geöffnet – kein Wunder, wenn auch ihr jetzt einige Herzen aus dem Publikum zufliegen.

Allerletzte Bemerkung dazu: Unterstellt in diesem Fallbeispiel ist, dass die Moderatorin ehrlich sagt, was sie meint. Und, dass sie in dieser Phase frei spricht. Wenn sie sich dabei einmal verspricht, ins Lampenfieber-Zittern kommt oder in der Aufregung vielleicht den einen oder anderen vorher mühsam zurechtgelegten Satz vergisst, ist das zwar ärgerlich, aber nicht weiter schlimm. Jedenfalls keineswegs so schlimm, als wenn die Moderatorin hier einen Spickzettel bräuchte oder gar vom Redemanuskript ablesen würde (das wäre ein Totalversagen – so jemand ist als Moderator oder Moderatorin ungeeignet).

5.4   Dresscode

Diesen Abschnitt kann man kurz halten, dennoch ist er offenbar notwendig. Das lehrt die leider häufige Beobachtung vieler schlecht gekleideter Moderatoren und Redner. Und jetzt, während der Vorbereitungsphase für die Moderation, ist meist noch Zeit genug, sich auch über das Moderatoren-Outfit Gedanken zu machen und die richtige Lösung dafür zu finden.

Natürlich richtet sich der Dresscode für die Damen und Herren Moderatoren ganz nach der Art und nach dem Stil des Events: Bei einer Gala wird eine Moderatorin nicht im strengen Kostüm, sondern im Abendkleid auftreten – und der Herr Moderator darf bei dieser Gelegenheit sogar einen Smoking tragen – oder ein Glitzer-Outfit wie einst Thomas Gottschalk in seinen besten Wetten-dass-Tagen.

Selbst, wenn der Kleidungsstil auch bei Profi-Moderatoren oft in Richtung Showmaster tendiert, besser sind Moderatoren m/w mit elegantem Business-Outfit angezogen: Dunkler Anzug (mit Krawatte und Einstecktuch), einfarbiges, helles Hemd mit Manschettenknöpfen und entsprechendes Schuhwerk (mit Ledersohlen – am besten rahmengenäht) bei den Herren – dunkles Kostüm, helle Bluse, (Schmuck und Schminke gern, aber dezent) bei Damen (High Heels nur, wenn sie auch bei Bühnentreppen sicheren Halt bieten). Lediglich bei typischen Sommer-Veranstaltungen außerhalb der typischen City-Business-Area dürfen ein luftiges, aber nicht allzu freizügiges Sommerkleid, ein heller Sommeranzug oder Jeans und Sakko (auch ohne Krawatte) und sogar Sneakers getragen werden.

▶   **Grundregel:** Moderatoren müssen mindestens so gut und zum Anlass passend angezogen sein wie die Gäste.

Und „passend" bezieht sich nicht nur auf den Stil des Outfits: Es muss tatsächlich passen – nämlich dem Körper, den es umgibt. Anzüge von der Stange erfüllen diese Bedingung selten. Da könnte man ja einmal weiter überlegen: Selbst wenn man nicht dauernd auf der Bühne steht, wäre es jetzt eine gute Gelegenheit, sich einen Business-Anzug (oder Kostüm) nach Maß anfertigen zu lassen! Jeder, der Anzüge nach Maß trägt, weiß, dass man darin nicht nur besser aussieht, sondern, dass man sich darin vor allem besser und sicherer bewegt. Das kann auch und gerade dann sehr hilfreich sein, wenn man – wieder im Business-Alltag – bei

schwierigen Konferenzen oder Verhandlungen elegant, aber mit Härte im Neh-
men und schließlich mit Durchhalte- und Durchsetzungsvermögen agieren muss.
Doch das wissen nur die, die Anzüge nach Maß tragen ... Gleiches berichten
Frauen, die sich erstmals ein Business-Kostüm nach Maß anfertigen ließen.

Für Frauen gilt übrigens ganz besonders: Jackett oder Kostümjacke auf der
Bühne zugeknöpft lassen! Nicht, weil frau sich auf der Bühne zugeknöpft, reserviert oder verschlossen geben sollte (diese schlimme Vermutung wird ein strah-
lendes Lächeln sofort zerstören), sondern weil es einfach nicht gut aussieht, wenn
in Taillen- und Hüfthöhe weiblicher Körper die Jacke Eigenbewegungen vollführt.

Das ist bei den Herren etwas anders, da sind die Jacketts länger geschnitten –
und in der Bewegung wehende Jacketts können durchaus dynamische, sportliche
Wirkung zeigen. Können. Ob sie es tun, sei dahingestellt. Denn sie enthüllen mit-
leidslos auch die männliche Problemzone oberhalb des Hosengürtels.

▶   **Tipp für etwas füllige Herren:** Tragen Sie, wenn Sie beim Agieren auf
    der Bühne unbedingt Ihr Jackett öffnen wollen, eine Weste! Die ver-
    birgt den schwierigen Übergang vom Hemd zur Hose. So einfach.

Oder Sie tragen einen Zweireiher, der im Stehen natürlich immer geschlossen ist.
Das ist so weit ganz praktisch. Unpraktisch ist dieses Kleidungsstück nur, wenn
man vom Sitz aufsteht und statt nur einem nun zwei Knöpfe ganz schnell schließen muss.

Grundsätzlich und seriös agieren allerdings auch Männer während der Moderation mit zugeknöpftem, Jackett – genau so, wie auch sonst in der Business-Eti-
kette. Da zeigt sich nämlich auch, ob ein Anzug gut (und nach Maß) sitzt und die
Körpersprache unterstützt. Und wenn nicht? Na, dann lieber doch mit offenem
Jackett auf der Bühne agieren als mit schräg sitzendem Outfit an eine Vogelscheu-
che früherer Zeiten zu erinnern.

5.5   Körpersprache

Das maßgeschneiderte Outfit unterstützt und betont die Körpersprache. Körpersprache spielt bei der Moderation eine fast noch wichtigere Rolle als Rhetorik
und ebenso wie bei Rhetorik werden unendlich viele Bücher, andere Medien und
Trainings für die nonverbale Kommunikation angeboten. Diese Angebote kann
und will dieses Buch nicht annähernd ersetzen. Deswegen hier lediglich einige
grundsätzliche Überlegungen, Anregungen und Tipps zur Körpersprache, die
beim Thema Moderation einfach nicht fehlen dürfen.

Jeder Mensch hat seine eigene Körpersprache. Sie wird zunächst einmal durch den individuellen Körperbau und die Muskulatur definiert. Sie hängt davon ab, ob ein Mensch eher sportlich unterwegs ist oder nicht, welches Temperament ihn treibt, welche Gewohnheiten er sich im Laufe seines Lebens als Erfolg versprechend angeeignet hat, was er vererbt bekam („du guckst wie deine Mutter ...", „du gehst wie dein Vater ...") und last but not least: Auf welchen Schuhen(-Sohlen!) jemand geht und in welchem Outfit er agiert: Ein und derselbe Mensch m/w tritt in einer Uniform ganz anders auf als im Freizeitschlabberlook. Nicht umsonst sind diesem Abschnitt die Ausführungen über den Dresscode vorangestellt.

Da fehlt noch eine wichtige Einflussgröße: Die momentane Einstellung, die Emotionen, die Befindlichkeit eines Menschen. Die gibt er durch seine Körpersprache preis ... Dieser Zusammenhang zwischen Tun und Denken beschäftigt bei der nonverbalen Kommunikation am meisten – und ist gleichzeitig am leichtesten zu beeinflussen. Schon bei den alten Griechen gehörte es zum Allgemeinwissen, dass körperliche Aktivität Auswirkungen auf die Seele hat und umgekehrt. Für die Gehirnforschung sind diese Zusammenhänge nach wie vor ein großes Forschungsthema und neuerdings gibt es sogar Versuche, aus der Mimik von Menschen deren wahre Absichten mit Computerprogrammen zu entschlüsseln.

Die Mimik wird in diesen auf das Notwendigste beschränkten Ausführungen hier nicht behandelt: Da Moderatoren meist in einem gewissen Abstand zum Publikum agieren, soll es in diesem Buch genügen, lediglich Körperhaltungen ein wenig genauer zu betrachten. Sie verraten auch weiter entfernt sitzenden Zuschauern viel über die innere Einstellung von Moderatoren und hat gleichzeitig großen Einfluss auf das Publikum.

▶   **Wichtig:** Bitte übernehmen Sie aus Körpersprache-Anleitungen und Trainings nur das, was wirklich zu Ihnen passt! Vermeiden Sie unbedingt, sich Gesten oder Körperhaltungen anzueignen, nur weil es Trainer oder Autoren (auch in diesem Buch!) so empfehlen oder vorgeben.

Denn angelernte Gesten und Bewegungen, die im Moment der Ausführung nicht im tiefsten Inneren eines Menschen so gewollt sind oder die einfach nicht zu seinem bisherigen, individuellen Bewegungskonzept passen, werden sofort vom Publikum erkannt und als „nicht echt" empfunden. Die Glaubwürdigkeit eines Menschen – besonders, wenn er auf der Bühne steht – erleidet damit deutliche Risse. Das ist noch schlimmer, als wenn jemand einen ihm nicht wirklich passenden Anzug trägt.

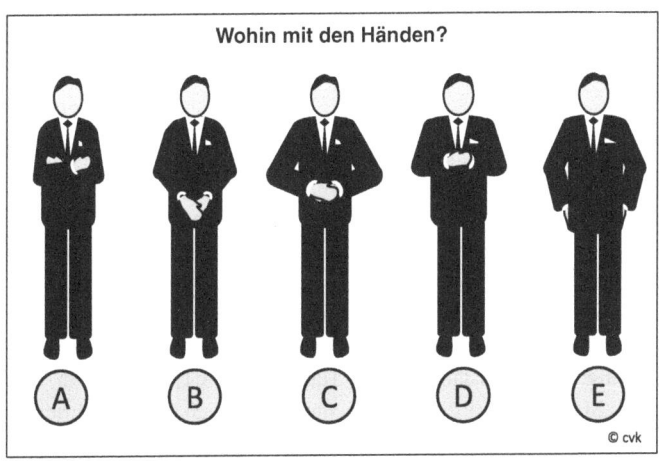

Abb. 5.1 Fünf typische Körperhaltungen, bei denen die Hände Halt suchen und dabei gleichzeitig eine innere Einstellung verraten

Gleichzeitig sollten Sie trainieren, Ihr individuelles Bewegungskonzept zu erweitern und Ihre Körpersprache bewusster und akzentuierter einzusetzen. Zumindest so lange, wie Sie sich dabei wohl fühlen und wie die erweiterten Bewegungen noch Ihrer Natur entsprechen. Doch unter Anleitung eines erfahrenen Trainers eröffnet sich dabei erfahrungsgemäß ziemlich viel Spielraum. Und irgendwann sind Sie dann so weit, dass Sie mit einer bewusst herbeigeführten Körperbewegung blitzschnell auch Ihre innere Einstellung ändern. Genial.

Die dringendste Frage wenig erfahrener und frei sprechender Redner (und Moderatoren) ist: Wohin mit den Händen? Es gibt fünf verschiedene Möglichkeiten, den Händen Halt zu geben (siehe Abb. 5.1). Dabei verrät die Körpersprache sofort die Befindlichkeit, die hinter der jeweiligen Haltung steckt:

- Verschlossen (A): Dieser Mensch möchte jetzt nicht aus sich herausgehen, sich (noch) nicht zu irgendetwas äußern. Warum das so ist, wissen wir nicht: Vielleicht denkt er über das eben Gehörte nach, zweifelt es an oder ist vielleicht sogar verärgert und will das nicht zeigen – vielleicht hat er auch nur Kopfweh. – Für Moderatoren empfiehlt sich diese Haltung grundsätzlich nicht. Sie kann aber durchaus Wirkung zeigen, etwa, wenn sie demonstrativ bei einer langen Antwort eines Interviewpartners eingenommen wird.

- Unsicher, untätig (B): Die Hände am Ende der locker fallenden Arme verschränkt macht weder im privaten Gespräch und erst recht nicht auf der Bühne Eindruck.
- Aufmerksam, aktive Warteposition (C): Im Gegensatz zu (B) sind hier die Hände bei leicht angewinkelten Armen aufeinandergelegt – aus dieser Position lassen sich die Arme sofort öffnen. Ein Mensch in dieser Körperhaltung erscheint uns aufmerksam – in der Moderation durchaus angenehm.
- Konzentriert, sendebereit (D): Dieser Mensch will uns vielleicht gleich etwas sagen – oder tut es bereits: Man kann sich gut vorstellen, dass er bei stark angewinkelten und nach oben zeigenden Unterarmen eine Moderatorenkarte in der Hand hält und daraus abliest. – Empfehlenswert.
- Gleichgültig, lässig, distanziert (E): Hände in den Hosentaschen werden im deutschen Sprachraum als ganz schlechtes Benehmen scharf verurteilt – in den USA sind solche Auftritte sogar üblich. Aber hier bitte nicht!

▶   **Fazit:** Die Positionen (C) und (D) eignen sich ganz gut für eine Moderation. Wenn Sie noch wenig Übung haben, versuchen Sie mal, ob Sie sich in diesen Haltungen sicher fühlen, wenn Sie „freihändig" bislang sehr unsicher waren.

Zwei Tipps für die Handhaltung
1. Legen Sie Ihre Hände einfach locker übereinander. Ineinander verschränkte Finger wirken immer ein wenig angestrengt bis aggressiv. Wenn Sie bislang gern Ihre Finger verschränkt haben (viele Menschen tun das), versuchen Sie, ob es nicht auch ohne geht.
2. In der Abfolge der Figuren (B)-(C)-(D) sieht man: Je höher die Hände und je spitzer der Winkel der Unterarme, desto intensiver und stärker die gesamte Ausstrahlung. Achten Sie darauf, wenn Sie diese Haltung einnehmen wollen, dass Sie Ihre Hände deutlich um oder über der Höhe Ihres Bauchnabels parken.

Nun kann man seine Hände ja auch mit dem Halten der Moderationskarte beschäftigen und ruhigstellen. Ja, richtig. Eine gute Idee, wenn jemand auf der Bühne unbedingt etwas zum Händchenhalten braucht, siehe Abb. 5.2.

Dann allerdings sollte man auch den Armeinsatz reduzieren und ruhig stehen bleiben (H). Es sieht nicht gerade nach einer konzentrierten Leistung aus, wenn Moderatoren nach dem Vorlesen ihrer Ansage die Moderationskarte einfach nicht

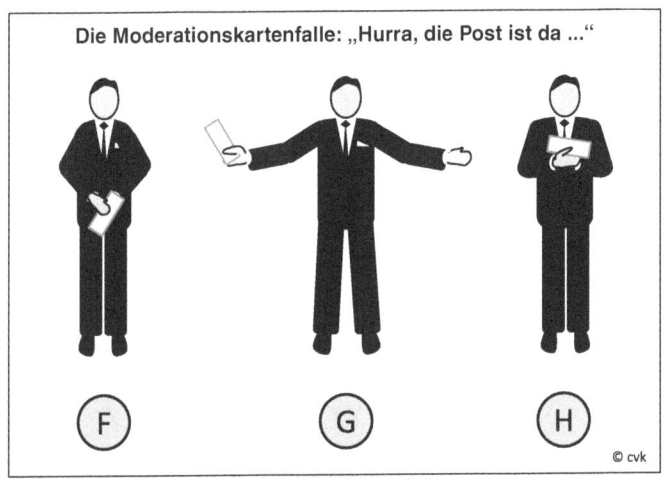

Abb. 5.2 Die Moderationskarte ist ein wichtiges Hilfsmittel bei Ansagen. Doch danach stört sie nur noch und lenkt ab

loslassen können („Da habe ich halt etwas in der Hand!") und wild damit herumfuchteln wie einst ein Signalmaat mit Winkflaggen auf einem Schiff oder nach dem Motto „Hurra, hurra, die Post ist da!" (G). Und vor allem: Wohin zeigen sie damit, was scheinen sie damit verbergen zu wollen (F)? Sie lenken unwillkürlich die Blicke der Zuschauer genau dorthin.

▶ Zwingen Sie sich, Ihre Moderationskarte, Ihre Mindmap oder andere Utensilien, die Sie während Ihrer Ansage brauchen, danach sofort wegzulegen, wenn Sie zur freien Rede übergehen (geht doch!).

Männer haben es dabei gut: Sie können die Moderationskarte zur Not in der (inneren!) Brusttasche ihres Sakkos verschwinden lassen – oder in der Hosentasche. Besser ist aber, Sie denken jetzt schon daran, für einen kleinen Stehtisch auf Ihrer Seite der Bühne zu sorgen, wo Sie die Moderationskarten (und andere Utensilien zur Handhabung) ablegen.

Ein letztes Augenmerk in dieser kurzen Abhandlung der Körpersprache in Ihrer Vorbereitung soll der Haltung der Arme gewidmet sein. Auch Dirigenten eines großen Orchesters arbeiten ja vor allem mit ihren Armen (und Händen), um den Takt vorzugeben, Einsätze anzukündigen und mal das ganze Orchester zu vollem furiosen Einsatz und zu voller Lautstärke anzutreiben – um dann wieder leise, zurückhaltend und piano zu spielen.

Abb. 5.3 Gerade aus der Distanz, aus der die Zuschauer Moderatoren auf der Bühne wahrnehmen, sind die Arme ganz wichtige Taktgeber für die Stimmung im Saal

Nun sind ja Moderatoren keine Dirigenten. Oder vielleicht doch ein bisschen? Ja. Sie geben den Takt vor, ermutigen das Publikum zu Beifall (siehe Abschn. 5.2) und sorgen auch dafür, dass wieder Stille einkehrt und man dem nächsten Beitrag konzentriert folgen kann. Alles das machen sie vor allem mit ihrer Körpersprache und da wiederum mit ihren Armen.

Wie Dirigenten kommunizieren auch Moderatoren nonverbal – mit ihren Armen. Selbst aus diesen einfachen Skizzen Abb. 5.3 erschließt sich sofort, wozu die Moderatoren auffordern wollen. Oder aber auch, was in ihnen gerade vorgeht – Körpersprache verrät alles:

- (I) Locker, entspannt, aber auch unschlüssig: Diese Haltung kann man bei Menschen beobachten, die im Moment nicht genau wissen, wie es weitergehen soll. Sie warten ab, sind dabei aber nicht angespannt (angespannt oder ängstlich wären sie, wenn sie in dieser Haltung ihre Schultern etwas mehr nach oben ziehen). – Diese Haltung ist für Moderatoren kaum empfehlenswert. Allenfalls für die ersten Minuten vor Beginn der Veranstaltung erscheint diese Haltung angemessen: Der Moderator wartet entspannt, bis das Publikum den Saal betreten hat und die letzten Besucher ihre Sitzplätze gefunden haben.
- (J) Hilflos: Diese Körperhaltung, beziehungsweise die Situation, die sie widerspiegelt, wünscht man keinem Moderator (und auch sonst nur wenigen), sie sagt gewissermaßen „… und jetzt? Wie geht es jetzt weiter?" – Und doch ist so eine Moderatoren-Haltung für wenige Augenblicke denkbar. Etwa, wenn ein Referent abgesagt hat oder sonst eine Panne passiert ist, für die sich der Moderator in dieser Körperhaltung durchaus glaubhaft entschuldigen will.
- (K) Aufforderung zur Tat? Fazit? Sorry? – In dieser Haltung kann alles Mögliche angesagt werden. Sie ist wenig akzentuiert, aber auch nicht unbedingt störend. Daraus kann noch etwas werden …
- (L) „Herzlich willkommen!" Ja, die offenen Arme öffnen auch das Publikum. Diese Haltung wird auch gern genutzt, um das Ende einer Veranstaltung anzukündigen, zusammenzufassen oder einen Höhepunkt anzukündigen … es ist die bessere Variante von (K).
- (M) Ruhe bitte, Lautstärke dämpfen, Gespräche einstellen – besser und eindeutiger wie in dieser Haltung kann man das kaum machen.
- (N) Begeisterung, Höhepunkt, Hurra, tolles Publikum … auch diese Haltung ist eindeutig. Und weil sie so eindeutig ist, sollte man sie als Moderator nur dann einsetzen, wenn es wirklich einen echten Höhepunkt zu feiern gibt (bei einer Gala häufig, bei einer seriösen Produktvorstellung Abschn. 2.2 oder Unternehmenspräsentation Abschn. 2.5 wirkt so eine Körperhaltung oft reichlich verfehlt).

▶ **Fazit:** Beobachten Sie sich während Ihrer Ansprache im Spiegel, in einem Video-Selfie oder im Videomitschnitt bei einem professionellen Moderatoren-Training: Wie weit oder umfassend greifen Ihre normalen Armbewegungen? Können Sie diesen Spielraum vorsichtig etwas erweitern, ohne dass Sie sich affig oder albern vorkommen? Üben Sie, sich Schritt für Schritt dieser Grenze anzunähern. Denn als Moderator stehen Sie auf der Bühne und werden von vielen Leuten im Publikum beobachtet. Je klarer und deutlicher Sie mit Ihren Zuschauern kommunizieren (verbal und nonverbal!), desto besser kommen Ihre Botschaften an.

Und anders herum: Neigen Sie schon von sich aus zu weit ausholenden Bewegungen? Sprechen Sie als temperamentvoller Mensch sowieso schon ständig und überaus extrovertiert mit den Händen und Armen? Dann sollten Sie überprüfen, ob Sie Ihre Gesten auch zielführend und akzentuiert einsetzen. Denn als Moderator stehen Sie auf der Bühne und werden von vielen Leuten im Publikum beobachtet. Je klarer und deutlicher Sie mit Ihren Zuschauern kommunizieren (verbal und nonverbal!), desto besser kommen Ihre Botschaften an.

Immer nur Männer in diesem Abschnitt?!
Was hier für Moderatoren, männlich, gedacht und geschrieben wurde, gilt selbstverständlich auch für Moderatoren, weiblich. Und doch nicht ganz: Bei Männern erwartet man eine sehr deutliche Körpersprache bis fast zur Übertreibung (Balzgehabe!). Frauen dagegen brauchen das nicht, sie gewinnen ihr Publikum auch mit feineren Gesten und dezenter Körpersprache. Deswegen kommen in den Abbildungen auch nur Moderatoren, männlich, vor. Die Grundprinzipien der Körpersprache und die sich daraus ergebenden Übungen in der Vorbereitung für den Auftritt gelten jedoch für alle Menschen gleichermaßen.

Nachtrag zur Körpersprache in diesem Abschnitt: Bewegungen auf der Bühne. Normalerweise ist Ihr Bewegungsspielraum auf der Bühne sowieso begrenzt durch die Projektion des Beamers, vor der ein strenges „Betreten verboten" gilt (siehe Abschn. 6.1). Zudem sind in den verschiedenen Moderationsphasen für Moderationen feste Positionen auf der Bühne vorgesehen. Doch dazwischen ergeben sich immer mal wieder Leerräume (buchstäblich), die Moderatoren dann mit munteren Schritten über die ganze Breite der Bühne ausfüllen wollen – vielleicht auch, um Nervosität abzuleiten oder auch mal eine andere Perspektive ins Publikum zu gewinnen.

Allerdings nerven grundlos auf der Bühne herumwandernde Moderatoren (oder Redner): Das Publikum folgt ihnen von der einen Ecke zur anderen und wieder zurück und wieder hin … das erinnert ein wenig an gefangene Raubtiere im Käfig. Natürlich ist es sinnvoll, mal die Rede-Position um einen oder zwei Schritte zu verändern – beispielsweise, wenn man ein neues Argument vorbringen, einen neuen Standpunkt (buchstäblich) einnehmen will. Doch das sind kleine, kaum merkliche Bewegungen, die die Zuschauer nicht zwingen, dauernd ihre Köpfe hin- und herzubewegen.

Auch den kühnen Spaziergang in den Saal, mitten unter das Publikum, sollten Moderatoren (und Redner) bleiben lassen. Das wird zwar gern gemacht bei
großen TV-Shows, weil die Kamera dann Reaktionen des Publikums auf die
Nähe des großen Entertainers einfangen und übertragen kann, außerhalb großer Shows oder einer Gala stiftet das jedoch nur Unruhe und bringt sonst nichts.
Der Arbeitsplatz eines Moderators ist die Bühne (oder ein Podest oder ein freier
Raum vor dem Publikum). Und dort sollte er auch seinen Job machen.

5.6 Sprechzeiten

Ein letzter kleiner Abschnitt, um die Vorbereitungen für die Moderation erfolgreich abzuschließen: Wie werden Sie bei Ihrer Moderation sprechen? Hoffentlich
frei, mit vielen Augenkontakten zu Ihren Zuhörerinnen und Zuhörern und mit
nur hin und wieder einem Blick auf Ihre Spickzettel oder Ihre Mindmap (siehe
Abschn. 4.1).

Es kann gar nicht oft genug gesagt und geschrieben werden: Gute Moderatoren haben das, was sie während der Moderation sagen wollen, nach gründlicher
Vorbereitung längst im Kopf und entscheiden während ihrer Moderation, ob sie
ihr vorbereitetes Konzept auch so durchführen, ob sie abkürzen oder auch einmal einen Gedanken oder eine Geschichte einschieben, die ihnen während ihrer
Moderation gerade zufliegt. Gute Moderatoren vertrauen auf die Wechselwirkung
und den stillen Dialog mit dem Publikum: Mal führen sie es, dann wieder lassen
sie sich von der Stimmung im Publikum tragen und setzen noch den einen oder
anderen zusätzlichen Akzent.

Also so viel wie möglich frei sprechen! Angst davor, dabei etwas zu vergessen? Nun, das Publikum weiß ja nicht, was Sie alles zu diesem oder jenem Punkt
sagen wollten. Also ist das nur für Sie schlimm. Und für die Ansagen, die wirklich
präzis sein müssen (Daten der Referenten oder organisatorische Hinweise) haben
Sie ja Ihre Spickzettel, Ihre vorbereiteten Moderationskarten (siehe Abschn. 4.4).

Also: Beenden Sie Ihre Vorbereitungen mit Ihren Notizen, Stichworten, Mindmaps oder Moderationskarten. Jeder weitere Schritt – etwa ein Drehbuch oder ein
Script zu schreiben – ist zu viel Aufwand, kostet Sie Zeit beim Finden richtiger
Formulierungen und macht Sie später nur unsicher, wenn Sie sich auf der Bühne
an den Text Ihres Scripts erinnern wollen, statt Ihre Aufmerksamkeit jederzeit,
ganz und gar dem Publikum zu widmen.

Gleichzeitig geht es nicht ohne Sprechproben: Sprechen Sie die einzelnen
Passagen und stoppen Sie dabei die Zeit. Da Sie sich dabei sicher öfters versprechen und ins Stocken kommen (das wird Ihnen auf der Bühne dann kaum noch

passieren), wiederholen Sie diese Übungen mehrmals, bis Sie eine ungefähre Vorstellung davon haben, wie viel Zeit Sie für welche Ansagen und welche Überleitungen haben.

Jetzt addieren Sie zu den gemessenen Zeiten nochmals jeweils etwa 15 %. Denn Sie müssen und werden in der Moderation vor Publikum langsamer und deutlicher sprechen als allein zu Hause bei Ihrer Vorbereitung: Je mehr Leute zuhören, desto langsamer müssen Sprecher werden und desto klarer muss ihre Aussprache sein. Meist geschieht das intuitiv und automatisch – zumindest bei den Sprechern oder Moderatoren, die selbstbewusst den Dialog auch mit den Zuhörern in der letzten Reihe suchen und sich via Augenkontakt versichern, ob ihre Worte dort auch ankommen und verstanden werden. Denn wenn Vortragende oder Moderatoren immer leiser werden und eingeschüchtert agieren, wird man auch feststellen, dass der Blickkontakt nur noch auf die vorderen Besucherreihen beschränkt ist und irgendwann auch die nicht mehr erreicht.

Letzter Schritt: Übertragen Sie Ihre Sprechzeiten in das Tagungsprogramm (oft sind da gar keine Zeiten für Moderatoren eingetragen) und erstellen Sie daraus einen detaillierten Zeitplan, der später auf Ihrem Moderatorentisch im Saal platziert wird. Moderationszeiten von drei und weniger Minuten brauchen Sie dabei nicht zu berücksichtigen. Aber alle Ansagen, die zeitlich nicht im Programm berücksichtigt sind und für die Sie fünf Minuten und mehr brauchen, verschieben den gesamten Zeitablauf. Sie entscheiden: Entweder bei eigenen Ansagen kürzen oder den Referenten noch fünf Minuten abknapsen (und das mit ihnen vereinbaren) oder … fertig.

Üben, üben, üben!

Nach diesem Kapitel können Sie beruhigt Ihre Vorbereitungen für Ihren Moderationsauftritt abschließen: Sie haben hier einige wichtige Anregungen und handwerkliche Tipps für das Agieren vor großem Publikum erhalten. Denn dieses Handwerkszeug (und mehr) brauchen Sie, um Ihre Ideen, Ihr Moderationskonzept dann wirklich an die Frau und an den Mann im Publikum zu bringen, Ihr Publikum zu führen und gleichzeitig Ihrer Rolle als Vertretung des Publikums gerecht zu werden. Letzter Tipp: Lesen allein genügt nicht – zur gründlichen Vorbereitung müssen Sie auch üben. Üben, üben, üben – vor dem Spiegel, zur Not mit einem Selfie-Video, aber idealerweise mit einem erfahrenen Moderationstrainer (m/w).

Am Tag davor: Ortsbegehung

6

▶ Spätestens am Tag vor der Veranstaltung steht die persönliche Ortsbegehung in der Event-Location an: Das ist Thema dieses Kapitels. Beispielhaft wird dabei von einer Fachkonferenz/Tagung in einem großen Saal ausgegangen (mit einem kleinen Exkurs zur Moderation bei einem engen Messestand). Nun kommt es vor allem darauf an, Licht, Technik und Einrichtung des Raumes Schritt für Schritt zu begutachten und, wenn möglich, Änderungen zu veranlassen. Vor allem die Projektion des Beamers muss überprüft und die Aktionen auf der Bühne danach ausgerichtet werden. Ergebnis sind fein abgestimmte Regieanweisungen für die Technik.

6.1 Bühne und Beamer

Jetzt wird es konkret: Die Veranstaltung beginnt morgen. Angenommen wird, dass es sich um eine ganztägige Fachkonferenz/Tagung mit mehreren Referenten und mehr als 200 Besuchern in einem Hotel mit großem Vortragssaal mit Bühne handelt. Was ist jetzt noch zu tun, worauf müssen Moderatoren bei ihrem letzten Check achten? Wie sieht es aus mit Bühne und Bestuhlung, mit Licht und Akustik und all dem, was man sonst noch so braucht? Jetzt ist der späteste Zeitpunkt, das eine oder andere vorzubereiten. Einige Tage früher kommen zu wollen ist allerdings oft wenig zielführend: Der Saal wird gerade anders genutzt oder ist noch nicht für die eigene Veranstaltung vorbereitet. Also vor Ihrem Kommen ein kurzes Telefonat mit dem Hotel, ob denn der Raum nun besichtigt werden könne – und ob Saaltechniker und die Verantwortlichen für die Organisation des Events zur Stelle sind. Denn die brauchen Sie beide. Jetzt!

© Springer Fachmedien Wiesbaden 2016
C. von Kutzschenbach, *Kundenevents – richtig gut moderiert!*,
DOI 10.1007/978-3-658-13100-5_6

Ihr erster Weg führt auf die Bühne. Wie groß ist sie, wo steht das Rednerpult, wo gibt es Treppen auf die Bühne – und vor allem: Wie ist der Projektor eingestellt? Die Position und die Ausrichtung des Beamers sind zunächst einmal das Allerwichtigste. Denn danach richtet sich alles Weitere.

Oberpeinlich ist es nämlich, wenn Sie während Ihrer Moderation oder der Referent während seines Vortrags in den Lichtkegel des Beamers geraten. Da zeichnen sich schon mal Ausschnitte der Präsentation auf den Gesichtern ab, da tanzen Buchstaben auf der Stirn, da durchziehen Streifen und Kreise das Gesicht wie bei einem Furcht einflößend bemalten Indianer auf dem Kriegspfad, da zeichnen sich störende bunte Flecken auf Kostüm und Bluse, auf Krawatte und Jackett ab – jede Menge merkwürdiger Lichtspiele, die jeden Zuschauer ablenken und unfreiwillige Komik (vielleicht sogar unterdrücktes Kichern) produzieren. Achtung: Der vom Lichtkegel des Beamers ausgeleuchtete Raum ist eine absolute No-go-Area für alle Mitwirkenden auf der Bühne!

> ▶ **Tipp:** Markieren Sie diese No-go-Area auf der Bühne auf jeden Fall
> vorher mit kleinen, nur wenige Zentimeter langen Tesakrepp-Streifen.
> Daran können Sie sich während des Auftritts unauffällig orientieren
> und vermeiden so, diese Grenze zu übertreten und versehentlich doch
> von der Beamer-Projektion erfasst zu werden (informieren Sie auf
> jeden Fall auch die Referenten über diese Grenzmarkierungen).

Also, erst einmal prüfen: Welche Fläche wird vom Beamer während einer Präsentation ausgeleuchtet, welche Positionen können Sie während Ihrer Moderation einnehmen und wo bleibt der Referent? Abb. 6.1 zeigt die verschiedenen Möglichkeiten. Wenn der Beamer richtig justiert seine Projektion so steil auf die Bühne wirft, dass er zwar die volle Leinwand im Bühnenhintergrund anstrahlt, nicht aber Personen im vorderen Teil der Bühne, ist alles einfach:

- Sie begrüßen Ihr Publikum vorne, in der Mitte der Bühne (A).
- Sie bitten den Referenten auf die Bühne, machen ihm ein wenig Platz und wechseln auf (C), er erreicht (B).
- Sie begrüßen ihn (C–B).
- Dann gehen Sie über die linke Treppe (vom Publikum aus gesehen) von der Bühne, während der Referent seine Position (V) hinter dem Rednerpult einnimmt.

Oft sind aber ältere Beamer nicht so gut justiert und bestrahlen das mit gestrichelten Linien umrahmte Dreieck – und etwa ab Brusthöhe (!) auch die Personen

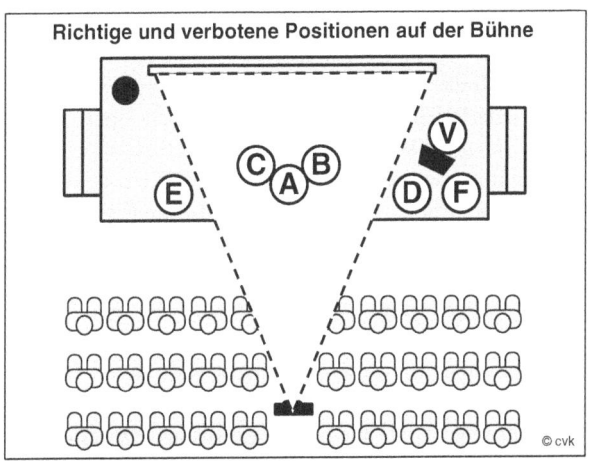

Abb. 6.1 Die Projektion des Beamers begrenzt und definiert alle weiteren Aktionen auf der Bühne. Deswegen muss zu Beginn jeder Ortsbegehung zuerst die Strahlbreite und -tiefe des Beamers markiert werden. Danach müssen alle weiteren Positionen und Abläufe ausgerichtet werden

vorn auf der Bühne. Dann bleiben für Moderation nur die Positionen (D) oder (E), vorn auf der Bühne, außerhalb des mit gestrichelten Linien markierten Strahlen-Dreiecks.

Wenn Sie zur Anmoderation die Position (E) einnehmen, stehen Sie zunächst ganz gut. Da ist Platz genug, und das Rednerpult stört nicht, weil es ja auf der anderen Seite montiert ist. Allerdings wird die Begrüßung des Referenten dann ziemlich distanziert ausfallen: Weil er den Treppenaufgang beim Rednerpult nimmt, können Sie ihm, wenn Sie ihn nicht durch den Beamer-Lichtkegel laufen lassen wollen, allenfalls ein Winke-Winke quer über die breite Bühne schenken. Oder Sie huschen selbst einmal quer durch den Lichtkegel des Beamers, um den Referenten auf der Rednerpult-Seite zu treffen und zu begrüßen. Denn Winke-Winke quer über die Bühne reicht nicht (und sieht zudem etwas merkwürdig aus): Der Referent muss Ihnen zur Begrüßung (und später zur Verabschiedung) so nahe kommen können, dass Sie ihn mit einem Handschlag erreichen oder am Arm fassen können.

Doch Ihr Über-die-Bühne-Huschen hilft auch nicht weiter. Denn am Ziel (D) ist es ziemlich eng, weil das Rednerpult Ihre Bewegungsfreiheit begrenzt, keinen guten Hintergrund für Sie abgibt und nicht den notwendigen Raum zur Begrüßung des Referenten lässt: Hinter dem Rednerpult ist die Begrüßung ganz schlecht, es bildet ja für das Publikum gleichsam eine kleine Sichtbarriere. Vor dem Rednerpult kann man auf engstem Raum am Rand bestenfalls ein wenig kuscheln (F–D). Doch das möchte man in der Situation weder dem Referenten, noch Ihnen, noch dem Publikum antun. Noch dazu steht der Referent so nah am Bühnenrand, dass das Publikum gespannt darauf achtet, ob er vielleicht versehentlich nicht doch irgendwann von der Bühne purzelt ...

So geht's also auch nicht. Nun könnte man ja das Rednerpult theoretisch weiter nach hinten versetzen – oder ganz nach hinten schieben (und wenn notwendig, für die Vorträge wieder nach vorn rollen). Klappt nicht, weil das Rednerpult an einigen wichtigen Kabeln hängt (Strom, Beamer, Mikrofon). Notlösung: Runter von der Bühne, die Beamer-Projektion unterlaufen und die Begrüßung in der Mitte vor der ersten Sitzreihe vornehmen (meist wird da ein Gang freigehalten, das verbessert für viele Zuschauer die Sicht). Ein denkbarer Ausweg. Er ist ein klein wenig weniger schlecht als alle bislang erwogenen Szenarien bei flach strahlendem Beamer. Man könnte es sogar positiv begründen: Zur Begrüßung treffen sich Moderatoren und Referenten im und auf einer Ebene mit dem Publikum.

Doch auch das sollte vor der Veranstaltung getestet werden: Streicht der Lichtstrahl des Beamers ganz sicher über die Köpfe der vor der Bühne stehenden Personen hinweg? Wenn ja, wäre an dieser Szene weiter zu feilen, siehe Abb. 6.2: Moderator/in geht zur Referenten-Begrüßung von Position (E) über die linke Treppe ins Plenum und dort zwischen Bühne und erster Sitzreihe in Richtung Mittelgang zur Position (M). Gleichzeitig kommt dort Referent/in bis zur Position (R) entgegen, Hallo und Shake Hands vor der Bühne, dann Referent/in ab nach rechts, Moderator/in ab nach links, Referent/in über rechte Treppe ans Rednerpult, Moderator/in auf Stand-by-Position links neben der Bühne, Referent/in beginnt Vortrag (V).

Arg umständlich – und voll im Schatten des vom Beamer projizierten Standbildes. Außerdem von den hinteren Reihen kaum noch zu sehen. Also so viel besser ist diese Lösung auch nicht. Aber allemal mehr zu bevorzugen, als von der Präsentation erfasst und buchstäblich gezeichnet zu werden.

Letzter Ausweg: Flach strahlende Beamer während der Referenten-Begrüßung (und folglich immer dann, wenn zwei Personen nahe beieinander auf der Bühne agieren müssen) rigoros abdecken oder auf dunkel schalten („Hide"), Licht im Saal voll aufdrehen und/oder die Bühnenmitte zusätzlich mit Strahlern ausleuchten, wo sich nun Moderatoren und Referenten auf den idealen Positionen (B–C) begrüßen können. Ein zusätzliches Spotlight auf Moderatoren und Referenten ist übrigens grundsätzlich empfehlenswert.

Diese rigorose Maßnahme des Beamer-Abdunkelns passt aber nun gar nicht in das Konzept der Werbeagentur, die ihrerseits eine prächtige Präsentation mit ineinander übergehenden Bildern komponiert hat. Genau für diese Begrüßungen war ein ganz besonderes Bild vorgesehen. Und das nun nicht zeigen? Und plötzlich sogar die ganze Show unterbrochen – geht nicht, will nicht, Stress! Konflikt droht. Da müssen Sie durch: Als Moderatorin oder Moderator führen Sie die Regie. Wenn Sie die ganze Bühne brauchen, dann brauchen Sie die und dann wird dort niemand völlig überflüssigerweise von Präsentationsfragmenten illuminiert (und geblendet).

Kompromiss: Man könnte ja für diese Phasen Präsentationen entwerfen, die im unteren Teil schwarz (also lichtlos) sind und nach oben hin erst über den Köpfen der auf der Bühne agierenden Personen Schriften oder grafische Elemente zeigen. Es wäre ein Weg. Es wäre sogar eine auch grafisch ganz elegante, herausfordernde Lösung. Man müsste es ausprobieren. Aber bitte – dies als Gruß an die Kreativen – nicht erst einen Tag vor der Veranstaltung, sondern schon viel, viel früher.

Viel Text, viele Überlegungen, viel Aufregung für ein Präsentationsproblem, das man mit intelligenter, vorausschauender grafischer Gestaltung der Präsentation für die Übergänge im Programm schon viel früher hätte lösen können … Richtig! Doch einige Fallen erkennt man erst vor Ort – und auch dann nur, wenn man dort den gesamten Ablauf in allen einzelnen Schritten buchstäblich noch einmal konsequent bis zum Ende durchspielt. Dann nämlich fällt spätestens auf, dass man ja auch zum Ende jeden Vortrags den Beamer wieder dunkel schalten muss (oder die unten abgedunkelte Übergangspräsentation aufzuspielen ist). Die Moderatoren müssen die Referenten ja wieder verabschieden oder Publikumsfragen gut sichtbar in der Mitte der Bühne, auf den Positionen (B–C), beantworten.

Konsequenz: Eine detaillierte Absprache mit den für die Organisation Verantwortlichen (Präsentation während der Aktionen auf der Bühne prüfen und eventuell neu anfertigen) und der Saaltechnik, die für den Beamer und das Licht im Saal verantwortlich ist. Klare Regieanweisungen sind hier erforderlich und – falls es später während der Veranstaltung zu Änderungen kommt – eine direkte mündliche Verständigungsmöglichkeit. Das betrifft die Stand-by-Position, den Leitstand der Moderation während der Vorträge (siehe Abschn. 6.2).

Was aber, wenn es in kleineren Räumen oder gar bei einem Messestand (siehe Abb. 6.3) gar keine Bühne oder gar kein Podest gibt? Dann agieren Moderatoren und Referenten parterre, im freien Raum zwischen Präsentationsfläche und der ersten Stuhlreihe der Besucher. Die Gefahr, die Sperrzone der Beamer-Projektion versehentlich doch zu betreten, ist in beengten Räumen sehr hoch. Deswegen begrüßen sich Moderator/in und Referent/in auf der gleichen Seite der Beamer-Projektion, auch, wenn's eng ist (M–R). Dabei achtet die Moderatorin/der Moderator mit Luchsaugen darauf, dass der Referent nicht vom Beamer angestrahlt wird (nötigenfalls ein wenig am Ärmel zupfen und aus dem Lichtkegel führen!).

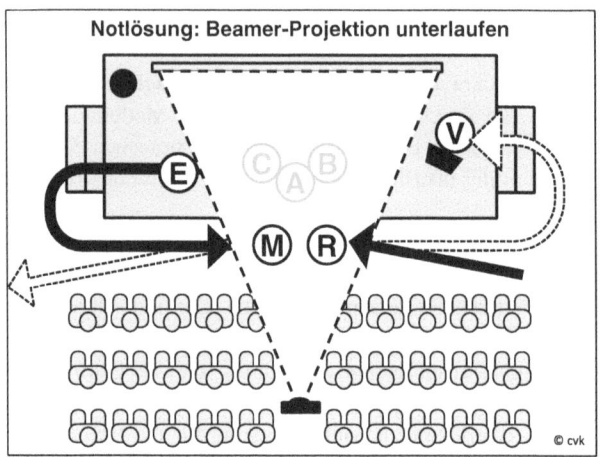

Abb. 6.2   Die Begrüßung vor der Bühne ist bei flach projizierenden Beamern der einzige Ausweg, wenn die Präsentation nicht unterbrochen werden soll – oder man vermeidet die unerwünschte Anstrahlung bereits mit der intelligenten Gestaltung der Folien …

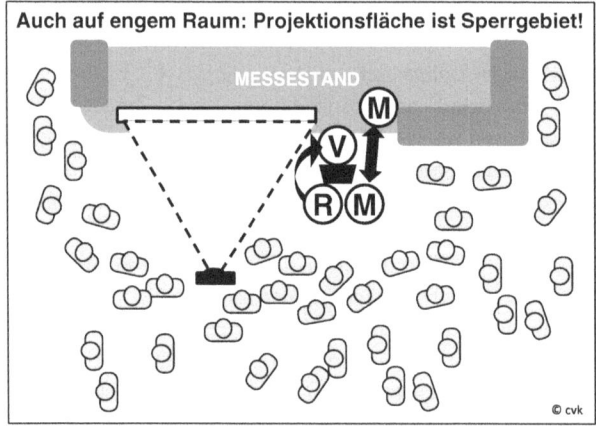

Abb. 6.3   Auch bei sehr engen Raumverhältnissen, etwa an einem Messestand, gilt: Die Projektionsfläche des Beamers ist Sperrgebiet! Moderatoren und Referenten begrüßen sich auf der gleichen Seite, dann ziehen sich Moderatoren stand-by an den Messestand zurück, um die Szene weiter zu beobachten und dem Redner mehr Raum zu lassen

Nach der Anmoderation geht der Vortragende hinter das Rednerpult (wenn vorhanden), Moderator/in (M) geht zur Seite (zum Messestand) und lässt damit dem Vortragenden (V) genügend Raum.

Während einer Messe ist es nicht sinnvoll, den Beamer bei Moderationen auszuschalten – denn der leuchtet ja mit seiner Projektion und werbewirksamen Bilder den Messestand aus. Sieht nicht gut aus, wenn es dort plötzlich dunkel wird. Doch bei Veranstaltungen in kleineren, geschlossenen Räumen empfiehlt es sich unbedingt, während der Moderation oder anderer Aktionen, die das Publikum verfolgen will, den Beamer konsequent auszuschalten und eine mittlere Position vor der Präsentationsfläche einzunehmen.

6.2 Saalschmuck, Licht und Technik

Sie checken den Vortragssaal. Das Beamer-Problem ist gelöst. Ihre nächste Position bei der Tatort-Besichtigung ist im letzten Drittel der Besucherplätze. Was sehen Sie von hier aus, was fällt Ihnen auf? Stellen Sie sich nun den Ablauf der gesamten Veranstaltung von dieser Position aus vor und setzen Sie sich in eine der hinteren Stuhlreihen, um die Atmosphäre und die Aussicht auch einmal aus dieser Perspektive auf sich wirken zu lassen.

Vortragssaal

Gibt es im Raum Blumenschmuck? Und wenn ja, stört er den Blick auf die Präsentation und Aktionen auf der Bühne? Wenn vor oder auf der der Bühne bislang keine Pflanzen vorgesehen sind, sollte zumindest vor dem Rednerpult ein prächtiger Blumenstrauß platziert werden (und ein wenig Grünzeug wäre auch auf der gegenüber liegenden Position nicht verkehrt).

Was sehen Sie noch, wenn Sie Ihren Blick nun durch den Raum schweifen lassen: Beispielsweise nicht gebrauchte Geräte, Leuchten oder Ähnliches – 'raus damit. Nichts soll den Zuschauerblick auf die Bühne ablenken. Ganz schlimm ist es, wenn irgendwo im Hintergrund nicht benötigte Stühle gestapelt oder unbenutzte Tische abgestellt sind. Geht gar nicht.

Decke und Wände

Gibt es Lüster, die zu tief von der Decke hängen und den Blick auf die Bühne beeinträchtigen? Befinden sich an den Wänden Spiegel oder andere, störend reflektierende Materialien? In den meisten Fällen kann man weder Spiegel zunoch Kolossalgemälde an den Wänden oder wuchtig von der Decke drohende

Lüster abhängen. Aber vielleicht lässt sich die störende Wirkung dieser Raum-
ausstattung mit raffinierter Raumausleuchtung ein wenig reduzieren. Oder – die
Chance ist gering – die Bestuhlung und damit die Blickrichtung des Publikums
ein wenig anders ausrichten.

Licht

Gut wäre, die klassischen Moderations- und Referentenpositionen auf der Bühne
mit Strahlern oder Spotlights aufzuhellen (aber bitte so, dass weder die dort
Agierenden noch das Publikum davon geblendet werden). Wie funktioniert denn
generell die Verdunkelung im Raum, welche Helligkeit ist ideal während der Präsentation und welche bei den Aktionen auf der Bühne – und wie schnell vollzieht
sich der Lichtwechsel? Auf jeden Fall ausprobieren: Der Haustechniker sollte ja
bei der Besichtigung bei Ihnen sein, Sie beraten und gleichzeitig Ihre Weisungen für die verschiedenen Phasen der Veranstaltung entgegennehmen. Versichern
Sie sich, dass er alles verstanden, sich vielleicht sogar Notizen gemacht hat und
sprechen Sie am Ende Ihrer Ortsbesichtigung noch einmal alles mit ihm und der
Organisations-Verantwortlichen durch.

Lüftung/Klimaanlage

Läuft die Klimaanlage gerade, während Sie Ihre Ortsbegehung machen? Welche
Geräusche macht sie, gibt es im Saal Stellen, wo ein besonders kalter Luftstrom
zu spüren ist – und wie kann man die Klimaanlage aus- oder wieder anmachen
(wenn der Saaltechniker bei der Veranstaltung dabei ist, müssen Sie sich das ja
nicht mehr merken)? Wenn keine Klimaanlage vorhanden ist: Wie wird gelüf-
tet, wer macht das und wie kann bei heißem Sommerwetter der Saal einigermaßen kühl gehalten werden? Alles Fragen, die sich während der Veranstaltung
bestimmt stellen werden – und es ist gut, wenn Sie am Tag zuvor schon Antworten darauf gefunden haben.

Eingang in den Saal

Der nächste neuralgische Punkt: Wie groß ist der Saaleingang, gibt es vielleicht
mehrere Eingänge, wie schnell kommen Besucherscharen herein, wie lange dauert es, bis sich der Saal wieder leert – hat die Veranstaltungsleitung dafür Musik
(und welche Art davon) vorgesehen oder etwas anderes? Und wie ist der Raum
davor, das Foyer, eingerichtet: Dort steht der Counter mit dem Empfang, dort
müssen Namensschilder, Unterlagen und Erfrischungsgetränke platziert werden.
Keinesfalls im Saal.

Was sehen Besucher, die vom Foyer in den Saal kommen: Wo sind deshalb
welche Banner, Plakate, Roll-ups oder Displays vor und im Saal aufzustellen,

damit sie gleich in den Blick fallen, drinnen jedoch nicht die Sicht auf die Bühne behindern? Ist sichergestellt, dass der Counter vor dem Saal ständig besetzt ist – für später kommende Besucher, für Hilfeleistungen, Auskünfte („... Toilette?") oder schnelle, kleine Botengänge, falls es aufgrund plötzlicher Programmänderungen notwendig werden sollte? Sind die Damen und Herren im Service mit dem Ablauf vertraut, wie sind sie im Falle von plötzlichen Änderungen zu verständigen? Wie flexibel kann das Catering agieren? (etwa bei Überziehung des Programms)? Klären!

Rednerpult

Wer ist persönlich für den Service am Rednerpult verantwortlich? Dort müssen vor jedem Vortrag diskret ein sauberes Trinkglas und eine neue, geöffnete Flasche (stilles) Mineralwasser deponiert und die aus dem vorangegangenen Vortrag deportiert werden (auch, wenn weder Glas noch Wasser benutzt wurden). Der Rednerpult-Service sollte auch über die Ausstattung und technischen Funktionsweisen am Rednerpult (Mikrofon, Beamer-Anschlüsse, Laserpointer, Pultbeleuchtung, Notizblock, Stifte, Ersatzmikrofon) Bescheid wissen.

Braucht der Referent eigentlich ein Flipchart (oder sogar zwei)? Hatten Sie vorher mit ihm darüber gesprochen? Wenn nicht, ist es besser, Sie lassen zwei Flipcharts (bestückt mit dicken Faserstiften) an den beiden Seiten der Bühne außerhalb der gefährlichen Projektionsfläche des Beamers aufstellen. Wegnehmen kann man sie vor Veranstaltungsbeginn immer noch.

Ton und Technik

Profis (auch unter den Technikern) werden darauf bestehen, zumindest mit Ihnen eine Ton-Probe im Saal zu machen, um Sie während der Veranstaltung gleich richtig akustisch aussteuern zu können. Bei den Referenten geschieht das kurz vor der Veranstaltung. Wichtig ist auch, dass genügend Headset-Mikrofone für Sie und die Referenten bereit liegen und getestet sind. Zudem benötigt man in einer größeren Veranstaltung etwa fünf Handmikrofone, um beispielsweise Fragen oder Diskussionsbeiträge aus dem Publikum mit dem Mikrofon unterstützen zu können (dafür müssen später auch Mikrofon-Assistenzen im Saal sein – vorher benennen!).

Wenn die Ausstattung mit den Mikrofonen geklärt ist, besprechen Sie nun mit dem Tontechniker, wie er auf Ihre versteckte Weisung hin die Lautstärke des einen oder anderen Mikrofons reduzieren oder gar ganz drosseln kann. Zwar wird der Techniker das von sich aus schon tun und Sie werden Referenten oder Gästen auf diese Weise nicht buchstäblich das Wort abschneiden wollen, manchmal ist es aber doch notwendig – beispielsweise wenn in einer Talkrunde mehr als zwei

Teilnehmende längere Zeit gleichzeitig sprechen. Für diese Fälle sollten Sie nicht nur mit den Talk-Teilnehmern, sondern vor allem mit dem, der die Macht über Mikrofonsteuerung hat, klare Absprachen treffen.

Schließlich werden Sie, die Veranstaltungsleitung und der Techniker auch noch testen, ob und wie das vorgesehene Musikprogramm im Saal tönt, wann daraus welche Partien zu spielen sind und ob es besondere Dateien für sich wiederholende Vorgänge gibt – etwa bei Preisverleihungen und Auszeichnungen – oder als Turbo für mehrmals zu erwartenden Beifall (das allerdings kommt eher selten vor und trägt dann schon karnevaleske Züge – „Helau").

Die Projektionsproblematik des Beamers ist im vorangegangenen Abschnitt ausführlich vorgestellt worden – und das, was daraus folgt, bereits angedeutet: Der schnelle und reibungslose Wechsel zwischen der allgemeinen Präsentation des Veranstalters in den Übergängen und den Präsentationen der Referenten. Abgesehen davon, dass dies entsprechend Ihrer Regieanweisung (und bei unvorhergesehenem Verlauf durch Ihren Zuruf/Wink/Augenkontakt) erfolgen muss, muss auch sichergestellt sein, dass am Rednerpult alle nur denkbaren elektronischen Eingänge für die Medien des Referenten zur Verfügung stehen – besser vorher bei Referenten nachfragen, auf welchem Medium ihre Präsentation gespeichert ist und besser vorher mit den angekündigten Medien testen, ob alles einwandfrei funktioniert.

6.3   Strategisch wichtige Positionen

Die augenfälligen und erfolgskritischen Einrichtungen und Funktionen können Sie nun als erledigt abhaken. Damit sind Sie frei, jetzt noch einmal zu überprüfen, ob die an der Veranstaltung mitwirkenden Helfer im Saal auch strategisch richtig platziert sind ist. Eine ideale Verteilung der Mitverantwortlichen im Raum zeigt Abb. 6.4.

Das Rednerpult
Man sieht es normalerweise am rechten Rand der Bühne. Es steht leicht schräg, damit Referenten mit dem Publikum Augenkontakt aufnehmen können und gleichzeitig ohne allzu große Körperdrehung einen Kontrollblick auf ihre Präsentation werfen können. Die Position an der rechten Seite ist deshalb ganz praktisch, weil die meisten Referenten Rechtshänder sind und am häufigsten ihren rechten Arm und ihre rechte Hand einsetzen, wenn sie auf bestimmte Punkte in der Präsentation zeigen oder Aussagen mit einer Geste unterstreichen wollen. Und rechts befindet sich ja auch die Präsentationsfläche – anschaulicher kann man die Verbindung Präsentator-Präsentation kaum machen.

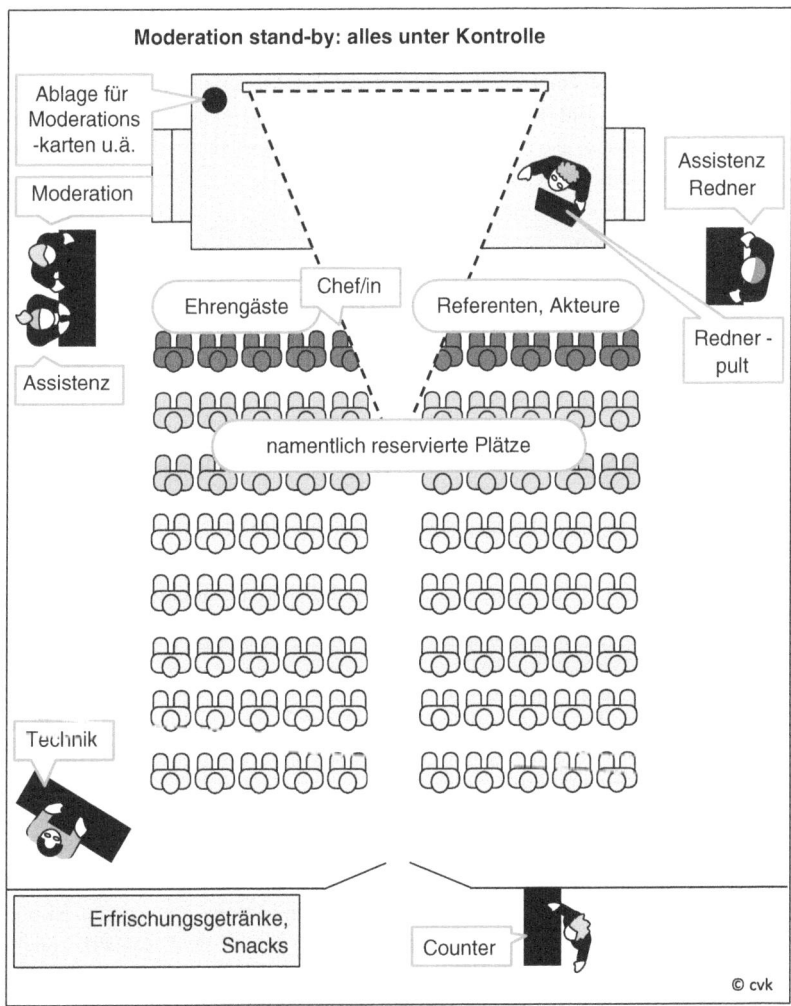

Abb. 6.4 Moderatoren müssen vom Moderationstisch aus direkten Blickkontakt haben zum Referenten, zur Assistenz beim Rednerpult, zur Technik und natürlich zum Publikum, allen voran zur Unternehmensleitung und den anderen Referenten

Die Ablage
Für Moderationskarten und andere Utensilien, die Moderatoren auf der Bühne brauchen, wird meist ein kleiner Stehtisch auf die Moderationsseite der Bühne gestellt, am hinteren Bühnenrand nahe bei der Bühnentreppe, damit Moderatoren (oder ihre Assistenten) dort diskret – wenn es sein muss auch während der Vorträge – etwas deponieren oder wegnehmen können.

Der Moderationstisch
Der Moderationstisch muss im Saal zwingend gegenüber dem Rednerpult stehen, parallel zur Wand und im rechten Winkel zu den Besucher-Sitzreihen. In dieser strategisch wichtigen Position hat die Moderation im Stand-by-Modus – also während der Vorträge – alles im Blick (und unter Kontrolle):

- den Redner/die Rednerin,
- das gesamte Publikum – mit Chef/in, Ehrengästen und den anderen Referenten/Akteuren in der ersten Reihe,
- die Technik auf der gleichen Seite hinten im Saal (diskret und direkt zu erreichen),
- die Assistenz für Referenten- und Rednerpultdienste im direkten Blickkontakt genau gegenüber.

Egal, welche räumliche Situation Sie als Moderatorin oder Moderator dann tatsächlich vorfinden: Ihr Platz ist der gegenüber den Vortragenden und dem Publikum. Und das hat bei der Sitzplatzverteilung oberste Priorität (wichtiger als die Platzierung von Ehrengästen)!

Nun sieht man Moderatoren manchmal an einem Tisch auf der Bühne sitzen. Und was passiert? Wenn die Referenten nicht gerade total faszinieren (und wie lange schaffen sie das), vertreibt man sich als Zuschauer gern die Zeit, um diese Moderatoren während der Vorträge zu beobachten – angesichts deren Mimik (gelangweilt, angeödet, müde) regt sich dann nicht nur Mitleid, sondern zunehmend die Verärgerung, dass man hier wohl nur Zeit verschwendet, wenn selbst die Moderatoren von der Darbietung der Referenten nicht überzeugt sind …

Klarer Fall: Moderatoren (und andere nichtaktive Personen) haben während der Vorträge auf der Bühne oder anderswo im Sichtfeld konzentriert folgender Zuschauer nichts zu suchen! So eine spezielle Moderatoren-Sitzordnung mag für Versammlungen von Vereinen oder anderen Organisationen seine Berechtigung haben, wo es in erster Linie um Überwachung von satzungsgemäßen Abläufen und Wortmeldungen geht. Aber nicht bei einem Event!

Am Moderationstisch neben der Bühne sollte auf jeden Fall noch Platz sein für eine Assistenz. Die brauchen Sie! Es gibt in jedem noch so gut vorbereiteten und organisierten Event immer die eine oder andere Situation, wo mal etwas nicht klappt, wo schnell noch etwas geholt oder nach einem verspäteten Referenten Ausschau gehalten werden oder der Techniker wegen einer Änderung im Ablauf informiert werden muss. Das können Moderatoren schlecht selbst tun. Denn deren Aufgabe im Stand-by-Modus ist es, ständig Referenten und Publikum zu beobachten und atmosphärische Veränderungen wahrzunehmen.

▶ **Wichtig:** Wenn Referenten nach ihrem Vortrag ein Geschenk bekommen, muss es in Nähe des Moderationstisches verborgen abgestellt und dann von der Assistenz auf die Bühne gebracht werden. Auch das ist vorher genau abzustimmen, denn der Moment der Geschenkübergabe ist für einen perfekten Abgang der Referenten notwendig.

Kontakt während der Vorträge

Mit dieser Sitzaufteilung ist der Kontakt für die Mitwirkenden gegeben: Die Moderatoren haben jeweils mit dem Redner, der Referenten-Assistenz und der Technik eine freie Sichtachse und damit die Möglichkeit für Augenkontakt.

Tipp: Kommunizieren Sie zusätzlich (lautlos) über Mobiltelefone! Richten Sie beispielsweise eine WhatsApp-Gruppe mit Referenten-Assistenz, Technik und dem Counter vor dem Saal (und anderen in der Organisation Mitwirkenden) ein, dann können Sie wichtige Informationen oder Fragen sofort an die ganze Gruppe senden. Mit SMS geht das auch, es ist aber etwas komplizierter, damit die ganze Truppe gleichzeitig zu erreichen.

Weitere Platzierung von Technik und Redner-Assistenz

Die Platzierung von Technik und Redner-Assistenz leitet sich aus der Forderung ab, stets Augenkontakt mit der Moderation halten zu können. Im Publikum sind für die weiteren Referenten Plätze in der ersten Reihe an der Seite des Rednerpults zu reservieren (und eventuell auch noch in der zweiten Reihe, rechts), damit die Referenten direkt zum Rednerpult gehen können, ohne dass dabei andere Gäste aufstehen und Platz machen müssen.

Der Chef oder die Chefin des Unternehmens sitzt praktischerweise vorn in der Mitte, bei einem Mittelgang jedoch auf der Seite, die näher beim Moderationstisch liegt. Denn so sind eventuell notwendige Absprachen mit der Moderation weniger auffällig möglich (keiner muss über den Mittelgang) und gleichzeitig sitzen der Chef oder die Chefin – ihrem Rang entsprechend – an einem Platz, der von den meisten gut zu sehen ist.

Für Ehrengäste sind die Plätze neben der Firmenführung namentlich reserviert. Namentliche Reservierungen empfehlen sich auch für die dann folgenden vorderen Stuhlreihen. Dort sollten gute Kunden, Partner und Leitende Angestellte des Unternehmens (oder Mitarbeiter, denen man so eine kleine Auszeichnung bieten will) Platz finden.

Allerdings: Die Vergabe dieser bevorzugten vorderen Sitzplätze machen gewieft taktierende Event-Organisatoren vor allem davon abhängig, ob die dort Platzierten aller Erfahrung nach in einem für den Event adäquaten Outfit erscheinen werden und sich auch sonst gut zu benehmen wissen. Denn beides freut und motiviert die Referenten (die vor allem die vorderen Stuhlreihen gut im Blick haben), das sorgt aber besonders im Nachhinein für eine nicht zu unterschätzende Image-Steigerung des Events (und damit auch des Unternehmens): Ein beliebtes Motiv von (Presse-)Fotografen ist der voll besetzte Saal, natürlich von vorn mit Unternehmensführung und Ehrengästen aufgenommen. Die Gäste auf den direkt folgenden Stuhlreihen sind dabei auch noch ganz gut zu erkennen – und deswegen ist es enorm wichtig, dass man nachher auf dem Foto (in der Tageszeitung!) nur gut angezogene Menschen bei diesem Event sieht …

6.4   Arbeitsplatz im Stand-by-Modus

Erst am Ende der Ortsbegehung widmen sich gute Moderatoren dem eigenen Arbeitsplatz im Stand-by-Modus: dem Moderationstisch, an dem sie sitzen werden, während auf der Bühne Referenten agieren. Denn nun ist alles, was Ihnen im Saal aufgefallen ist, erledigt oder in Auftrag gegeben. Einen Augenblick Ruhe, Durchschnaufen, Konzentration auf die eigene Arbeit.

Wenn Ihr Moderationstisch noch nicht an der idealen Stelle steht (siehe vorhergehenden Abschnitt), lassen Sie ihn jetzt von Hotelmitarbeitern dorthin schaffen oder rücken ihn selbst in die richtige Position. Vom Tisch aus müssen Sie schnell aufstehen und zur Treppe am Bühneneingang gehen können (wo Sie auch schnell Ihre Ablage für Moderationskarten und andere Utensilien finden). Genauso wichtig ist aber auch der freie Zugang in Richtung Publikum, zur Technik oder zum Eingang. Steht der Tisch richtig, haben Sie von dort aus alles im Blick?

Nehmen Sie jetzt dort Platz – genau so, wie Sie am nächsten Tag während der Moderationspausen sitzen und Referenten und Publikum beobachten werden – und prüfen Sie, ob Sie auch im Sitzen noch Sichtkontakt zu den strategisch wichtigen Positionen herstellen können. Am besten ist es, wenn Sie nun ganz allein im Saal sind und niemand Sie mit Fragen oder anderen Störungen ablenkt. Dann können Sie wirklich Ihre Gedanken schweifen lassen, noch einmal die Ergebnisse Ihrer Ortsbegehung reflektieren, Umschau halten und sich allmählich auf Ihren eigenen Einsatz am nächsten Tag konzentrieren. Prüfen Sie bei dieser Gelegenheit, ob Ihre Unterlagen vollständig sind. Das brauchen Sie am Platz auf jeden Fall:

Die wichtigsten Unterlagen für die Moderation

- Das Programm der Veranstaltung,
- Ihre persönlichen Notizen dazu (Mindmap),
- Ihre vorbereiteten Moderationskarten – schön geordnet nach Programmpunkten,
- Notizblock und Stift,
- zusätzlich noch Post-it-Zettel,
- Mineralwasser und kleine Pfefferminz-Lutschdragees (für ständig frischen Atem),
- ein Handmikrofon für den Notfall.

Diese Utensilien müssen nicht näher erläutert werden.

Was Sie während der Veranstaltung (hoffentlich) nicht mehr brauchen, weil Sie sich ja gut vorbereitet haben, sind die vollständigen Ausdrucke von Kontaktdaten, Lebensläufen und Vorträgen (Kurzfassungen) der Referenten. Doch wer weiß … Diese Papiere in einer Tasche in Griffweite dabei zu haben, ist eher eine psychologische als eine tatsächliche Hilfe während der Veranstaltung.

Die Gästeliste am Moderationstisch ist dagegen sehr nützlich – und auch bei den Besuchern begehrter als das Programm selbst (das kennt man ja schon aus der Einladung): Wer ist noch da, wen kenne ich vielleicht, mit wem will ich unbedingt Kontakt aufnehmen? Nun werden Sie die Gästeliste nicht so ausführlich studieren wie der eine oder andere Besucher, die eine oder andere Besucherin – dazu haben Sie weder Zeit noch die notwendige Aufmerksamkeit. Aber überfliegen werden Sie sie sicherlich. Und wenn Sie ein fotografisches Gedächtnis haben sollten, hilft Ihnen die kurze Durchsicht Gästeliste vielleicht, wenn Sie sich später bei Fragen und Antworten des Publikums an den einen oder anderen Namen erinnern und ihn zuordnen können.

Sehr nützlich am Moderationstisch (in Griffweite dahinter oder dann jeweils auf Ihrer Ablage auf der Bühne) sind auch folgende Materialien:

Weitere wichtige Materialien, die Sie in Griffweite haben sollten

- Bücher der Referenten,
- Prospekte oder Informationsschriften des Unternehmens,
- Modelle von Produkten des Unternehmens im Miniaturformat,
- ein kleines kunsthandwerkliches Stück von Ständen im Foyer,
- ein Give-away,
- kurz: alles, was Ihnen helfen kann, Ihre verbalen Ansagen auf der Bühne plastischer zu machen, mit einem entsprechenden Gegenstand zu unterstützen.

Und zuletzt kommen noch drei ganz wichtige Hilfsmittel am Moderationstisch dazu:

- eine Uhr mit großem Zifferblatt,
- ein Zeit-Warnschild für die Referenten („noch 5 Minuten" und „ENDE"),
- ein akustisches Gerät (Gong, Glocke, Tröte, Mini-Dampfpfeife).

Der Einsatzzweck dieser Hilfsmittel ist klar: Referenten deutlich auf das Ende ihrer Redezeit hinweisen und deren Ablauf dezent, aber dennoch deutlich zu melden.

Selbstverständlich werden Sie, wenn der Referent noch voll in Fahrt ist, den Gong erst drei Minuten nach Ablauf seiner Redezeit tönen lassen – ein wenig Toleranz sollte sein. Und selbstverständlich werden Sie vorher schon den Referenten und dem Publikum mitteilen, wie die Spielregeln bei Zeitübertretungen sind. Doch dann müssen Sie auch handeln – denn das Publikum verlässt sich auf Sie und ist enttäuscht, wenn Sie Ihrer Zeitmesserfunktion nicht nachkommen.

Nun kann es ja sein, dass ein Referent überzieht, aber das Publikum gar kein Ende wünscht, weil es den Ausführungen des Redners begeistert folgt. In diesem Fall müssen Sie trotzdem (Ihren eigenen, vorher verkündeten Regeln folgend) den Vortrag mit dem Gong unterbrechen, gleichzeitig aber ansagen: „Liebes Publikum, lieber Referent – die Redezeit ist abgelaufen. Gleichzeitig ist es sicher in unser aller Interesse, wenn wir jetzt die Redezeit um 5 (10) Minuten verlängern."

Sehr geschickt ist es, die Zeitmesser- und Gongfunktion an die Moderationsassistenz zu übertragen.

- Erstens kann die sich besser darauf konzentrieren als Sie selbst (Sie müssen ja auf vieles andere gleichzeitig aufpassen).
- Zweitens erscheint so eine Aktion der Assistenz weniger aggressiv (Sie haben ja sogar die Möglichkeit, öffentlich zu widersprechen: „Frau/Herr … hat jetzt den Gong geschlagen, weil die Redezeit vorbei ist. Das ist ihr/sein Job und das hat sie/er gut gemacht. Doch meine ich in unser aller Interesse zu sprechen, wenn wir dem Referenten jetzt noch weitere 5 (10) Minuten zugestehen …")
- Drittens ist die Zeitnahme durch Assistenten dann notwendig, wenn Sie selbst gerade mitten in der Moderation eines lebendigen Frage-Antwort-Spiels zwischen Referenten und Zuhörern wirbeln.

Alles klar, alles überprüft? Dann noch schnell auf die Notizen Ihrer Saalbegehung schauen: Wer von den Referenten, Akteuren Organisationsmitarbeitern muss jetzt noch worüber informiert werden? Wo haben sich Änderungen ergeben, was bleibt, wie besprochen?

Und jetzt packen Sie Ihre Sachen zusammen! Ja, richtig und wichtig: Die Unterlagen und Utensilien, die für Ihre Moderation erfolgsentscheidend sind, sollten Sie auf jeden Fall mitnehmen und keinesfalls über Nacht am Moderationstisch liegen lassen. Das sind Ihre persönlichen Notizen, Mindmap, Moderationskarten, Zeitplan und Ihr akustisches Gerät (Gong, Glocke …). Denn, wer weiß, vielleicht werden diese Dinge über Nacht von beflissenem Reinigungspersonal entsorgt oder jemand anderer hat daran irgendein merkwürdiges Interesse. Vor allem aber: Wenn Sie zu Hause oder im Hotelzimmer noch einmal in Ihre Unterlagen schauen wollen, sind die dummerweise nicht greifbar, sondern schon im Saal. Das generiert Stress.

Am Ende bleibt nur noch, den Referenten, dem Auftraggeber und anderen Akteuren eine nette Mail oder SMS zu senden: „… war im Saal, sieht alles gut aus, freue mich auf Sie morgen um … Uhr in …"/„Sie reisen selbstständig an"/„Sie werden in … von … abgeholt"/„wir treffen uns …"/„Bis morgen, gute Anreise, ich freue mich …". Diese kleine Geste macht Referenten und Sie selbst (!) sicherer – und freut. Also, tun!

Generalprobe im Saal

Die Saalbesichtigung einen Tag vor dem Auftritt ist die letzte Chance, das Moderationskonzept noch einmal vor Ort zu überprüfen. Schritt für Schritt nehmen Moderatoren den Raum in Augenschein, spielen alle Phasen der Veranstaltung gedanklich durch und achten vor allem darauf, dass die strategisch wichtigen Positionen richtig gesetzt und mit dem notwendigen Arbeitsgerät bestückt sind. Mit der Saalbesichtigung nehmen Moderatoren quasi die mentale Generalprobe für das Gelingen des Kundenevents vor. Neben Technik, Licht und Ton muss vor allem die Ausstattung am Moderationstisch sorgfältig vorbereitet werden.

Kurz vor Beginn: Alles bereit?

7

▶ Die beste Vorbereitung schützt nicht davor, auch kurz vor dem Beginn einer Veranstaltung noch einen gewissenhaften Check im Saal und mit allen Mitwirkenden des Kundenevents vorzunehmen. Gleichzeitig gilt es, das eigene Lampenfieber zu bekämpfen. Was man dagegen tun kann und warum Lampenfieber eigentlich ein ganz positives Signal ist, wird in diesem Kapitel dargestellt: Es beschreibt Schritt für Schritt alle Etappen, die Moderatoren kurz vor Beginn eines Kundenevents bis zum gelungenen Start noch erfolgreich managen müssen.

7.1 Lampenfieber

Vielleicht haben Sie vor Aufregung schlecht geschlafen. Das ist zwar lästig, aber nicht wirklich tragisch: Ein einigermaßen gesunder Organismus wird damit fertig. Und dann das Lampenfieber – Sie sind furchtbar nervös, das Herz klopft hörbar, die Hände zittern, die Stimme scheint zu versagen … nur die Ruhe: Noch sind Sie zu Hause oder im Hotelzimmer, noch haben Sie ein wenig Zeit, bevor die Veranstaltung beginnt. Bis dahin ist ja noch einiges zu tun.

Lampenfieber überkommt auch und gerade die Profis immer wieder. Meist sogar ein paar Minuten vor dem Auftritt und sogar hin und wieder in kleinen Attacken, während sie auf der Bühne stehen.

Werten Sie Lampenfieber-Attacken als positives Signal! Lampenfieber bedeutet nichts anderes, als dass sich Ihr ganzer Organismus plötzlich in höchste Anspannung katapultiert: Er weiß nicht recht, ob er flüchten oder angreifen soll. Für Flucht spricht viel. Sie stellen sich vor, wie Sie plötzlich auf der Bühne stehen und nicht mehr weiter wissen, oder wie die Stimme versagt, oder dass Ihnen

© Springer Fachmedien Wiesbaden 2016
C. von Kutzschenbach, *Kundenevents – richtig gut moderiert!*,
DOI 10.1007/978-3-658-13100-5_7

plötzlich schlecht wird oder dass kein Mensch im Saal ist und Sie vor leeren Sitzreihen sprechen oder, oder, oder … – vielleicht haben Sie das vorher auch geträumt. Nichts wie weg, Flucht! Zu spät.

Was meistens auch wenig hilft: In so einer Situation Trost oder Unterstützung bei anderen zu suchen. Wenn manche unbedingt über ihr Lampenfieber sprechen und dabei auch noch wilde Fantasien und Ängste entwickeln, was alles passieren könnte, hoffen sie natürlich auf energischen Widerspruch, um wieder beruhigt zu werden. Doch damit geben sie ja gleichzeitig ihrer Lampenfieber-Angst noch mehr Raum und Aufmerksamkeit. Richtig, manche Menschen suchen auch in so einer Situation Gesellschaft und Zuspruch anderer. Andere wiederum – und darunter nicht wenige Profis – brauchen in diesen Momenten dagegen dringend ihre Ruhe, wollen sich konzentrieren, suchen Einsamkeit, in der sie zunächst einmal mit sich selber klar kommen wollen.

Das müssen Sie als Moderator oder Moderatorin später unbedingt auch gegenüber ihren Referenten berücksichtigen: Wenn Stars kurz vor ihrem Auftritt plötzlich wortkarg bis übellaunig erscheinen, dann wollen sie sich einfach mit sich allein sein, sich konzentrieren und nicht von Ihnen noch mit diesem oder jenem Kleinkram behelligt werden. Fragen Sie nur kurz, ob alles o. k. ist und lassen Sie sie dann einfach in Ruhe. Alles gut.

Umgekehrt stimmt's aber manchmal auch: Wenn Referenten kurz vor Beginn noch zu nervenden Quasselstrippen werden und Ihnen Ihre notwendige Ruhe stehlen, kann auch das ein Zeichen hoher Nervosität und Angespanntheit sein. Ziehen Sie die Notbremse: Machen Sie die Quasselstrippe mit irgendjemand bekannt, mit dem sie sich unbedingt unterhalten müsse, und ziehen Sie sich zurück. Oder sagen Sie dem nervösen Referenten höflich aber bestimmt: „Entschuldigen Sie bitte, ich brauche noch ein paar Minuten für mich, kann ich Sie allein lassen?" So ein Satz ist natürlich auch gegenüber allen anderen (Besuchern, Kollegen, Chef) legitim, die Sie in so einer Situation von Ihrer Arbeit ablenken.

Zurück zu Ihrem eigenen Lampenfieber – immer noch zu Hause oder im Hotelzimmer. Lassen Sie die Quasselstrippen-Situation jetzt noch einmal wie einen inneren Film ablaufen und achten Sie dabei auf Ihre Befindlichkeit. Vermutlich stellen Sie fest: Ihr Lampenfieber war plötzlich kein Thema mehr, Sie waren nur noch „ganz normal gestresst", und Sie fühlten deutliche Erleichterung, als Sie die Quasselstrippe losgeworden sind. Was haben Sie gemacht? Sie haben innerlich auf „Angriff" geschaltet und die Quasselstrippe verjagt.

Also schalten Sie auch jetzt auf „Angriff": Was haben Sie jetzt noch zu tun, was greifen Sie buchstäblich an? Je mehr Sie in so einer Situation bewusst etwas tun, jenes noch richten oder dies und das erledigen, desto mehr schwindet Ihre innere Erregung und desto mehr bauen Sie mit den Ergebnissen Ihrer Verrichtungen Ihre persönliche Sicherheit und Stabilität wieder auf. Lassen Sie Ihre Veranstaltung jetzt bewusst gedanklich noch einmal durchlaufen, gehen Sie ein paar Schritte hin und her, horchen Sie in sich hinein, wie sich beim Gehen Ihr Herzschlag verändert und beruhigt, schauen Sie ein paar Minuten aus dem Fenster, beobachten Sie Ihre Umgebung – und richten Ihre Sachen, die Sie nachher brauchen. Stück für Stück: Was brauchen Sie nachher auf dem Moderationstisch, rufen Sie sich das Bild noch einmal in Erinnerung, das Sie hatten, als Sie gestern Ihren Moderationstisch fertig eingerichtet hatten: Was lag wo, wo ist es jetzt? Einpacken!

Arbeiten Sie konzentriert im Hier und Jetzt. Was kommt, das kommt. Sie und das Organisationsteam sind bestens vorbereitet, das werden Sie gleich noch einmal feststellen, wenn Sie sich den Regieplan, Ihre Mindmap oder Ihre Moderationskarten und den selbst aktualisierten Zeitplan angesehen und Punkt für Punkt abgehakt haben werden. Vielleicht beruhigen auch bestimmte Rituale, die Ihnen vor schulischen oder beruflichen Prüfungen früher schon geholfen haben. Und wenn Sie später während Ihres Auftritts plötzlich doch vor innerer Erregung erschauern? Dann können Sie sich gratulieren. Denn dann sind Sie wirklich „voll auf Sendung" und haben hoch intensiven Kontakt mit Ihrem Publikum.

▶   **Bühnenprofis wissen das:** Nur, wenn sie auch während ihres Auftritts hin und wieder einen kleinen inneren Schauer verspüren und/ oder Lampenfieber-Attacken in kleinen Wellen bei ihnen anrollen und wieder gehen (dauert nur Sekunden, äußerlich kaum wahrnehmbar), dann war ihr Auftritt wirklich gut, dann sind sie im Publikum voll angekommen, dann hat ihre eigene innere Erregung irgendwie auch das Publikum angesteckt.

Wenn nicht, dann ist der Funke buchstäblich nicht übergesprungen. Dann war der Auftritt vielleicht immer noch professionell, aber nicht wirklich mitreißend, faszinierend, begeisternd. Denn diese eigenartige innere Erregung kann man kaum gezielt herbeiführen. Sie entsteht auf der Bühne dann, wenn man aus tiefer innerer Überzeugung und Emotionalität zum Publikum spricht und das Publikum auf diese geistige Sendung unmerklich reagiert.

Und das ist gut. Ebenso, wie Lampenfieber ein Signal ist, dass Sie nun voll unter Spannung stehen. Und wer will schon einem Moderator oder einer Moderatorin folgen, die ihr Handwerk fade und ohne inneren Antrieb verrichten. Niemand.

7.2   Countdown

Sie sind immer noch zu Hause oder im Hotelzimmer, etwa zwei Stunden vor der
Veranstaltung. Der Countdown beginnt. Was jetzt der Reihe nach zu tun ist:

Nachrichten hören
Haben Sie heute Morgen schon Nachrichten gehört? Am besten Nachrichten
eines regionalen Senders? Wenn nicht, tun Sie es (oder rufen Sie regionale Nachrichten via Internet ab). Aus einem sehr einfachen Grund: Als Moderatorin oder
Moderator müssen Sie wissen, wie die Verkehrslage in der Region ist, ob größere Unfälle oder Staus bei Besuchern oder Referenten zu Verspätungen bei der
Anreise führen könnten (siehe auch Abschn. 4.5). Die Wetterlage und die Wet-
tervorhersage zu kennen ist ebenfalls wichtig. Denn extreme Wetterlagen haben
natürlich Einfluss auf An- und Anreise der Gäste, können aber auch während der
Veranstaltung das dominierende Gesprächs- oder Aufmerksamkeitsthema sein
(wenn ein starkes Gewitter über der Veranstaltungs-Location niedergeht oder ein
heftiger Schneesturm heran pfeift), dem Sie bei der Moderation nicht auswei-
chen können. Und schließlich müssen Sie als Moderatorin oder Moderator auch
wissen, ob sich gerade wieder irgendwo in der Welt eine gewaltige Katastrophe
ereignet hat (Erdbeben, Flugzeugabsturz, Attentat …), die alle im Saal betroffen
macht und auf jeden Fall Gesprächsthema der Gäste in den Pausen während der
Veranstaltung sein wird. Auf gravierende aktuelle Ereignisse müssen Sie in Ihrer
Moderation eingehen. Denn Sie sollen ja die Gedanken Ihrer Zuhörer lesen (auch,
wenn sie gar nichts mit der Veranstaltung zu tun haben), um sie gekonnt in deren
Befindlichkeit abzuholen und sie den Veranstaltungsthemen zuzuführen.

Vorsicht allerdings bei politischen Nachrichten und natürlich bei allen anderen
Themen, die Referenten aufgrund ihrer Sachgebiete besser beantworten können.
Natürlich können Sie solche Themen bei sensationellen Ereignissen nicht ausspa-
ren. Aber inhaltlich kommentieren Sie die besser nicht (so sehr es Sie vielleicht
gerade reizt!).

Eintreffen ankündigen
Nun machen Sie sich in aller Ruhe auf den Weg zum Veranstaltungssaal. Den
Zeitpunkt, an dem Sie dort eintreffen, haben Sie vorher mit der Organisations-
leitung ausgemacht und angekündigt. Das ist aus zwei Gründen wichtig: Erstens
wissen dann die anderen, ab wann sie mit Ihnen rechnen können. Zweitens setzen
Sie damit auch sich selbst ein klares Ziel, was wiederum Ihnen hilft, eine innere
Ordnung zu befolgen und Nervosität zu bekämpfen.

Wann ist der ideale Zeitpunkt für gut vorbereitete Moderatoren, am Veranstaltungsort aufzuschlagen? Spätestens eine halbe, allenfalls eine Dreiviertelstunde vorher, aber nicht früher. Wenn Sie nämlich deutlich früher kommen und am Veranstaltungsort nicht mehr viel zu tun haben, verstärken Sie ja nur die Nervosität aller anderen dienstbaren Geister vor Ort. Denn dort gibt es vor Veranstaltungsbeginn erfahrungsgemäß immer viel Aufregung und die Gefahr besteht, dass Sie sich davon auch noch anstecken lassen werden. Wenn allerdings am Vortag noch nicht alles perfekt war, dann ist es gut, wenn Sie früher im Saal auftauchen, um letzte Dinge zu regeln – und sich danach wieder irgendwohin zurückziehen, um vielleicht in aller Ruhe noch einen Kaffee zu trinken.

Letzten Check im Saal vornehmen
Nun beginnt Ihr persönlicher Check für die Veranstaltung. Sie kommen zum Saal-Eingang und begegnen dort den Mitarbeitern am Counter. Alles klar dort (Namensschilder, Unterlagen, Besucherliste, Erfrischungsgetränke und Pausensnacks, Give-away zum Ende der Veranstaltung) oder gibt es wichtige Informationen für Sie, etwa: Referent verspätet sich, einige Besucher sind schon da, Chef möchte Sie sprechen, Klimaanlage funktioniert nicht, aber Handwerker sind schon verständigt …

Nicken Sie alles ab, versprechen Sie Wiederkommen in wenigen Minuten, Gesprächswünsche müssen warten – jetzt machen Sie erst einmal Ihre eigene Runde im Saal und nichts darf Sie daran hindern! Und diese „Runde" und die damit verbundenen Prioritäten gelten im übertragenen Sinn genauso bei kleineren Veranstaltungen ohne Bühne und vielleicht sogar ohne Saaltechniker. Dann müssen Sie (und vielleicht Ihre Kollegin/Ihr Kollege am Counter) eben selbst sehen, wie und ob alles funktioniert.

Als erstes richten Sie Ihren Moderatorentisch her und deponieren dort und auf Ihrer kleinen Ablage hinten links auf der Bühne (siehe Abb. 6.4) alle Utensilien so, wie Sie sie nachher brauchen werden. Wenn Sie eine Moderationsassistenz haben, dann sollte die zu diesem Zeitpunkt auch schon eingetroffen sein. Nehmen Sie sie jetzt einfach mit auf Ihre letzte Runde durch den Saal.

Die nächsten Schritte führen Sie zum Saaltechniker, mit dem Sie ganz kurz klären, ob alles, wie besprochen, bereit ist und funktioniert: Beamer, Umschalten von der allgemeinen Präsentation auf die der Referenten, Licht im Saal, Klimaanlage, Ton … Betrachten Sie nun den Saal auch vom hinteren Ende, stellen Sie sich vor, er wäre voll besetzt und lassen Sie den Eindruck auf sich wirken.

Etwa eine halbe Stunde vor Beginn läuft auch der Beamer schon, der ein „Willkommens"-Standbild für die ersten Besucher auf die Leinwand projiziert.

Sieht das gut aus, wird die Leinwand voll angestrahlt? Ist bei einem flach strahlenden Beamer die vorn im Buch mehrfach zitierte „Sperrzone" oder „No-go-
Area" im Bereich der Projektionsfläche (siehe Abschn. 6.1) richtig markiert? Und
bei einem steil justierten Beamer lohnt sich nun eine letzte Überprüfung, ob man
auf der Bühne tatsächlich nicht von der Projektion getroffen wird – oder ab welcher Stelle auf der Bühne man doch noch unfreiwillig illuminiert wird.

Da Sie inzwischen auf die Bühne gegangen sind (vielleicht eine letzte Mi-
krofonprobe), von dort ein Blick in die Runde (Besucherstuhlreihen richtig
ausgerichtet, Programm oder andere Informationen der Veranstalter auf den Sitzen): Wie fühlen Sie sich? Alles gut? Dann ein paar Schritte zum Referentenpult
und zum Referentenpult-Assistenten: Auch da alles vorbereitet wie besprochen
(Wasser für Referenten, Mikrofon, Laserpointer, Notebook-Anschlüsse, Spei-
chermedium, Geschenk für Referenten)? Dann noch eine Test-WhatsApp in die
Gruppe schicken (an Ihre Assistenz, Rednerpult-Assistenz, Technik, Counter)
und jeden um Bestätigung bitten – auch das wäre erledigt.

Ihre Runde durch den Saal ist nun beendet. Sie sind bereit und fit. Ihre Assistenz bitten Sie nun, am Moderationstisch Platz zu nehmen und dort auszuharren
(falls jemand Fragen oder Informationen hat) und auf Zuruf noch kleinere Aufträge zu erledigen. Sie begeben sich nun wieder zum Counter, sind bereit für die
vorhin gehörten Gesprächswünsche oder ziehen sich noch einmal (über Whats-
App erreichbar) zu einer Tasse Kaffee zurück. Und vielleicht noch schnell mal
auf die Toilette?

Gäste am Eingang begrüßen?
Um die Gäste sollten Sie sich vor Beginn einer großen Veranstaltung nicht kümmern. Dafür sind ja andere da (Counter, Unternehmensführung, Mitarbeiter).
Bei einer kleinen Veranstaltung mit einer überschaubaren Besucherzahl von 20
oder 30 Gästen (etwa Vortrag in einem Konferenzraum während einer Messe),
ist es für Ihre Moderation allerdings äußerst hilfreich, wenn Sie schon vor der
Veranstaltung am Eingang Besucher begrüßen und Kontakt aufnehmen. Besonders, wenn etwa bei einer Vortragsveranstaltung in einem Konferenzraum während der Messe das Unternehmen nur durch Sie und einen Kollegen/eine Kollegin
am Counter vertreten wird. Dann müssen Sie sogar am Eingang „Guten Tag und
herzlich willkommen" sagen und Hände schütteln.

Das allerdings ist Aufgabe von Firmenchefs oder Leitenden Angestellten,
wenn sie denn da sind: Sie stehen in Nähe des Counters, begrüßen die Gäste,
die sich davor oder danach einchecken (Namensschild, Haken in der Anwesen-
heitsliste durch Counter-Personal, Ausgabe von Unterlagen). Als Moderatorin
oder Moderator stehen Sie im Konferenzraum und stellen sich den Eintreffenden

nach der Chefbegrüßung auch noch einmal kurz vor: „Guten Tag, ich bin Maria Mustermann und moderiere heute die Veranstaltung. Herzlich willkommen!" Die Begrüßungsdramaturgie sollten Sie unbedingt vorher mit Counter und/oder Firmenleitung absprechen.

Tatsächlich kommen aber die Besucher nicht immer geordnet und wohlsortiert an: Manche Gäste kommen als Gruppe, übersehen Sie, weil sie eilig zu freien Plätzen streben – na, dann eben kein persönliches Händeschütteln – zumindest die Absicht war da. Na, und dann müssen Sie sowieso nach vorn …

▶ Also: Bei kleinen Veranstaltungen möglichst frühzeitiger Kontakt mit Besuchern mit Begrüßung schon beim Eintreten. Bei großen Veranstaltungen besser nicht (aber auch nicht wegschauen, wenn Sie ein Besucher persönlich kennt), da haben Sie jedoch nach Ihrer kleinen Absprache am Counter sowieso nichts mehr verloren, Sie stören dort nur – Ihr Platz ist im Saal am Moderationstisch.

Referenten, Chef und Ehrengäste kontaktieren

Vorfahrt haben nun Ihre Referenten: Sie suchen Sie und wollen begrüßt und kurz eingewiesen werden. Dabei sollten zuerst die technischen Funktionen geprüft werden (Notebook-Installation am Referententisch, Laserpointer und Mikrofon). Bitte denken Sie dabei auch an ein mögliches Lampenfieber Ihrer Referenten und betreuen Sie sie entsprechend. Ein kurzes Bekanntmachen oder Zusammenführen mit der anwesenden Unternehmensführung ist allerdings auf jeden Fall notwendig. Im Übrigen agieren Sie jetzt regelrecht als Bodyguards für Ihre Referenten, Sie schirmen sie von Besuchern ab, wenn notwendig, bieten Ihnen sicheres Geleit durch alle nur denkbaren Gäste-, Organisations- und Besucheraufregungen und sorgen dafür, dass sie sich wohl und entspannt fühlen.

Wichtig ist die „Bodyguard-" und „Wegweiser-Funktion" von Moderatoren bei Events, die weniger organisiert und geordnet sind als die einer großen Fachtagung – besonders bei Messen. Dort kann es schon sein, dass sich Referenten beim Anmarsch zu ihrem Vortrag regelrecht verlaufen.

Ihr Mobiltelefon sollte also stets eingeschaltet sein, um mögliche Hilferufe Ihrer Referenten empfangen zu können. Natürlich sind für solche Aufträge auch Moderationsassistenten ideal einzusetzen – Sie selbst werden am Moderationstisch möglicherweise auch für Anderes gebraucht.

Mindestens ebenso wichtig wie Referenten ist die Unternehmensführung, Ihr eigentlicher Auftraggeber. Nun sind Chefinnen und Chefs meist selbst voll beschäftigt, Ehrengäste zu begrüßen und andere Repräsentationspflichten zu erledigen. Da genügt dann schon ein kurzer Blickkontakt und ein Nicken, dass auf

Ihrer Seite alles o. k. ist, um Ihre Auftraggeber zu beruhigen. Das aber müssen Sie aber unbedingt erreichen – ohne diesen kurzen (Blick)-Kontakt vor Beginn sollten Sie nicht starten. Besser ist es natürlich, Sie begrüßen sich wirklich kurz persönlich und wechseln ein paar Worte.

Die Ehrengäste lassen Sie als Moderatorin oder Moderator zwar nicht links liegen, kümmern sich aber weiter nicht um sie (das ist Sache des Gastgebers, beziehungsweise von Mitarbeitern der Organisation). Wenn Sie diesen jedoch vorgestellt werden, werden Sie sicher noch Zeit haben für ein paar Small-Talk-Sätze. Und wenn Sie Ehrengäste persönlich kennen, werden Sie sie natürlich selbst kurz begrüßen – sie sitzen ja direkt gegenüber Ihrem Moderationstisch.

7.3   Start

Fünf Minuten vor dem offiziellen Beginn des Events könnte Sie noch einmal ein Lampenfieber-Anfall heimsuchen. Keine Zeit dafür, die letzten Minuten des Countdowns laufen – und Sie haben ja noch einiges zu tun. Die Referenten sind eingetroffen. Gut vorbereitet und versorgt sitzen sie in der ersten Reihe, ein Platz eines Referenten für den letzten Programmpunkt des Tages ist dort noch leer, er wird in der Mittagspause erwartet. Mit dem Chef haben Sie ein paar Worte gewechselt – alles klar. Er unterhält sich gerade mit einem der Ehrengäste, die auch alle schon eingetroffen sind und ihre Plätze besetzt haben. Fast alle Stuhlreihen im Saal sind schon besetzt (einige Lücken gibt es noch). Verkehrsstaus oder andere Reisebeeinträchtigungen waren nicht vorhergesagt.

Dennoch: Sie müssen sich jetzt Gewissheit verschaffen – zu viele spät kommende stören und bringen am Anfang viel Unruhe in die Veranstaltung. Also werden Sie einen letzten Besuch am Counter machen: Wie viele Namensschilder liegen da noch, wissen die Damen und Herren am Counter, ob es kurz vor der Veranstaltung noch Absagen gegeben hat oder Informationen über Verspätungen? Ja, von drei Gästen gibt es eine Verspätungsnachricht. Mehr wissen die am Counter auch nicht. Etwa zwanzig Namensschilder liegen noch auf dem Tisch am Eingang, etwa ebenso viele sind in der Besucherliste noch nicht abgehakt. Das ist normal – ein bisschen Schwund ist immer … Alles auf „grün", wir können starten!

„Auf Blickkontakt die Türen zumachen", sagen Sie dem Counterpersonal. Dann auf dem Rückweg zum Moderationstisch an der Technik vorbei: „Alles o. k.?" Nicken. Sie gehen weiter nach vorn zum Moderationstisch. Blickkontakt mit dem Chef. Der schaut nicht zu Ihnen. Also ein paar Schritte zu seinem

Sitzplatz: „Etwa zehn Prozent der Gäste fehlen noch. Nur drei haben Verspätungen angemeldet. Sollen wir anfangen?" Chef nickt. Blickkontakt zum ersten
Referenten und zum Assistenten am Referentenpult. Auch dort Nicken.

Lampenfieber kommt wieder. Egal. Sie richten noch einmal Ihre Kleidung. Moderatorinnen werden das von sich aus tun und auch wissen, worauf sie achten müssen
und notfalls auch eine Mitarbeiterin um einen kritischen Blick bitten. Die Herren
Moderatoren sind da leider etwas gedankenloser. Deshalb, meine Herren: Sitzen Krawatte und Einstecktuch? Reißverschluss zu? Alle Knöpfe zu (auch die der Gesäßta-
schen)? Bei Jacketts mit zwei Knöpfen vorne, muss der obere zugeknöpft werden,
bei Jacketts mit drei Knöpfen die beiden oberen, wenigstens aber der mittlere. Dann,
ganz wichtig: Liegen alle Patten, die Stoffklappen über den Jacketttaschen, außerhalb
der Taschen? Besonders das noch einmal überprüfen, das wird meist vergessen. Und:
Alle Taschen bleiben leer – bis auf ein zusammengefaltetes Taschentuch (Hosentasche) und Mindmap oder Notizen in der inneren Brusttasche. Denn alles, was sich
in den Taschen befindet, bildet sich gerade bei gut sitzenden (Maß-)Anzügen auch
außen ab. Ein prall gefülltes Portemonnaie in der Gesäßtasche etwa kann durchaus
dazu führen, dass dort der Seitenschlitz des Jacketts ungebührlich aufklafft.

Outfit-Check erledigt? Dann geht's nun wirklich los (siehe Abb. 7.1). Sie
gehen vom Moderationstisch zur Bühnentreppe und steigen in aller Ruhe zur
Bühne hinauf. Und das bitte Schritt für Schritt! Später können Sie gern mit
jugendlichem Elan in einem oder zwei Sätzen auf die Bühne springen, aber nicht
zu Beginn. Denn die langsame, aber entschlossene Variante des Treppensteigens

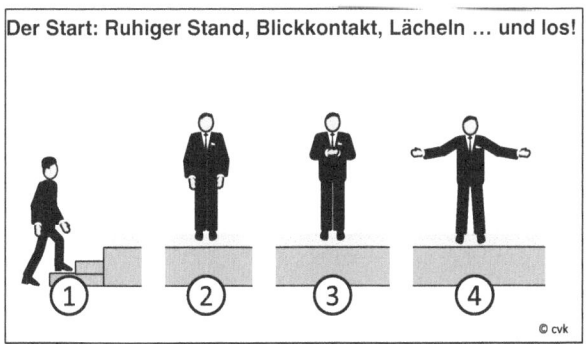

Abb. 7.1 Der Moderator muss sich bei der Eröffnung der Veranstaltung erst einmal im
Publikum bemerkbar machen. Ruhig die Treppe zur Bühne hinauf (1), entspanntes Warten
bis die ersten Zuschauer ihre Gespräche einstellen, Blickkontakte (2), dann Konzentration
(3) und … „Herzlich willkommen!" (4)

dient ja auch dazu, vom Publikum allmählich bemerkt zu werden (1). Ihren Blick richten Sie auf Ihren Weg, noch kein Blick ins Publikum.

Einige Zuschauer bemerken Ihren Auftritt, verstummen, schauen Sie an und sind neugierig, was jetzt kommt. Genau für diese Gäste haben Sie Ihren ersten Blickkontakt reserviert. Noch müssen sie ein paar Sekunden darauf warten. Gleichzeitig gibt es immer noch viele Gespräche im Saal.

Auf der Bühne nehmen Sie Ihre Moderationsposition ein – entweder in Bühnenmitte oder am linken Rand (siehe Abb. 6.1, Position (E)), Arme und Hände erst einmal an beiden Seiten locker nach unten hängen lassen – abwarten (2). Weitere Gäste im Publikum bemerken Ihren Auftritt und stellen ihre Gespräche ein. Jetzt erst ist die Zeit für den ersten Blickkontakt mit Ihrem Publikum gekommen. Sie nicken denen zu, die Sie im Publikum nun ansehen, schenken ihnen vielleicht ein kleines Lächeln (bekommen gern ein Lächeln erwidert) und suchen auf diese Weise auch Kontakt mit weiteren Gästen. Das gelingt immer besser, immer mehr Besucher stellen ihre Gespräche ein.

Sie stehen nach wie vor ruhig auf der Bühne, winkeln nun die Arme an und legen Ihre Hände in Brusthöhe ineinander (3). Ihre Körpersprache wirkt nun konzentriert und intensiv. Das teilt sich dem Publikum mit! Es wird ruhig. Jetzt Augenkontakt mit dem Counter, die Türen schließen sich, Sie stehen noch ein paar Sekunden voll konzentriert, suchen die Gesichter und die Augen im Publikum. Dort unterhalten sich nur noch wenige (das Türenschließen wurde ebenfalls bemerkt und als Zeichen zum Start verstanden).

Und dann los (4)! Vielleicht einen Schritt nach vorn gehen, Beine in einen stabilen Stand, Füße schulterbreit, Arme ausbreiten, um alle symbolisch gewissermaßen einzufangen und zu umarmen, jetzt volle Stimme (aber nicht brüllen): „Herzlich willkommen …!"

Choreografie zum Auftakt

Jetzt alle Choreografie-Phasen zum Auftakt noch einmal in Stichworten. Denn Ihr erster Auftritt muss einwandfrei sitzen. Nur so nutzen Sie Ihre Chance, Ihr Publikum von Anfang an auf sich zu konzentrieren und es dann durch die Veranstaltung zu führen.

Checkliste Auftakt-Choreografie

- Outfit-Check – Krawatte, Einstecktuch, Knöpfe, Patten,
- auf die Bühne konzentriert und entschlossen, noch kein Blickkontakt mit Publikum,

- Moderationsposition einnehmen, entspannte Körperhaltung, ruhig stehen bleiben,
- Blickkontakt zu denen, die Sie bereits beobachten,
- diese mit kleinem Lächeln belohnen,
- Blick ins Publikum,
- weitere Blickkontakte sammeln (bis mehr Ruhe im Saal einkehrt),
- Arme anwinkeln, Hände übereinander – intensiv und konzentriert körpersprachlich ankündigen, dass Sie gleich sprechen und eröffnen werden,
- Blickkontakt zum Counter („Türen schließen!")
- einen kleinen Schritt nach vorn, Arme ausbreiten: „Herzlich willkommen!"

So geht's. Diese Choreografie zum Start einer Veranstaltung wirkt immer – egal, ob vor 200 oder nur vor 20 Zuschauern.

In einem kleinen Raum ohne Bühne ist es allerdings sehr viel schwieriger, Ihr Publikum zu bewegen, seine Gespräche einzustellen (ganz schwierig auf einem Messestand). Besonders, wenn einige Gäste noch gar keine Lust haben, sich zu setzen, sondern sich lieber noch mit Bekannten unterhalten, während einige andere schon längst Platz genommen haben und immer ungeduldiger auf Ihre Eröffnung warten (siehe Abb. 7.2). Dann müssen Sie die erste Eskalationsstufe bei der Publikumsbefriedung einleiten: Sie stehen in konzentrierter Haltung, wie

Abb. 7.2 Abb.: Kleiner Raum, keine Bühne und viel Smalltalk – hier müssen sich Moderatoren buchstäblich Achtung verschaffen: „Ton-Probe …"

bei (3) in Abb. 7.1 und sagen ins Mikrofon: „Ton-Probe, Test, Test, Test", nehmen
Augenkontakt auf mit denen, die dann auf Sie schauen, und fordern sie mit einer
Geste auf, nun Platz zu nehmen. Dummerweise rühren sich die anderen nicht von
der Stelle, sondern unterhalten sich weiter. Zweite Eskalationsstufe: „Ton- und
Gehör-Probe: Bitte nehmen Sie nun Platz, damit wir anfangen können!" – Jetzt
müsste es klappen. Allerdings: Erst, wenn alle sitzen und die Gespräche (weitgehend) verstummt sind, Übergang zu (4): einen Schritt nach vorn, Arme ausbreiten
und „Herzlich willkommen!".

▶   Erst wenn alle Platz genommen haben und Ihnen ihre Aufmerksamkeit
     widmen, kann die Veranstaltung formell beginnen. Und: Auch in klei-
     nen Veranstaltungen immer ein Mikrofon einsetzen (spätestens ab 15
     Besuchern) – Sie können es ja wieder ausschalten/weglegen, wenn Sie
     und das Publikum meinen, es geht auch ohne.

Bei einer Gala können Moderatoren natürlich ohne konzentrierte Publikumsver-
sammlung in ruhigem Stand sofort mit voller Power und ausgebreiteten Armen
loslegen. Warum: Da sitzen die Zuschauer meist schon brav auf ihren Plätzen, da
wird Ihr Auftritt vielleicht sogar mit lauter Musik eingeleitet oder anderen Auf-
merksamkeitseffekten. Bei allen anderen Events empfiehlt sich zum Start jedoch
die zuvor aufgelistete Choreografie. Und ein Teil daraus sollten später auch
Referenten befolgen, nachdem sie anmoderiert wurden und die Moderatoren die
Bühne verlassen haben: Einen Augenblick konzentriert stehen, Augenkontakt,
Lächeln – und dann loslegen.

7.4   Moderations-Pärchen

Nun war bisher immer nur die Vorgehensweise einer Moderatorin/eines Moderators beschrieben. Bei großen Kundenevents mit mehreren Programmpunkten –
etwa bei einer Fachtagung/Konferenz, bei einer Gala oder auch bei einem „Tag
der Offenen Tür" – bietet der Auftritt eines charmanten Moderations-Pärchens
zusätzliche Attraktivität. Also immer dann, wenn viele Programmpunkte anzusagen sind – besonders, wenn beispielsweise während einer Gala eine Preisverleihung mit vielen Gewinnern vorgesehen ist.
      Für ein Moderations-Pärchen gelten alle Abläufe in der Vorbereitung für
beide: Beide sollten gemeinsam den Check vor der Veranstaltung machen, beide
müssen über alles gleichermaßen Bescheid wissen. Allerdings empfiehlt sich
dann eine Aufgabenteilung: Wer ist jeweils zuständig für Technik und Counter,

wer kontaktet vorher und führt nachher welche Referenten, wer hat etwas mehr das Sagen als der andere und wer begrüßt zuerst? Und nicht nur zum Start erfordert der Auftritt eines Pärchens eine fein abgestimmte Choreografie, damit die Attraktivität eines harmonisch agierenden Moderations-Pärchens voll zur Geltung kommt und sich nicht durch Ungeschicklichkeiten oder Abstimmungsfehler sofort ins Gegenteil verkehrt.

Wie schon zuvor empfohlen, ist es sehr reizvoll, wenn eine Moderatorin männliche Referenten betreut und ein Moderator weibliche. Diese Aufgabenverteilung wäre also klar. Wenn aber mehr (oder nur) männliche oder weibliche Referenten vorgesehen sind, dann müssen sich die beiden Moderatoren abwechseln – jeder sollte etwa gleich viele Auftritte haben.

Doch einer der beiden muss dennoch die Führung übernehmen und etwas mehr Verantwortung haben als der andere. Wenn der Moderator der Tonangebende während der Veranstaltung ist, als erster begrüßt und auch sonst öfters in Erscheinung tritt, wird die Moderatorin vom Publikum schnell als seine Assistentin abgestuft. Das mag man bedauern, doch das Geschlechterklischee sitzt nun mal tief. Deswegen hier die ganz praktische Empfehlung, bei einem Pärchen der Moderatorin etwas mehr Verantwortung und im Streitfall die letzte Entscheidung zu geben – und sie auch entsprechend während der Veranstaltung als die erste von zweien zu positionieren. Das hat neben dem Durchbrechen des Geschlechterklischees auch insgesamt mehr Charme.

Dieser Empfehlung folgend, würden die Zuschauer dann diesen Auftritt zum Start beobachten, siehe Abb. 7.3: Moderatorin betritt den Regeln der guten Etikette folgend vor dem Herrn die Treppe zur Bühne (1). Beide warten, bis Ruhe im Saal eingekehrt ist, der Herr entspannt, die Dame dann in einer konzentrierten Körperhaltung (2), die dem Publikum signalisiert: „Gleich geht's los, ich will etwas sagen!" Dann begrüßt die Moderatorin das Publikum und stellt sich selbst und ihren Kollegen vor (3).

Nun könnte man natürlich auch beide gleichzeitig agieren und die Partner sich gegenseitig vorstellen lassen. Allerdings erfordert das bei beiden eine hohe Professionalität: Wenn die Moderatoren keine Sprechausbildung und wenig Bühnenerfahrung haben und nicht vollkommen aufeinander eingestimmt sind, fordert es das Publikum anfangs mehr als notwendig, unterschiedlichen Stimmen, Modulationen und Ansagen zu folgen. Also gerade zu Beginn längere Sprechsequenzen besser aus einem Mund, das Publikum tut sich leichter, zunächst nur einer Person zu folgen.

Wenn nun der Moderator die Ansage übernimmt, steht seine Partnerin ruhig und entspannt daneben (4). – Das gilt übrigens für die gesamte Veranstaltung: Sobald einer der beiden spricht, geht der andere auf „Stand-by". Deswegen auch

Abb. 7.3 Wird ein Kundenevent von einem Pärchen moderiert, kommt es besonders auf
die Abstimmung zwischen beiden an. Die Dame betritt vor dem Herrn die Treppe (1),
begrüßt (2) und stellt sich und ihn vor (3). Bei seiner Ansage steht sie ruhig an seiner Seite
(4) und dann wünschen beide dem Publikum eine gute Veranstaltung und viel Vergnügen
(5). Er tritt ab, sie übernimmt (6)

der Tipp für den weiteren Auftritt des Pärchens: Weil der eine nichts zu tun hat,
wenn die andere spricht (und umgekehrt), ist es grundsätzlich gut, einen gemeinsamen Auftritt des Pärchens nur an den Stellen vorzusehen, wo wirklich beide
gefragt sind. Etwa bei der Begrüßung, bei der Verabschiedung oder bei besonderen Höhepunkten (Ziehung eines Hauptgewinns). Dann – weil sich das Publikum ja mittlerweile an beide gewöhnt hat – macht es sogar Spaß, wenn sich das
Moderations-Pärchen fröhlich im Sprechduett ergänzt und sie sich in Sätzen oder
Halbsätzen ergänzen.

Zurück zur Startphase: Sie hat also begrüßt und sich und ihn vorgestellt, nun darf
er auch noch sagen, dass er sich auf die Veranstaltung freut, was dabei für ihn wichtig ist (4). Die dann folgende Ansage der organisatorischen Hinweise werden sich
beide Moderatoren vielleicht noch teilen, damit sich das Publikum an beide Moderatoren gewöhnen kann – in der Körperhaltung, wenn er ansagt, sieht das ebenfalls aus
wie (4) in der Grafik. Dann wünschen beide dem Publikum den Referenten und sich
selbst eine gute Veranstaltung und viel Vergnügen (5) – vielleicht klatscht er dann

drei- bis fünfmal in Richtung Publikum in die Hände, um das Publikum zu einem frühen Beifall zu ermuntern.

Start geglückt, einer der beiden Moderatoren geht nun mit einer leichten Verbeugung wieder von der Bühne (in der Abbildung der Moderator). Der andere (in der Abbildung die Moderatorin) geht gleichzeitig einen kleinen Schritt nach vorn, etwa in die Mitte des Raums, der durch die Positionen der eben noch zu zweit agierenden Moderatoren begrenzt wurde (6) und übernimmt nun wieder eine konzentrierte Körperhaltung. Sobald der oder die Partnerin die Bühne verlassen hat, startet der andere nun mit seiner Überleitung zur Anmoderation des ersten Programmpunkts.

Wichtig ist hier das nonverbale Zwischenspiel: Mit dem kleinen Schritt nach vorn und in die Mitte der beiden eben noch besetzten Moderatoren-Positionen zeigt die Moderatorin, dass sie nun die Regie übernommen hat und quasi für beide spricht. Die konzentrierte Haltung lädt das Publikum wieder zur Ruhe ein – dazu gehört auch, dass die Moderatorin wartet, bis der Partner die Bühne verlassen hat.

▶   **Merke:** Das Publikum wird sich auch im weiteren Verlauf nur dann voll auf eine Person konzentrieren können, wenn sich sonst niemand mehr auf der Bühne bewegt. Bewegung zieht nun einmal mehr Blicke an, als eine ruhig stehende Person.

Lampenfieber? Keine Zeit mehr dafür

Unruhig schlafen, mit Lampenfieber aufwachen und dann trotzdem konzentriert und mit voller Power einen erfolgreichen Kundenevent starten – das ist keine Zauberei, sondern vor allem das Ergebnis einer disziplinierten Arbeit in den letzten 90 min vor Veranstaltungsbeginn. Dazu gehört Nachrichtenhören ebenso wie die strikte Einhaltung der Kontakte und letzten Abläufe – und endlich auch, sich – besonders bei kleineren Events – die zum Start gehörige Be-Achtung zu verschaffen. Das gleiche gilt für den Auftritt eines Moderations-Pärchens: Das Publikum kann nur dann folgen, wenn die Choreografie zwischen beiden bestens abgestimmt ist und harmoniert.

Startverzögerung 8

▶ Gewissenhafte Moderatoren haben schon Wochen vor dem Event Lösungen für alle möglichen Katastrophen, Pannen und Peinlichkeiten vorbereitet. Doch unmittelbar vor dem Start der Veranstaltung passiert etwas, das den Start verzögert. Das Problem dabei ist, dass niemand sagen kann, wie groß die Panne tatsächlich ist und wie lange deren Behebung dauert. Jetzt gilt es, in wenigen Minuten die richtige Entscheidung zu treffen und gleichzeitig das Publikum bei Laune zu halten. Das folgende Kapitel beschreibt solche Situationen und bietet Empfehlungen, Verzögerungen geschickt zu überbrücken.

Was aber, wenn zum Start nicht alles so reibungslos klappt, wie im letzten Kapitel beschrieben? Kurz vor dem offiziellen Veranstaltungsbeginn stellen Sie beispielsweise fest:

- Noch viele Plätze im Publikum leer,
- Probleme in der Präsentationstechnik,
- Referent für Eröffnungsvortrag schafft es doch nicht mehr pünktlich (hat vor einer halben Stunde angerufen, dass sich sein Eintreffen wegen Stau um ein paar Minuten verzögern könnte),
- Chef ist (immer) noch nicht da,
- ein Ehrengast fehlt noch …

Das Tückische an diesen Situationen ist, dass Sie in diesem Moment überhaupt nicht einschätzen können, ob nach drei Minuten wieder alles ist, wie es sein soll, und Sie starten können – oder ob auch nach zehn Minuten noch nichts wieder so ist, dass die Veranstaltung reibungslos über die Bühne gehen kann. Was tun?

© Springer Fachmedien Wiesbaden 2016   131
C. von Kutzschenbach, *Kundenevents – richtig gut moderiert!*,
DOI 10.1007/978-3-658-13100-5_8

8.1   Verzögerung bei kleinen Events

Bei kleinen Events, etwa einer Vortragsveranstaltung im Konferenzraum einer Messe (siehe Abschn. 2.1), ist eine Verzögerung sehr einfach zu handhaben, es gibt nämlich kaum Ausweichmöglichkeiten: Ob die angemeldeten Besucher auch wirklich alle kommen, ist bei einer Vortragsveranstaltung während der Messe erfahrungsgemäß zweifelhaft. Sie können bei ausbleibendem Referenten auch keinen anderen vorziehen, weil das Publikum vermutlich nur zu dem Vortrag dieses Referenten erschienen ist und die anderen Referenten erst kurz vor ihrem Vortrag eintreffen werden. Wenn die Technik nicht funktioniert, sind Sie sowieso zur Improvisation gezwungen – in Windeseile einen Techniker zu finden, dürfte im Messetrubel schwierig werden. Also muss sich in diesem Fall der Referent mit einem Flipchart behelfen, statt seine Super-PowerPoint-Präsentation vorzuführen. Mikrofon geht nicht, Klimaanlage defekt? Hilft nichts, für die nächsten vierzig Minuten muss es auch ohne gehen.

Der Härtetest: Stellen Sie sich einmal vor, im Publikum nur ein kleines Häuflein Besucher (Sie hatten nach den Voranmeldungen mit doppelt so vielen gerechnet), der Referent ist eine Minute vor der Veranstaltung immer noch nicht da (keiner weiß, warum), der Beamer funktioniert nicht, die Mitarbeiterin beim Eingang steht kurz vor einer Panikattacke und ist zu nichts mehr zu gebrauchen und Ihre Gäste erscheinen zunehmend schlechter gelaunt, weil sie allmählich wohl mitbekommen haben, dass irgendetwas nicht stimmt.

Sie selbst überkommt nun eine ungebremste, aber heftige Welle der Verzagtheit, und Sie möchten am liebsten ganz schnell ganz weit weglaufen. Die Minuten verstreichen, das kleine Häuflein Publikum zeigt sich immer missmutiger … (siehe Abb. 8.1). Hilft alles nichts, Sie müssen etwas tun! Dazu haben Sie vier Möglichkeiten:

1. Veranstaltung absagen mit Hinweis auf verloren gegangenen Referenten
„Wir alle haben uns auf den angekündigten Vortrag gefreut. Doch der Referent ist nicht da und wir wissen auch nicht, was ihm passiert ist. In Anbetracht Ihrer knappen Zeit und anderer Attraktionen auf der Messe lassen wir deshalb den Vortrag ausfallen. Ich bedaure sehr, dass Sie sich umsonst her bemüht haben. Bitte bedienen Sie sich noch mit unseren Erfrischungsgetränken – und dann wünsche ich Ihnen noch einen guten und interessanten Tag …" Jetzt natürlich noch den Hinweis auf einen Besuch am eigenen Messestand in Halle XY hinzufügen, aber nicht wie eine billige Werbung: „Nutzen Sie die Zeit, um jetzt unseren Messestand zu besuchen …!", sondern besser so: „Ich hoffe sehr, dass Sie nun auf

Abb. 8.1 Das ist der Härtetest für Moderatoren: Nur wenige Besucher sind gekommen und sie sind inzwischen schon ein wenig missmutig, weil sich der Start der Veranstaltung verzögert. Da hilft es wenig, wenn Sie als großer Animator auftreten wollen. Es gibt andere Lösungen

der Messe interessante Erlebnisse haben werden – und wenn Sie am Messestand unseres Unternehmens vorbei schauen, freuen sich die Kolleginnen und Kollegen sehr über Ihr Kommen!"

Die Absage zu diesem Zeitpunkt ist sicherlich eine saubere Lösung – und Achtung: Sollten Besucher für diesen Vortrag etwas bezahlt haben, bekommen sie natürlich ihr Geld zurück und noch ein Give-away oder einen Gutschein (bitte am Empfang ausfüllen lassen – geht auch handschriftlich mit Datum und Unterschrift der Kollegin am Einlass).

Doch auch diese „saubere Lösung" hat Tücken: Was machen Sie, wenn der Referent mit fliegenden Rockschößen gerade dann den Raum betritt, wenn die meisten Besucher den schon verlassen haben und nur noch drei oder vier Kunden im Raum sind? – Dann trotzdem den Vortrag laufen lassen? Kommt auf die Stimmung der letzten Besucher und auf die des Referenten an. Es dürfte dann auf jeden Fall eine buchstäblich sehr merkwürdige Veranstaltung werden. Gleichzeitig ist ein Vortragsausfall während einer Messe noch einigermaßen zu verkraften: Der Vortrag ist vielleicht für viele Besucher ein Ansporn gewesen, überhaupt zur Messe zu gehen, doch die Messe selbst bietet genügend andere Attraktionen, um einen Vortragsausfall zu verschmerzen.

Schwieriger wird das, wenn Ihr Unternehmen beispielsweise zu einer Abendveranstaltung eingeladen hat, und die Gäste extra für diesen Kundenevent angereist sind (siehe Abschn. 2.7). Dann kann man zwar den Vortrag absagen, aber nicht die Veranstaltung an sich. Sicherlich wird bei einer Abendveranstaltung die Unternehmensführung (oder deren Stellvertretung) einen kleinen Vortrag zur Situation des Unternehmens und besonderen Herausforderungen auf bestimmten Gebieten aus dem Stegreif halten können. Zudem wird Sie die Unternehmensführung entlasten und den Referenten-Ausfall auf die eigene Kappe nehmen (zumindest das Publikum sieht das so). Außerdem wollen die Gäste auf jeden Fall noch Small Talk und Kontakte knüpfen. Also, auch das ist zu verschmerzen und sollte Sie keineswegs in Panik versetzen.

2. Vortrag selbst halten
Ja, die Versuchung, den Vortrag selbst zu halten, schleicht sich heimlich an, wenn Moderatoren beispielsweise in ihrem eigentlichen Arbeitsgebiet eng mit dem Referenten zusammen arbeiten und sie sein Thema in- und auswendig kennen. Aber besser nicht. Erstens entwerten Sie dann den Referenten als Experten, zweitens stellt sich die Frage, ob Sie als Referent vom Publikum akzeptiert werden, drittens entsteht eine unsäglich peinliche und nachhaltig verstörende Situation, wenn der Referent doch noch unvermutet im Raum auftaucht.

3. Abwarten
Vielleicht kommt ja der Referent doch jeden Augenblick? – Nein, auf keinen Fall abwarten, denn damit verlieren Sie Ihr Publikum, das von Ihnen nun eine Lösung erwartet: Einige Besucher werden gehen, andere etwas ganz anderes tun (Mails checken), wieder andere werden unentschlossen einfach sitzen bleiben und sich langsam immer mehr ärgern (am meisten über die eigene Unentschlossenheit) – mit Abwarten verlieren Sie auf der ganzen Linie.

Es sei denn, die meisten Gäste befinden sich noch vor dem Konferenzraum/ dem Veranstaltungssaal. Dann machen Sie eine Durchsage: „Referent verspätet sich, wir sagen Ihnen Bescheid, wenn er eingetroffen ist und die Veranstaltung beginnt. Bis dahin wünschen wir Ihnen noch anregende Gespräche".

4. Publikum zu Interaktionen animieren
Das Publikum zu Interaktionen animieren ist in diesem schlechten Fall noch die beste Lösung für eine Überbrückung bis der Referent eintrifft. Und da Menschen grundsätzlich interessiert und neugierig sind, wer da noch alles zu diesem Vortrag erschienen ist, kann diese Aktion einen Referenten-Ausfall manchmal sogar wettmachen. Mehr zu Interaktionen unter Kap. 9.

Jetzt keine Übertreibung!
Wenn Sie nun Interaktionen mit einem inzwischen schon gelangweilten, verstimmten Publikum beginnen, bloß nicht übertreiben und sich selbst als großen

Animator gerieren wollen. Gehen Sie auf die abgesunkene Laune und Stimmung Ihrer Besucher ein und holen Sie sie behutsam und im Sinne eines guten Vorschlags ab. Sie erleben ja im Moment alle die gleiche Enttäuschung und wollen den Versuch starten, daraus vielleicht noch etwas Positives ziehen – das muss Tenor Ihrer Moderation zu weiteren Aktivitäten sein.

Leere Plätze vorn
Bitte auch keinesfalls alle Gäste nun bewegen wollen, sich nach vorn zu setzen („Kommen Sie doch nach vorn, da sind noch Plätze frei!"): Einige haben sich bewusst hierhin und dorthin und nicht in die erste Reihe gesetzt. Wenn Besucher locker im Raum verteilt sitzen und ein wenig Distanz wahren wollen, stört das doch niemanden (außer vielleicht die Eitelkeit des – im Moment nicht einmal anwesenden – Referenten). Anders ist es, wenn sie vorschlagen: „solange der Referent nicht da ist, schlage ich vor, dass wir uns erst einmal untereinander näher kennenlernen. Dazu ist es vielleicht ganz praktisch, wenn Sie nun näher zusammen rücken und auch die vorderen Stuhlreihen besetzen …".

8.2   Verzögerung bei großen Events

In Events mit 200 Besuchern und mehr, mit mehreren Referenten und einem ganztägigen Programm, ist eine Startverzögerung mit ungewisser Dauer erheblich schwieriger als bei kleinen Events zu managen. Nicht *obwohl,* sondern *weil* Sie wesentlich mehr Möglichkeiten zur Problemlösung haben:

Viele leere Plätze im Publikum/Grund plausibel
Sollte es – wie Sie in den Nachrichten gehört haben – auf der Anreise von Besuchern Verkehrsbehinderungen gegeben haben, dann können Sie darüber alle im Saal (und in der Lobby) informieren und einen zehnminütigen Aufschub ansagen. Doch nach zehn Minuten müssen Sie auf jeden Fall anfangen, sonst wird das Publikum missgelaunt (und das richtet sich in erster Linie gegen Sie). Ebenso gelten für Besucher-Verspätungen Entschuldigungen wie Parkplatzsuche, zu großer Andrang im Hotel – Irrwege zum Veranstaltungssaal sind dagegen eine eher schwache Begründung und fallen auf eine schlechte Ausschilderung durch den Veranstalter zurück.

Viele leere Plätze im Publikum/Grund unbekannt
Peinlich, wenn viele Stühle im Saal noch unbesetzt sind, aber jeder Hinweis darauf wäre noch peinlicher. Die anderen Gäste wissen ja nicht, wie viele Besucher

erwartet wurden. Zudem können Sie überhaupt nicht abschätzen, wann oder ob
diese überhaupt noch kommen. Lösung: Nach fünf Minuten (spätestens) beginnen. Die leer gebliebenen Plätze/ausbleibenden Besucher überhaupt nicht erwähnen! Und die Besucher nicht unnötig auffordern, vordere, noch leere Plätze zu
besetzen – einige wollen die Distanz (siehe auch Abschn. 8.1 letzter Absatz:
„Leere Plätze vorn").

Probleme in der Präsentationstechnik
Ansage, fünf Minuten warten, dann beginnen mit Publikums-Interaktion oder
Improvisation: Flipchart statt Beamer.

Referent kommt nicht pünktlich
Programm ändern, andere Referenten vorziehen oder Publikums-Interaktion.
Wenn alle Referenten ihre Vorträge gegen Ende des Programms schon gehalten haben, Talkrunde mit Interviews (siehe auch Kap. 12) vorziehen und dann
Schluss. (Wenn Referent dann doch noch kommt, hat er Pech gehabt – die Stimmung im Publikum schaltet mit dem letzten Programmpunkt Talkrunde automatisch auf „Veranstaltung gleich zu Ende". Danach geht nichts mehr).

Chef/in ist (immer) noch nicht da
Nach zehn Minuten ohne ihn/sie anfangen und an seiner Stelle Begrüßung (der
Ehrengäste) vornehmen.

Ehrengast fehlt noch
Kein Problem, anfangen (nach kurzer Verständigung mit Chef/in).

Was also ist an der Angelegenheit so schwierig? Schwierig ist es, die richtige
(!) Entscheidung zu treffen und – weil große Tagesveranstaltungen wesentlich
komplexer sind – in nur ganz wenigen Minuten alle Mitwirkenden in Ihre Entscheidung einzubinden. Sonst zieht sich die anfängliche Startverzögerung als
Störfaktor durch den ganzen Tag. Besonders wichtig ist dabei am Anfang die
schnelle und klare Absprache über Startverzögerung oder Programmänderung mit
dem Veranstalter. Der muss unbedingt eingebunden werden.
    Ein weiteres Problem kommt bei großen Veranstaltungen dazu: Einen klei-
nen Raum mit etwa 30 Teilnehmenden können Sie leicht überschauen – wenn
es dann nach Ihrer Verzögerungsansage noch ein paar Minuten Small Talk gibt,
oder wenn Sie die Veranstaltung wegen Referenten-Ausfall früher beenden, ist
das kaum ein Problem, alles unter (Moderations-)Kontrolle zu behalten. Bei 200
und mehr Gästen ist es das sehr wohl. Diese große Gruppe Menschen bekommen

Sie nicht so schnell wieder in den Griff, wenn Sie während der vermuteten Dauer der Verzögerung zu freiem Small Talk im Saal aufgefordert haben. Hier ist auch viel wichtiger als bei kleinen Gruppen, dass die Gäste im Saal bleiben (bei kleinen Gruppen ist schon mal ein kurzes Austreten aus dem Saal – zu Raucherpausen in Sichtweite – möglich). Denn bis 200 Menschen einen Saal verlassen und dann wieder besetzt haben und ruhig geworden sind, dauert es eine Zeit. Und wenn Sie bei einer großen Veranstaltung einen Programmpunkt ausfallen lassen und früher beenden, dann haben draußen in der Lobby Servicekräfte ein großes Problem – das Catering oder die Kaffeepause waren schließlich für später bestellt – und die Gäste werden unzufrieden. Merkwürdigerweise sind kleine Gruppen da toleranter.

8.3   Lösungen für Startverzögerungen im Überblick

Kundenevents folgen, wie alle anderen Zusammenkünfte von Menschen auch, gewissen Ritualen. Mit einem kleinen, aber wichtigen Unterschied: Bei Veranstaltungen von Unternehmen sind die Teilnehmenden der Versammlung normalerweise Kunden oder andere Geschäftspartner. Die verbinden jede Störung oder jede Ungeschicklichkeit im Ablauf automatisch auch mit der Qualität der Unternehmensprodukte und seiner Leistungen. Umso mehr müssen Moderatoren deshalb achten, die Erwartungen des Publikums zu erfüllen und den unausgesprochenen Ritualen zu folgen. Hier deshalb noch einmal eine Zusammenfassung der geschilderten Beispiele (und darüber hinaus einige Ergänzungen).

Checkliste für Startverzögerungen

- Fünf Minuten Startverzögerung akzeptiert das Publikum.
- Spätestens nach fünf Minuten Verzögerung ist jedoch eine Ansage fällig, dass es (aus welchem Grund) eine Verzögerung gibt und was nun stattdessen folgt, sonst baut sich im Publikum Misstrauen und Missstimmung auf.
- Leere Sitze, besonders vorn: Fordern Sie die Zuschauer nicht grundlos auf, ihre selbst gewählten Sitze zu verlassen. Die Aufforderung „setzen Sie sich doch nach vorn, da bekommen Sie mehr mit!" ist keine Begründung – das wissen die Zuschauer selbst und haben sich dennoch für einen anderen Sitzplatz entschieden … Besser ist, wenn Ihnen sonst

keine andere Begründung einfällt und die vielen leeren Plätze einfach ein schlechtes Bild abgeben: „es wäre schön, wenn Sie bitte auch die vorderen Plätze besetzen, dann ist es für den Referenten leichter ...“

- Ansage Verzögerung: Die machen Sie direkt und ohne „Willkommen“ und Selbstvorstellung, gleichsam anonym und doch offiziell wie eine Ansage auf dem Bahnsteig.
- Begrüßung: Die und Ihre Selbstvorstellung nehmen Sie erst vor, wenn die Veranstaltung nun offiziell beginnt und das Programm ohne weitere Unterbrechung ablaufen kann. Natürlich können Sie die Begrüßung mit einer Ansage zur Programmänderung koppeln, aber dann muss es laufen.
- Ansage und Begrüßung haben unterschiedliche rituelle Werte: Die Begrüßung signalisiert den Start und ein sofort darauf folgendes Programm – wenn Sie die Begrüßung mit Selbstvorstellung vornehmen und dann eine Verzögerung von zehn Minuten bis zum Beginn ansagen, verpuffen das Ritual und die damit beim Publikum automatisch aufgebaute Erwartungshaltung und Spannung. Ein zweiter Anlauf, wenn das Programm dann endlich wirklich beginnt, wird schwierig,
- Treten Sie bei Verzögerungen als Anwalt (und als Teil) des Publikums auf: „*Wir alle* hoffen nun, dass der Techniker ...“ „*Wir alle* haben uns alle den Beginn natürlich ganz anders vorgestellt, doch glücklicherweise ...“. Oder, wenn kein Ersatzreferent zur Stelle ist: „... stattdessen schlage ich vor ...“.
- Vermeiden Sie – besonders in Verbindung mit Worten wie „leider“, „unglücklicherweise“, „bedauerlicherweise“ – jede Schuldzuweisung oder Rechtfertigung für den Veranstalter, besser: „*es* ist leider so, dass ...“.
- Freuen Sie sich über die Zuschauer, die da sind (und mit Ihnen) und verprellen Sie sie nicht mit Ihrem Frust oder Ärger über die, die Sie vielleicht erwartet haben, aber die eben nicht da sind ...
- Vermeiden Sie, verspätete VIPs (oder die Unternehmensführung) mit „wichtigen“ Terminen anderswo zu entschuldigen – es wäre eine Beleidigung für alle Anwesenden, denen nichts wichtiger ist, als jetzt hier zu sein!
- Holen Sie für Ihre Vorschläge bei Startverzögerung das o. k. des Veranstalters ein, sprechen Sie sich darüber auch schnell mit allen Mitwirkenden ab.

- Sollte sich der Veranstalter selbst verspäten, entscheiden Sie allein über die nächsten Schritte und bitten die Mitarbeiter am Counter, den Veranstalter bei seinem Eintreffen über die von Ihnen getroffenen Maßnahmen zu informieren.
- Die Mitarbeiter am Counter sollen später eintreffende Gäste schon am Empfang über eine etwaige Programmänderung informieren.

Schnell und im Publikumsinteresse entscheiden!

Bei unvorhergesehenen Startverzögerungen dürfen Moderatoren auf keinen Fall ihr Publikum allein lassen und müssen gleichzeitig im Hintergrund nach Wegen suchen, das Verzögerungsproblem zu lösen, um den weiteren Verlauf der Veranstaltung sicher zu moderieren. Da kommt es auf schnelle und richtige Entscheidungen in nur wenigen Minuten an. Hier zeigt sich auch, ob sich Moderatoren wirklich als Vertreter des Publikums verstehen und in seinem Interesse in der gebotenen Tonlage agieren. Die Größe des Publikums und die Art des Kundenevents erfordern unterschiedliche Vorgehensweisen.

Interaktionen im Publikum

▶ Bei Verzögerungen durch technische Pannen, verspätete Referenten oder aus anderen Gründen kurz vor dem Start von Veranstaltungen bieten sich zur Überbrückung Interaktionen im Publikum an. Dabei ist jedoch die besondere Atmosphäre eines Kundenevents zu beachten: Die Gäste haben überwiegend geschäftliche Beziehungen untereinander und zum Unternehmen. Deswegen animieren Sie besser nur zu Interaktionen, in denen sich das Publikum zwar näher kommt, dennoch aber eine höfliche Distanz gewahrt bleibt. In diesem Kapitel werden einige Interaktionen vorgestellt und Empfehlungen ausgesprochen, wann sich welche Interaktionen – auch ohne eine Verzögerung überbrücken zu müssen – für einen Kundenevent am besten eignen.

Wer „Publikums-Interaktionen" googelt, findet viele Methoden, Publikumsbewertungen zu diesem oder jenem Thema elektronisch abzufragen (und dabei gleichzeitig Daten über die Teilnehmenden zu sammeln!) oder das Publikum bei Präsentationen pädagogisch besser einzubeziehen. Hier geht es weder um das eine noch um das andere. Aus dem einfachen Grund: Moderatoren sollten mit diesen Interaktionen in ihrer ureigenen Aufgabe nichts zu tun haben. Denn eine gezielte Publikumsbefragung ist im Selbstverständnis dieses Buchs ein eigener Programmbestandteil und muss entsprechend anmoderiert und – möglicherweise auch von Moderatoren selbst – durchgeführt werden. Gleichzeitig ist es Aufgabe der Referenten, ihr Publikum während ihrer Beiträge aufmerksam und bei Laune zu halten und nicht die der Moderatoren. Auch bei Kundenevents ist es zwar durchaus sinnvoll, Kundenmeinungen über diesen oder jenen Beitrag zu erfragen. Doch das geschieht dabei immer noch besser diskret mit entsprechenden Fragebögen nach der Veranstaltung.

© Springer Fachmedien Wiesbaden 2016
C. von Kutzschenbach, *Kundenevents – richtig gut moderiert!*,
DOI 10.1007/978-3-658-13100-5_9

Wie Moderatoren in ihren zeitlich beschränkten Auftritten zwischen den Beiträgen das Publikum bei Laune halten, zieht sich allerdings wie ein roter Faden
durch dieses Buch (Vorbereitung, Organisation, Auftreten) und wird in den folgenden Kapiteln intensiviert. Wie das Publikum vor allem bei Startverzögerungen
in guter Laune gehalten werden kann, das ist Thema dieses Kapitels und das ist
auch Aufgabe der Moderatoren. Nämlich, eine Interaktion im Publikum zu initiieren und zu moderieren. Sprich: Das Publikum beschäftigt sich unter Anleitung
der Moderatoren mit sich selbst, solange die im Programm vorgesehenen Referenten noch nicht einsatzbereit sind.

Interaktionen im Publikum empfehlen sich nicht nur zur Überbrückung bei
Startverzögerungen, sondern auch im laufenden Programm, um Gäste miteinander in Kontakt zu bringen. Allerdings sollten Sie als Moderatorin oder Moderator
behutsam damit umgehen. Manches, was Sie vielleicht anderswo als Teilnehmende in ganz anderen Situationen selbst als inspirierend und motivierend empfunden oder als kreative Methode in der einschlägigen Literatur gelesen haben,
kann bei Kundenevents ziemlich schief gehen und das Gegenteil Ihrer guten
Absicht bewirken.

Denn für Interaktionen des Publikums werden in der Szene der Trainer und
Erwachsenenbildner vor allem spielerisch-pädagogische Elemente angeboten. Die
mögen zwar den Moderatoren mit pädagogischem Anspruch gut gefallen und Auflockerung, emotionale Nähe („einmal aus sich herausgehen") und Aktivitäten bei
Weiterbildungsveranstaltungen fördern. Doch bei Kundenevents wird emotionale
Nähe unter den Besuchern nur bedingt gesucht. Übungen, die an Kindergartenspiele
erinnern, fördern nicht bei allen die Bildung von Glückshormonen. Also gehen Sie
bei aller Begeisterung für die Einbeziehung des Publikums bei Kundenevents besser
behutsam vor und sorgen Sie dafür, dass die auch normalerweise gebotene höfliche
Distanz unter Geschäftspartnern auf jeden Fall gewahrt bleibt.

Zur Sicherheit eine Wiederholung und letzte Vorbemerkung: Auch, wenn Sie
eine Publikums-Interaktion einsetzen, um eine Startverzögerung zu überbrücken,
ist sie auf jeden Fall Bestandteil der Veranstaltung. Das bedeutet, dass Sie bereits
zuvor die Gäste begrüßt, sich selbst vorgestellt und die Veranstaltung offiziell
eröffnet haben müssen.

9.1   Kundeninterview

Diesseits aller pädagogischer Gruppenbemühungen ist Neugier bei allen Menschen mehr oder weniger vorhanden. Bei einem Kundenevent sind die Besucher
natürlich neugierig auf das, was geboten wird. Sie sind aber im Geschäftsleben

fast ebenso neugierig, wer außer ihnen noch diese Veranstaltung besucht und mit wem man ins Gespräch oder vielleicht sogar ins Geschäft kommen kann. Diese Neugier kann beim Warten auf einen verspäteten (oder gar nicht kommenden) Referenten helfen. Mit einem öffentlichen Kundeninterview durch die Moderatorin/den Moderator. Mit dieser Publikums-Interaktion können Sie mindestens zwanzig Minuten überbrücken.

Wie bekommt man dafür nun aber einen Interviewpartner? Die erste Möglichkeit ist, Kunden, die den Moderatoren bekannt sind, nach vorn zu bitten. Es kann aber sein, dass die das gar nicht wollen und das Publikum dieses Vorgehen als abgekartete Werbeveranstaltung interpretieren könnte. Also anders: Das Publikum selbst nach den geeigneten Kandidaten für ein Interview suchen lassen. Dazu eignen sich besonders kleine Kundenevents, in denen die Besucher schnell Kontakt mit allen anderen aufnehmen können.

Als Musterbeispiel für so einen kleinen Kundenevent betrachten wir wieder eine Vortragsveranstaltung während einer Messe, bei der der Referent fünf Minuten nach dem offiziellen Beginn unentschuldigt immer noch nicht erschienen ist.

Beispiel

Die Moderation beginnt die Veranstaltung: „Herzlich willkommen bei unserer Veranstaltung XYZ! Ich bin Maria Mustermann. Normalerweise bin ich Projektmanagerin in der ABC-Abteilung der Beispiel AG, doch heute moderiere ich für Sie unsere Veranstaltung. Ich freue mich darauf, und ich freue mich, dass Sie alle heute hier sind."

„Nun haben wir alle schon fünf Minuten auf den Referenten gewartet, er ist immer noch nicht da, und ich weiß im Moment auch nicht, warum er sich verspätet und wann er eintreffen wird. Ich kenne ihn als sehr gewissenhaften und verlässlichen Menschen. Ich hoffe nur, dass ihm nichts passiert ist, sondern dass ihn nur sein Navi falsch geleitet hat ..." (Regieanmerkung: Die Betonung liegt hier auf „wir alle" – das Publikum und Sie – damit schaffen Sie Verbindung, Sie sitzen ja alle in einem Boot beziehungsweise Konferenzraum!).

„Die meisten von Ihnen sind Kunden unseres Unternehmens. Das ist doch jetzt eine gute Gelegenheit, sich einmal untereinander kennenzulernen. Dazu werde ich einige von Ihnen interviewen. Ich denke, davon profitieren Sie alle." Nun müssen Sie sich Interviewpartner suchen. Dazu starten Sie ein kleines Spiel:

„Bitte helfen Sie mit, drei Personen aus Ihren Reihen als meinen ersten Interviewpartner auszusuchen. Finden Sie heraus:

- Wer ist am längsten Kunde oder Kundin unseres Unternehmens?
- Wer von Ihnen hatte wohl die weiteste Anreise?
- Wer von Ihnen ist der jüngste Kunde, die jüngste Kundin?

Nennen Sie mir bitte deren Namen."

Natürlich entsteht jetzt erst vielleicht ein wenig zögerlich, dann immer fröhlicher Gruppendynamik. Hin- und Rückfragen, Unterhaltung – das ist ja auch das geheime Ziel dieser Übung: Die Menschen tauschen sich aus, lernen sich kennen. Sie werden im positiven Fall sehr bald Namen erhalten – und mit denen beginnen Sie das Interview. Wenn Sie dabei noch nicht so routiniert sind, am besten mit jeweils einer Person und nicht mit allen dreien zusammen. Oder Sie befragen gleichzeitig die beiden Kunden mit der jeweils längsten und kürzesten Verbindung zu Ihrem Unternehmen und danach den mit der längsten Anreise.

Sollten Sie nach einiger Zeit jedoch keine Namen aus dem Publikum erhalten, müssen Sie selbst nachhelfen: „Bitte Hand heben: wer ist mehr als zehn Jahre Kunde, wer mehr als zwanzig, wer mehr als fünfundzwanzig …", bis am Ende eine Person übrig bleibt – entsprechend verfahren Sie bei den anderen Kriterien.

Sollte just in diesem Moment der Referent auftauchen, dann muss nun er warten: Das Publikum hat sich bei Ihrem Fragespiel beteiligt und einen Interviewpartner bestimmt. Jetzt ist es zu Recht neugierig und will hören, was der oder die Interviewten zu Ihren drei bis vier Fragen zu sagen haben. Kommt der Referent jedoch gar nicht, dann machen Sie so lange weiter, wie das Publikum buchstäblich noch mitspielt und beenden dann die Veranstaltung mit einem großen Dankeschön für das Engagement Ihres Publikums:

„… Danke für Ihr Engagement und Ihr Mitmachen. Sie hatten sicher ganz andere Erwartungen, als Sie vor etwa einer Stunde diesen Raum betreten haben. Ich muss allerdings zugeben: Ich auch. Ich will nachher gleich danach forschen, wo unser Referent eigentlich geblieben ist. Gleichzeitig hat es mir großen Spaß gemacht, diese Stunde mit Ihnen und mit Ihren Erlebnissen zu teilen. Ich habe viel daraus gelernt. Ich bedanke mich sehr für Ihre Offenheit, für Ihr Engagement und freue mich, wenn auch Sie viele Anregungen aus unserem Zusammensein mitnehmen können!"

Nun könnte man noch einfügen: „… und bleiben Sie unserem Unternehmen trotzdem weiter treu …". Doch das kann schiefgehen. Denn damit lenken Sie die Gedanken der Zuschauer noch einmal auf das Referenten-Missgeschick und darauf, über ihre Treue zum Unternehmen nachzudenken. Besser ist: „… ja, diese Veranstaltung ist tatsächlich ganz anders abgelaufen, als wir alle dachten. Aber gerade deshalb freue ich mich auf ein Wiedersehen mit Ihnen – und dann sogar mit einem Referenten!" Damit verstärken Sie die positive Stimmung, die Wertschätzung Ihrem Publikum gegenüber und betonen – durchaus mit ein wenig Selbstironie – noch einmal das „Wir-Gefühl" zwischen Ihrem Publikum und Ihnen.

Dieses Spiel mit Kunden geht natürlich nur bei ganz wenigen Events. Keinesfalls sollten Sie diese Art der Überbrückung vornehmen bei einer Produktpräsentation (siehe Abschn. 2.2) oder gar bei einer Unternehmenspräsentation (siehe Abschn. 2.5). Da sind die geladenen (!) Gäste ja Entscheider, Partner, Kreditgeber, Sponsoren und andere wichtige Persönlichkeiten. Sie erwarten, dass man sie bereits kennt, und sie werden sich zum Unternehmen ganz bestimmt nicht vor dieser Veranstaltung äußern, bei der sie neue und wichtige Informationen für ihre eigenen Entscheidungen erwarten.

Bei großen Events – als Musterbeispiel bietet sich wieder die Fachkonferenz/Tagung an – ist ein Kundeninterview natürlich auch gut denkbar. Allerdings weniger als Überbrückung einer Startverzögerung (dazu ist es noch zu früh, das Publikum ist noch ein wenig befangen – fremdelt), sondern eher zum Auftakt des Nachmittagsprogramms – oder zum Abschluss, wenn noch Teilnehmende einer Talkrunde gesucht werden.

Bei Events mit großem Publikum übernehmen allerdings Sie die Regie. Ihre Ansage in Richtung Publikum: „Für ein Kundeninterview suchen wir nun Gäste, die am längsten Kunde des Unternehmens sind, die es am kürzesten sind und die die weiteste Anreise haben. Heben Sie bitte eine Hand, wenn Sie seit mehr als zwanzig Jahren …". Der Ausleseprozess, der nun folgt, kann ja fast wie eine Versteigerung ablaufen: „… und wer bietet jetzt noch mehr …?"

9.2 Vorstellung der Nachbarn

Die gegenseitige Vorstellung von Nachbarn im Publikum wird von vielen Moderatoren oft als Lockerungseinheit zum Beginn großer Fachtagungen und Konferenzen eingesetzt. Damit sollen allzu förmliche Barrieren gelockert und das Fremdeln der Zuschauer untereinander höflich und mit allem gebotenen Respekt reduziert werden. Denn neben den Vorträgen sind ja die Kontakte untereinander das Wichtigste bei einem Kundenevent. Also können Sie mit dieser Übung auch starten, ohne extra auf eine Verzögerung/Panne (verspäteter Referent, nicht funktionierende Technik etc.) hinweisen zu müssen. Sie können dieses Element also auch in einem ganz normalen Ablauf einsetzen. Allerdings hier – im Gegensatz zum Interview mit Kunden – möglichst am Anfang. Es nutzt ja nichts, wenn die Sitznachbarn erst nach dem Mittagessen aufgefordert werden, sich kennenzulernen. Das haben sie bis dahin längst selbst erledigt. Für diese Interaktion der Nachbarn-Vorstellung planen Sie etwa eine gute Viertelstunde ein. Mit den einzelnen Befragungen können Sie diese Überbrückungs-Aktion noch ein wenig ausdehnen.

Die Publikums-Interaktion sollte den Veranstaltern genügend Zeit geben, technische Pannen zu beheben, den verspäteten Referenten eintreffen zu lassen beziehungsweise das gesamte Programm entsprechend umzugestalten. Über diese Verzögerungen oder Pannen – oder wenn sie bis dahin nicht behoben sind – können Sie das Publikum ja auch nach der Aktion noch informieren.

Geschickt ist es, nach Ihrer offiziellen Begrüßung und Vorstellung zuerst die Unternehmensführung auf die Bühne zu bitten, damit die ihrerseits das Publikum und die Ehrengäste begrüßen kann. Das ist nicht nur wegen der rituellen Rangordnung höflich, das bringt auch etwas mehr Zeitgewinn für die zwischenzeitliche Pannenbeseitigung. Wenn aber auch die Unternehmensführung noch nicht zur Verfügung steht, dann könnten Sie beispielsweise so beginnen:

Beispiel

Guten Tag und herzlich willkommen zum Kundenevent XYZ der Beispiel AG. Ich freue mich, dass Sie alle hier sind, Ihren Platz gefunden haben und nun gespannt sind auf das, was Sie während dieser Veranstaltung alles hören und sehen werden. Zuerst möchte ich mich vorstellen: Ich bin Maria Mustermann, Projektmanagerin in der ABC-Abteilung der Beispiel AG, und habe heute das besondere Vergnügen, Sie als Moderatorin durch den heutigen Tag zu führen.

Über die Vorträge und ihre Referenten haben Sie sich bestimmt schon vorab im Programm oder in der Einladung informiert. Doch über Sie selbst, für die wir diesen Tag ja veranstalten, wissen Sie meist nichts außer den Namen auf der Gästeliste. Das wollen wir ändern. Lernen Sie sich jetzt kennen! Zumindest Ihre direkten Nachbarn im Saal. Umso interessanter werden dann Ihre Gespräche in der Pause verlaufen.

Nun geben Sie die Anweisung, dass sich die Zuschauer gegenseitig vorstellen:

- Namen
- Anreise aus …
- Firma/Beruf
- Familie
- Freizeit
- Grund für den Besuch der Veranstaltung

Dazu lassen Sie das Publikum Pärchen bilden: Die Gäste der Reihe 1 (senkrecht) stellt sich der Reihe 2 vor, die der Reihe 3 der der Reihe 4 und so weiter und dann umgekehrt, siehe auch Abb. 9.1. Es wird ein wenig dauern, bis sich auch die letzten der Zuhörenden im Saal einigermaßen gruppiert haben, denn

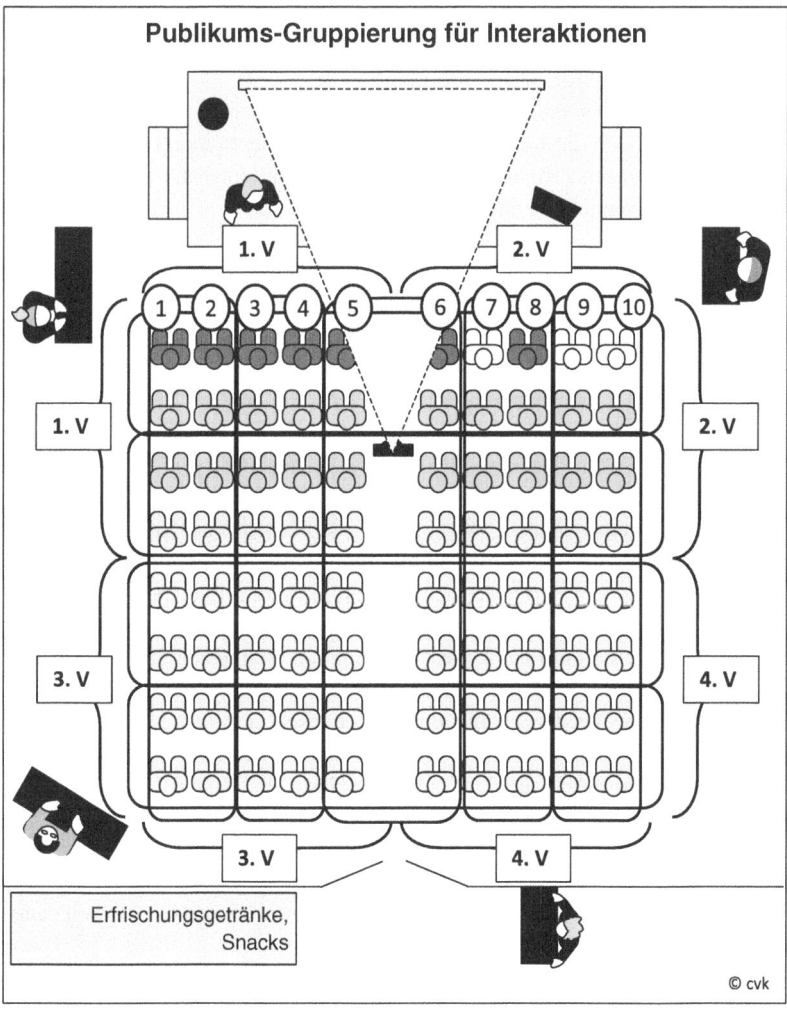

Abb. 9.1 Aufteilung des Publikums für Interaktionen: Zweierreihen waagrecht und senkrecht und Einteilung in vier Viertel

es dürfte nicht jeder Stuhl besetzt sein, was ein paar kleine Findungsprobleme der Zuhörenden mit sich bringt.

Sie beobachten das eine Weile. Wenn Sie das Gefühl haben, die Vorstellungen verlaufen erfolgreich, dann die nächste Order: „Nun stellen sich die Gäste der Reihe 2 denen der Reihe 3 vor, die Reihe 5 denen der Reihe 6 und so weiter und umgekehrt. Die Gäste der Reihen 1 und 10, die nun ohne gesprächsbereiten Nachbarn sind, zählen inzwischen die im Saal Anwesenden …“ (oder Sie geben denen einen anderen Auftrag).

Je nachdem, wie munter das Gespräch läuft, können Sie nun auch dazu auffordern, dass sich die Gäste der ersten Reihe waagrecht (der 3., 5. usw. – also alle mit ungeraden Ziffern) umdrehen und mit den hinter ihnen Sitzenden die gegenseitige Vorstellung durchführen.

Wenn Sie nun feststellen, dass die Gespräche allmählich wieder versiegen und vorher einige Gäste der linken (oder ganz rechten) Reihe aufgestanden waren, um beim Zählen, die notwendige Übersicht zu gewinnen, könnten Sie ja mit dem Mikrofon mal zu den ganz links Sitzenden gehen und die eine oder andere, die sichtbar stehend gezählt haben, mal fragen: „Guten Tag, Sie sind Herr/Frau … (Namensschild des Gastes ablesen). Wie viele Anwesende haben Sie gezählt?“ Sie fragen drei weitere, dann an alle: „Wer bietet mehr?“ – Gut wäre, wenn Sie bis dahin vom Counter schon die genaue Zahl der Anwesenden haben und das Endergebnis mitteilen könnten. Wenn nicht: „Herzlichen Dank an die Damen und Herren mit dem Zahlenblick, Sie waren wirklich gut. Unsere Kolleginnen und Kollegen am Empfang sind noch nicht so weit mit ihrem Endergebnis – aber die wollen es eben ganz genau wissen …“

Dann werden Sie mit dem Mikrofon durch den Saal gehen und drei bis fünf Gäste fragen, was sie denn über ihre Nachbarin oder Nachbarn erfahren haben. Danach gehen Sie wieder auf die Bühne, bedanken sich fürs Mitmachen beim Publikum, stellen nun eine lockere und fröhliche Stimmung im Saal fest und fassen vielleicht die Aussagen der befragten Gäste zusammen. Jetzt können Sie mit Ihrer Überleitung zur Anmoderation des ersten Referenten beginnen. Möglicherweise verzichten Sie aber auch auf Ihre liebevoll erarbeitete Überleitung und beginnen direkt mit der Anmoderation des Referenten, um die Zeit der Verzögerung wieder aufzuholen und/oder, weil das Publikum schon aufgeschlossen genug ist und nun ungeduldig auf den ersten Vortrag wartet.

Wenn für diese Interaktion des gegenseitigen Vorstellens kein Zeitpuffer im Programm vorgesehen war und/oder Sie sich wegen einer Startverzögerung kurzfristig dafür entschlossen haben, müssen Sie nun noch das ankündigen: „Liebes

Publikum, dieses gegenseitige Kennenlernen war uns allen wichtig und Sie haben das auch ausgiebig genutzt. Wir werden deshalb …" (den nachfolgenden Referenten bitten, sich ein wenig kürzer zu fassen/die Pause ein wenig verkürzen/alle weiteren Vorträge heute Vormittag zehn Minuten später beginnen lassen, aber zum Nachmittag wieder pünktlich starten …).

9.3   Klatsch, Klatschklatsch, Hurra, Juhu!

Schließlich noch eine dritte Publikums-Interaktion, die allerdings hart die Grenze zur Überforderung zunächst sehr seriös und reserviert auftretender Geschäftsleute tangiert. Sie eignet sich zu Beginn eines großen Kundenevents nur dann, wenn die Interaktion „Vorstellung der Nachbarn" schon stattgefunden hat und Sie unbedingt noch zehn Minuten brauchen, um eine Startverzögerung zu überbrücken. Oder – wenn das Publikum schon einen halben Tag zusammen und gut gelaunt ist – nach der Mittagspause zur Belebung vor dem Nachmittagsprogramm. Denn – kleine Nachbesserung zur Bemerkung zuvor: Natürlich sind auch und gerade seriöse Kunden und Geschäftspartner Menschen, die viel Spaß haben wollen und dabei extrovertiert auch kräftig mitmachen. Allerdings bevorzugen sie dabei mehr als beispielsweise pädagogisch Interessierte eine vertraute Umgebung, in der sie etwa unter Gleichgesinnten sind. Also diese Interaktion behutsam einplanen, aber dann ohne Zögern angehen!

In kleineren Events lohnt sich die nachfolgend beschriebene Interaktion eher nicht – sie kostet Zeit, und für einen richtigen Klamauk sind zu wenige Gäste im Saal. Denn viele Gäste im Saal brauchen Sie, damit diese Interaktion überhaupt etwas bewirkt. Ziel dieser Interaktion ist es, das Publikum zu einer rhythmischen Sinfonie zu bewegen. Dabei geht es für die Teilnehmenden darum, sich einerseits nicht aus dem Takt bringen zu lassen (sich also zu konzentrieren), gleichzeitig auf andere zu hören und drittens eine Körper-stimulierende Aktion durchzuführen, um schließlich mit allen gemeinsam ein harmonisches Ganzes aufzuführen. Aus dieser Perspektive eigentlich eine ganz gute Übung, die Teilnehmenden konzentriert im Hier und Jetzt zu versammeln, Emotionalität zu fördern und den Kreislauf in Schwung zu bringen. Und so geht es:

Beispiel

Sie teilen das Publikum in zwei Hälften. Die eine Publikumshälfte sind die Zuschauer, die links vom Mittelgang sitzen, in der anderen Publikumshälfte sitzen die Zuschauer rechts vom Mittelgang. Die Zuschauer in der linken

Hälfte müssen nun gleichzeitig im Takt in die Hände klatschen, wenn Sie „1" zählen. Sie zählen: „eins – zwei – drei – vier". Und jetzt alle auf der linken Seite: „Eins/klatsch – zwei – drei – vier. Eins/klatsch – zwei – drei – vier …" Jetzt kommt die rechte Hälfte ins Spiel: Die klatscht zweimal bei „drei". Also: „Eins – zwei – drei/klatschklatsch – vier …" – Nach zwei Probedurchgängen sollte das klappen. Jetzt beide Hälften zusammen: „Eins/klatsch – zwei – drei/klatschklatsch – vier. Eins/klatsch – zwei – drei/klatschklatsch – vier …"

Nächste Steigerung: Das Publikum wird nun noch einmal geteilt – und zwar quer, sodass es nun vier Publikumsviertel ergibt (siehe Abb. 9.1). Die beiden vorderen Viertel (in der Abb. 9.1 bezeichnet mit „1.V" und „2.V") behalten ihr Klatschen bei (auf „1" ein Klatschen, auf „3" zwei Klatscher), die beiden hinteren Publikumsviertel bekommen nun andere Aufgaben: Das linke hintere Viertel (in der Abb. 9.1 „3.V") ruft bei „2" laut „Hurra!" – das proben Sie ein paar Mal. Das rechte hintere Viertel (4.V) ruft auf „4" laut „Juhu!" – auch da sollten Sie zwei bis drei Probeläufe starten. Zusammen ergibt sich dann folgende Sinfonie: „eins/klatsch – zwei/Hurra! – drei/klatschklatsch – vier/Juhu" Wenn das einigermaßen funktioniert, können Sie allmählich den Takt steigern (schneller zählen), bis irgendwann alles im Chaos mündet. Ende der Übung.

Weitere Möglichkeit einer Steigerung: Sie stellen nach kurzer Zeit fest, dass das Zusammenspiel bei dieser Publikums-Sinfonie schon ganz gut klingt, fast alle Teilnehmenden engagiert dabei sind, ihren Rhythmus halten und sich dabei Fröhlichkeit in den Gesichtern abzeichnet. Nun wird's noch einmal schwieriger: „Danke, das klingt toll, ich bin begeistert! Und ich sehe, auch Sie sind alle fröhlich dabei. Können wir das noch steigern? Immer dann, wenn Sie klatschen oder ‚Hurra' beziehungsweise ‚Juhu' rufen, stehen Sie kurz auf. Ich gebe den Takt vor …"
Und dann wird's lustig.

Nun, allzu lange werden die Zuschauer das nicht durchhalten. Mehrfach schnell aufzustehen und dabei auch noch zu klatschen oder etwas zu rufen erfordert Konzentration und stresst den Kreislauf. Also brechen Sie die Übung möglichst bald wieder ab. Fünf bis sieben Takte/Durchgänge sollten einigermaßen stabil möglich sein, dann aber wird das Engagement schnell nachlassen und das Chaos zunehmen.

Aber gut: Fast alle haben mitgemacht, haben sich konzentriert und körperlich angestrengt, haben gelacht und sind jetzt wohl ein wenig außer Puste. – Sie haben nun ein völlig entspanntes und auf das Hier und Jetzt konzentriertes Publikum, das Sie dem nächsten Referenten wie ein Geschenk anbieten können …

Publikums-Interaktionen hilfreich, nicht immer sinnvoll

Mit Interaktionen im Publikum lassen sich Startverzögerungen gut überbrücken. Gleichzeitig helfen Interaktionen im Publikum der Moderation, das Publikum bei Laune zu halten und eine positive und angenehme Stimmung in der Veranstaltung zu erzeugen. Aber Achtung: Nicht alles, was etwa bei Weiterbildungsveranstaltungen zur spielerischen Publikums-Animation aufgeboten wird, eignet sich auch für Kundenevents. Hier sollte sehr sorgsam darauf geachtet werden, bei welchem Event wann welche Publikums-Interaktion überhaupt Sinn macht.

Moderationsphasen

10

▶ In diesem Kapitel werden die wichtigsten Phasen einer Moderation in einzelnen Abschnitten dargestellt, die klassischen Fallen während der Moderation beschrieben und Tipps gegeben, wie man sie elegant vermeiden kann. Dabei geht es vor allem um die innere Einstellung der Moderatoren als Anwälte des Publikums bei guten und weniger guten Referenten. Diese Einstellung drückt sich vor allem in der Körpersprache und im Positionswechsel der Moderatoren auf der Bühne aus und erst in zweiter Linie mit dem, was gesagt wird. Auch dafür bietet dieses Kapitel Anregungen. Der Start ist geglückt, die Veranstaltung beginnt!

10.1 Mobiltelefone, Smartphones und mehr

Die Veranstaltung hat begonnen. Sie haben das Publikum begrüßt und sich selbst vorgestellt. Es folgen die organisatorischen Hinweise (Programm, Gästeliste, Pausen, Catering, Give-aways …). Und dann stellt sich unweigerlich die Frage: Wie soll man bei der Nutzung von Mobiltelefonen, Smartphones und ähnlichen elektronischen Kommunikationswerkzeugen im Saal vorgehen? Einfach ignorieren, weil diese Dinger ja heute sowieso zu jeder, aber wirklich jeder Gelegenheit in Aktion sind? Weil das heute gar niemand mehr aufregt? Oder stört die Bedienung dieser Geräte bei Veranstaltungen immer noch? Und wenn ja, wie die Benutzung wirksam unterbinden?

Natürlich kann man die Zuschauer schlicht und einfach bitten, auf elektronische Kommunikation während der Veranstaltung zu verzichten – ebenso auf Fotos

© Springer Fachmedien Wiesbaden 2016
C. von Kutzschenbach, *Kundenevents – richtig gut moderiert!*,
DOI 10.1007/978-3-658-13100-5_10

oder Videomitschnitte, weil die zu Aufnahmezwecken hoch gehaltenen Smartphones anderen Zuschauern Sicht und Aufmerksamkeit nehmen (für „Selfies stehen die Referenten gern in der Pause zur Verfügung"). Aber die Frage bleibt, ob man das nicht ein wenig eleganter machen kann …

Besonders hilflos erscheinen in diesem Zusammenhang allerdings bemüht witzige Moderationsansagen wie: „… ich sage dann an, wann Sie Ihre Mobiltelefone wieder einschalten können …" (Was bei einigem Nachdenken voraussetzt, dass man sie vorher ausgeschaltet hat – haha). Also dieser Spruch entlockt nur müdes Lächeln.

Einmal grundsätzlich überlegt: Warum stört eigentlich die Nutzung von Smartphones in Veranstaltungen? Es steht doch jedem frei, dem Vortrag zuzuhören oder lieber Mails, Twitter- oder Facebook-Beiträge oder was auch immer zu lesen und zu senden und dafür vielleicht dem Vortrag weniger Aufmerksamkeit zu schenken … Der Grund für den Störfaktor der elektronischen Kommunikation ist ein ganz anderer. Wenn jemand pausenlos mit seinem Smartphone zugange ist, wertet er damit nicht nur den Vortrag und das Interesse des dem Vortrag folgenden Nachbarn für diesen Vortrag ab, er kommuniziert gleichzeitig mit irgendwem, der gar nicht im Raum ist. Und das ist es, was andere unbewusst stört: Die Kommunikation mit einem Abwesenden. Was wird da an wen gerade gepostet oder gemailt? Verrat!

Verrat an der Gemeinschaft der zuhörenden Anwesenden, die sich gerade im Saal gebildet hat. Da macht gerade jemand sein eigenes Ding mit einem, der hier gar nicht mitmacht. Unfair, geht nicht! Offensichtlich ist diese Regung ein tief in uns verwurzeltes Erbe unserer urzeitlichen Vorfahren. Stellen Sie sich einmal vor, da sitzen Vertreter eines steinzeitlichen Stammes im Kreis und beraten. Einer spricht, die anderen hören zu, hin und wieder gibt es vielleicht auch hitzige Wortgefechte. Aber einer von denen, die da im Kreis herum sitzen, beteiligt sich nicht an der Diskussion und murmelt hin und wieder kaum hörbar mit einem Blick ins Nirgendwo etwas vor sich hin. Vielleicht ist dieser Mensch plötzlich geistesgestört: „Hast du gerade Kontakt mit den Göttern, was verkünden sie dir?", wird der Magier des Stammes vielleicht noch begütigend fragen. Denn dieser nicht erklärbare Dialog (mit Geistern?) schürt das Misstrauen und die geheime Furcht aller anderen … diese Sitzung dürfte mit einem unguten Gefühl geendet haben.

Ganz anders stören uns dagegen zwei Menschen, die sich während der Versammlung leise miteinander unterhalten. Doch diese Störung können wir mit einem kritischen Blick oder einer entsprechenden Bemerkung unterbinden, wenn ein paralleles Zweiergespräch zu lange dauert und zu lange die eigene Aufmerksamkeit ablenkt.

Doch gegen die elektronische Kommunikation eines Anwesenden mit einem Nichtanwesenden sind wir machtlos, dagegen hatte der olle Knigge nichts in seinen Etiketteregeln notiert. Es sei denn, so eine Etiketteregel wird nun verkündet. Dann gilt sie und ein Verstoß dagegen zieht mindestens die Missbilligung der Anwesenden mit sich. Also ist nun doch eine Ansage der Moderatoren notwendig:

„Bitte stellen Sie jetzt die auch die elektronische Kommunikation mit Ihren Handys, Smartphones und ähnlichen Geräten ein. Denn damit stören Sie Ihre Nachbarn, die das ablenkt und die darüber hinaus nervös werden, weil sie ja nicht wissen, mit wem Sie da worüber kommunizieren. Diese Unsicherheit und das Misstrauen beim Mithören von Gesprächen, bei denen man den anderen Gesprächspartner weder hört noch sieht, ist übrigens ein alter, archaischer Reflex unserer Steinzeitvergangenheit. Ich hoffe, Sie haben Verständnis dafür und auch ein wenig Respekt vor unserem evolutiven Erbe. Nutzen Sie deswegen Ihre elektronischen Kommunikationsgeräte bitte nur in der Pause."

Nun ja, diese Begründung ist vielleicht ein wenig weitschweifig und gewagt. Gleichzeitig bieten Sie damit aber eine Erklärung an für eine Alltagssituation, die bei sehr vielen Menschen unbewusst eine kleine innere Verärgerung auslöst. Jetzt geben Sie ihnen eine Vorstellung, warum das so sein könnte. Das ist so gesehen auch wieder nicht schlecht.

Doch nun müssen Sie über Ihre interne Kommunikation über SMS oder Apps informieren:

„Ausgenommen von dieser Bitte sind die Mitarbeiter, die für den guten Ablauf dieser Veranstaltung zuständig sind. Wenn Sie beobachten, dass wir unsere Mobiltelefone oder Smartphones bedienen, dann benachrichtigen wir uns beispielsweise über das Eintreffen von Referenten, notwendige Änderungen bei Präsentationen, aber auch über die pünktliche Bereitstellung von Snacks zur Pause, damit wir dabei nicht jedes Mal von einer Ecke des Saale zur anderen oder zum Counter am Empfang laufen müssen und Sie dabei stören."

Damit sollte alles gesagt sein.

Nach der Information über die notwendige elektronische Kommunikation unter den Mitwirkenden bietet sich auch eine andere, ganz elegante Variante an, das Publikum zum Verzicht auf die Nutzung elektronischer Kommunikationsmittel zu bewegen: „Jetzt stellt sich für uns alle noch die Frage, wie wir es während der Vorträge mit Empfangen und Senden von E-Mails und anderen elektronischen Kommunikationsmedien halten. Gehe ich recht in der Annahme, dass sich die meisten von Ihnen davon gestört fühlen?" Dann machen Sie eine kleine Pause und nicken kaum merklich mit dem Kopf, Ihre Frage insgeheim selbst beantwortend. Daraufhin werden Sie sehen, wie einige Zuschauer nun ebenfalls leise bejahend nicken und auf diese Weise zustimmen. Ihre Schlussfolgerung: „Ich sehe, dass auch Sie das so empfinden. Also bitte ich Sie alle recht herzlich, Ihre elektronischen Kommunikationsmittel während der Vorträge auszuschalten."

Schließlich noch ein Nachsatz: „… Es sei denn, jemand von Ihnen hat Rufbereitschaft. Ist jemand unter Ihnen, dessen Handy oder Piepser auf Empfang bleiben muss, damit er im Notfall schnell reagieren kann? Bitte mal aufzeigen!" Wenn sich niemand meldet: „Ich sehe niemanden, der auf Empfang bleiben muss, nun können wir uns ungestört dem Programm zuwenden …". Wenn aber ein oder zwei Zuschauer tatsächlich die Hände heben, dann bitten Sie diese, in der Stuhlreihe nahe dem Ausgang Platz zu nehmen, damit sie schnell und ungehindert die Veranstaltung verlassen und zu ihrem Notfall eilen können.

▶ **Richtig:** Mit dieser deutlichen Bewegung im Raum, die durch die Umbesetzung der Zuschauer mit Rufbereitschaft entstanden ist, ist gleichzeitig Ihre Bitte/Forderung nach Abschaltung der elektronischen Medien im Publikum tatsächlich (!) bestätigt und bekräftigt worden.

Wer jetzt noch meint, Mails empfangen oder versenden zu müssen, hat's gegenüber allen anderen schwer. Besser konnten Sie es nicht machen!

10.2 Anmoderation

Jetzt endlich haben Sie freie Bahn für Ihre Moderation der Veranstaltung. Idealerweis haben Sie noch vor Ihren organisatorischen Hinweisen den oder die Vertreter/Vertreterin der Unternehmensleitung angesagt („mit einem herzlichen Applaus begrüßen wir nun …!") und ihnen für deren Begrüßung die Bühne überlassen. Nun können Sie also mit Ihrer vorbereiteten Überleitung (Kap. 4) die Zuschauer allmählich mental einfangen und auf die Anmoderation des ersten Referenten zusteuern.

Was nun folgt, ist ein mehrfacher Stellungswechsel auf der Bühne.

Sie haben schon vom Start weg Augenkontakt mit dem Publikum aufgenommen, immer wieder neu hergestellt und spüren, wie Ihnen das Publikum folgt. Mit Ihren Positionen auf der Bühne und mit Ihrer Körpersprache unterstützen Sie nun den inhaltlichen Prozess.

Chef-Auftritt

Diese nonverbal unterstützenden Prozesse sind bei allen Referenten-Ankündigungen in etwa gleich. Beim Auftritt der Unternehmensführung erweist sich jedoch eine verkürzte Variante Ihres Auftritts als sinnvoll. Denn im Gegensatz zu den Referenten müssen der Chef oder die Chefin nicht ausführlich vorgestellt werden, man kann davon ausgehen, dass sie bekannt sind. Eine weitere Besonderheit kommt dazu: In unserer angenommenen idealen Raumaufteilung kommt der Chef/die Chefin auf Ihrer Seite auf die Bühne (Referenten kommen demzufolge von der gegenüberliegenden Seite). Das sind gute Gründe, den Chef-Auftritt einmal detailliert in allen Phasen darzustellen.

Für den Auftritt der Unternehmensführung (den Chef) stehen Sie – wie immer, wenn Sie allein auf der Bühne sind – vorn in der Mitte der Bühne, in Position (1), Abb. 10.1. Dabei wird beispielhaft – und für alle weiteren Fälle in diesem Kapitel – angenommen, dass der Beamer steil justiert, dass er ausgeschaltet oder die Präsentation unten abgedunkelt ist, sodass Sie in der Position (1) nicht von der Projektion des Beamers erfasst werden (siehe auch Abschn. 6.1). Sollte das alles nicht möglich sein (etwa in kleinen Räumen ohne Bühne), vollzieht sich alles neben der „No-go-Area" der Beamer-Projektion (siehe auch Abb. 6.2). Wegen der einfacheren Darstellung bleiben wir aber bei der idealen Situation, dass Sie die Bühne ungeblendet für Ihre Aktionen nutzen können.

Kurz bevor Sie den Chef ankündigen, geben Sie ihm mit Augenkontakt und Nicken ein Zeichen, dass er sich vom Platz in der ersten Reihe erheben und nun

Abb. 10.1 Moderatorin kündigt kurze Begrüßung durch Chef an. Sie steht der Mitte der Bühne (1) – Projektor ist steil justiert oder ausgeschaltet. Chef hat Sitzplatz verlassen und geht in Richtung Bühne (2)

zu Ihnen auf die Bühne kommen kann. Wenn Sie sehen, dass er sich auf den Weg macht (2), stellen Sie ihn vor. Beispiel: „Mit einem herzlichen Applaus begrüßen wir nun den Gastgeber unserer heutigen Veranstaltung XYZ, Herrn Dr. Hans Hansen, den Vorstandsvorsitzenden der Beispiel AG!"

Perfektes Timing ist es, wenn der Chef genau in dem Moment, in dem er die Bühne betritt, (Position (3) in Abb. 10.2) vom Publikum mit Beifall empfangen wird. Dazu animieren Sie das Publikum, indem Sie selbst anfangen zu klatschen, sobald der Chef auf die Bühne kommt, und gleichzeitig einen kleinen Schritt zur Seite und etwas nach hinten gehen, um dem Chef Platz zu machen (4). Sie stehen nun leicht seitlich mit Blickkontakt zum Chef und dennoch nicht ganz vom Publikum abgewendet.

Die nächste Phase dauert nur Sekunden, ist aber wichtig (Abb. 10.3). Sie warten auf jeden Fall, bis der Chef Sie auf der Bühne erreicht hat, der Ihnen nun – idealerweise ebenfalls leicht seitlich zum Publikum – gegenübersteht. Sie nennen nun noch einmal mit Blick ins Publikum und einer kleinen Vorstellungsgeste in seine Richtung: „Herr Dr. Hans Hansen!" (Positionen (5) in Abb. 10.3). Dann ein kurzer Augenkontakt mit dem Chef, kleine angedeutete höfliche Verbeugung beider und Ihr Abgang.

▶ Übergabe nur mit Augenkontakt! Wichtig ist der nur ein bis zwei Sekunden dauernde Augenkontakt und die kleine Verbeugung, bevor der Chef beginnt und Sie gehen. Denn das wirkt für das Publikum gewissermaßen wie die Übergabe eines Staffelstabes.

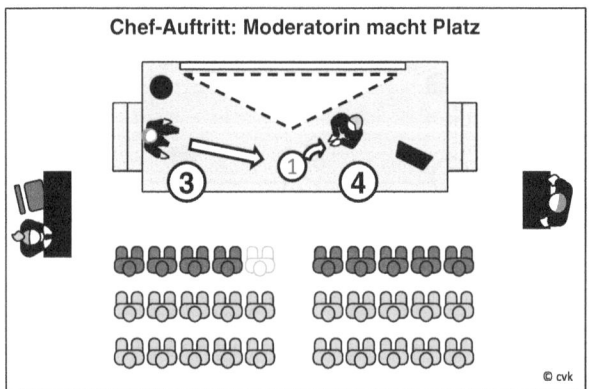

Abb. 10.2 Chef betritt die Bühne (3), Moderatorin geht einen kleinen Schritt aus der Mitte nach rechts, um dem Chef Platz zu machen (4): „Mit einem herzlichen Applaus begrüßen wir nun …"

Abb. 10.3 Schließlich stehen sich Moderatorin und Chef gegenüber, Augenkontakt, kurzes Zunicken (5). Damit übergibt die Moderatorin dem Chef formell die Bühne. Sie wendet sich noch einmal kurz ins Publikum, sagt mit einer kleinen Vorstellungsgeste in Richtung Chef seinen Namen – und geht mit einer leichten Verbeugung ab

Damit wird eindeutig klar, dass Sie Ihr Rederecht und die Führung der Veranstaltung nun an den Chef übergeben und dass dies einvernehmlich geschieht. Die Bedeutung solcher winzigen Augenblicke wird sofort deutlich, wenn wir uns mal vorstellen, dass sie unterbleibt: Chef kommt dynamisch mit Siegerlächeln auf die Bühne, hat nur das Publikum vor Augen und würdigt die Moderatorin keines Blicks. Die verzieht sich schmollend und grußlos in den Hintergrund der Bühne. Aua!

▶ **Tipp:** Bitte besprechen Sie vorher mit allen Referenten, Chefs und weiteren Darstellern, dass sie erst zu sprechen anfangen und Kontakt mit dem Publikum herstellen, nachdem (!) diese kleine „Staffelstab-Übergabe" mit Ihnen stattgefunden hat. Erst damit geben Sie Referenten, Chefs und weitere Darstellern grünes Licht für ihren Start!

Der Chef nimmt nun die Position vorn in der Mitte der Bühne ein (Position (6) Abb. 10.4) Sie gehen nun hinter dem Chef vorbei in Richtung linke Bühnenseite (7) … und wohin dann? Das muss vorher abgesprochen werden. Vermutlich (hoffentlich!) wird der Chef nun nicht zu einer längeren Ansprache ansetzen, um insgeheim den späteren Rednern die Show stehlen zu wollen (nach dem Motto „Ich bin hier das Alphatier!"). Wenn das tatsächlich so sein sollte und auch im

Abb. 10.4 Chef nimmt die Mitte der Bühne ein (6), Moderatorin geht hinter dem Chef vorbei zum Abstelltisch für Moderatoren im Hintergrund der Bühne (7)

Programm eine längere Rede der Unternehmensführung vorgesehen ist, bleibt Ihnen nur der Weg von der Bühne herunter zu Ihrem Moderationstisch.

Angenehmer und üblicher ist jedoch, dass der Chef lediglich eine mehr oder weniger launige und kurze Begrüßung des Publikums und der Ehrengäste vornimmt. In diesem Fall ziehen Sie sich einfach in den Hintergrund der Bühne zurück und warten dort am kleinen Ablagetisch für Moderatoren das Ende der Chef-Rede ab. Zwei wichtige Regeln werden in dieser Szene deutlich, die auch für weitere Moderationsphasen gelten:

Zwei Regeln für Begrüßung und andere Moderationsphasen
1. **Niemals vor dem Referenten vorbeigehen!** Gehen Sie niemals vor einem Referenten vorbei, sondern stets hinter ihm. Diese Regel gilt eisern! Auch, wenn Sie dabei kurzfristig doch vom Licht des Beamers erfasst werden, das müssen Sie riskieren. Lediglich dann, wenn Sie als Moderations-Pärchen auftreten, darf und soll die Dame vor dem Herrn vorbei gehen. Bitte üben Sie nach dieser Regel auch den Auftritt in kleinen Räumen (siehe Abb. 6.3): Ihr Abgang erfolgt dann seitlich. Und wenn auch das nicht geht, testen Sie, ob Ihnen der Sprecher genug Platz lässt, dass Sie bequem zwischen ihm und der Rückwand des Raumes vorbei gehen können.

2. **Nicht arbeitslos auf der Bühne bleiben!** Vermeiden Sie lange Steh-
pausen auf der Bühne, wenn Sie als Moderatorin/Moderator gerade
arbeitslos sind. Das gilt auch für alle anderen Personen auf der Bühne:
keiner darf da wie abgemeldet herumstehen! Das Publikum wird nämlich nicht nur den Referenten beobachten, sondern hin und wieder auch
die andere Person auf der Bühne. Und zwar gerade dann, wenn der
Referent unglücklich agiert, langweilt oder anderweitig den Erwartungen des Publikums nicht gerecht wird: Nun wird sich das Publikum an
der anderen, auf der Bühne sichtbaren Person orientieren – wie ist deren
Einstellung zu dem, was der Referent gerade von sich gibt …

Besonders gilt die kritische Beobachtung den Moderatoren. Sie sind ja der Vertreter des Publikums, der erste Zuschauer. Ihre Einstellung gibt die allgemeine Stimmung vor. Und da ist es sehr, sehr schwer, im Blickpunkt des Publikums ständig
aufmerksam und konzentriert dem Redner zu folgen und an manchen Stellen
sogar Begeisterung zu heucheln. Nein – Sie brauchen bei längeren Auftritten
Ihre unbeobachtete mentale Pause (Sie müssen ja gleichzeitig noch viele andere
Sachen bedenken). Also besser runter von der Bühne, raus aus dem Blickfeld der
Zuschauer, wenn eine Ansprache länger als fünf Minuten dauern soll.

Für eine kurze Chefbegrüßung lohnt es sich jedoch nicht, zum Moderationstisch zu gehen. Das bringt dann auch wieder zu viel Unruhe in kurzer Zeit. Also
bleiben Sie auf der Bühne. Und wenn die Ansprache entgegen der Absprache viel
länger wird (und noch dazu wenig prickelnd)? Dann wird's mentale Schwerar-
beit, dann müssen Sie auf der Bühne bleiben und buchstäblich gute Miene zum
bösen Spiel machen. Denn während einer Ansprache ohne triftigen und für alle
im Saal einsehbaren (!) Grund die Bühne zu verlassen, geht gar nicht!

Letzte Szene in diesem Akt: Chef-Abgang (siehe Abb. 10.5). Auch hier ist
wieder perfektes Timing angesagt. Sobald der Chef geendet hat, kommen Sie ihm
Beifall klatschend entgegen (8). Chef nimmt inzwischen noch Beifall des Publikums entgegen. Sie warten mit ein wenig Abstand. Chef wendet sich dann dem
linken Bühnenrand zu und geht ab, Sie gehen an ihm vorbei – aber nicht ohne
freundlichen Augenkontakt und Kopfnicken – Sie wissen schon: Damit übergibt
der Chef die Regie auf der Bühne wieder an Sie. Sie gehen weiter zu Ihrer alten
Moderationsposition vorn auf der Bühne – und weiter geht's. Sie beginnen zu
sprechen, sobald der Chef die Bühne verlassen hat. Nicht vorher! Andererseits
müssen Sie auch nicht warten, bis er seinen Platz im Publikum wieder eingenommen hat.

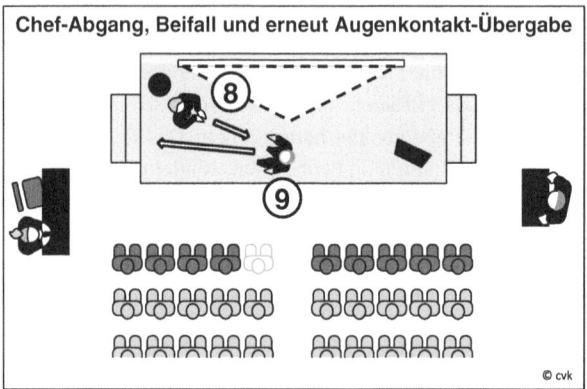

Abb. 10.5 Chef ist mit Ansprache fertig, Moderatorin kommt ihm Beifall klatschend entgegen (8), kurzer Augenkontakt und Nicken, kurz bevor sie beide aneinander vorbei gehen (9) (damit haben Sie wieder die Regie auf der Bühne), Moderatorin nimmt wieder ihre alte Position vorn in Bühnenmitte ein

Referenten-Anmoderation

Die Anmoderation der Referenten läuft etwas anders ab. Denn Referenten müssen dem Publikum ausführlich vorgestellt werden, und sie sitzen normalerweise auf der den Moderatoren gegenüber liegenden Seite. Das Timing ist hier noch wichtiger als beim Chef-Auftritt, gleichzeitig weniger peinlich, wenn es nicht hundertprozentig klappt.

Die mentale Startrampe für den Referenten!

Also beginnen Sie mit der Vorstellung des Referenten vorn, in der Mitte der Bühne (Position 1 in Abb. 10.6). Sie sprechen über seine Verdienste, warum er als Referent zu diesem Kundenevent eingeladen wurde (zitieren dazu vielleicht einen lobenden Ausspruch des Veranstalters), geben einen kurzen Abriss über seinen Lebenslauf und verraten, listigerweise zum Publikum gewandt, ein kleines Geheimnis: „Übrigens, wussten Sie, dass …" (siehe auch Abschn. 3.3). Kurzum, Ihr Job als Moderator oder Moderatorin ist es, jetzt den Referenten dem Publikum nahe zu bringen, sympathisch erscheinen zu lassen und ihm eine ideale mentale Startrampe für einen strahlenden Auftritt zu bauen.

Der Referent ist inzwischen von seinem Platz aufgestanden und wartet am Fuß der kleinen Treppe zur Bühne, bis er endlich auf die Bühne kann (Position 2). Achtung: Es kann gut sein, dass der Referent höchst ungeduldig und nervös

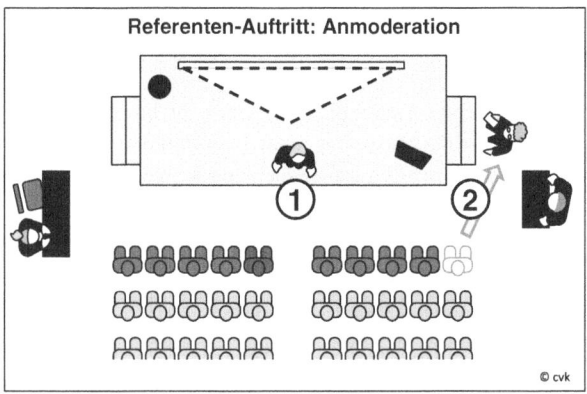

Abb. 10.6 Moderatorin steht in der Mitte und moderiert den Referenten an (1). Der hat sich inzwischen schon von seinem Platz erhoben und wartet am Fuß der rechten Bühnentreppe (2)

oder übereifrig nicht vor der Bühne wartet, bis er wirklich drankommt, sondern, dass er gleich, nachdem sein Name gefallen ist, freudestrahlend zu Ihnen auf die Bühne stürmt. Was nun? Zwei Möglichkeiten:

1. Sie machen einfach mit Ihrem Text weiter und kümmern sich nicht um den aufgeregten Referenten.
2. Sie wenden sich zu ihm und sagen: „Herr Referent, Sie sind ja noch gar nicht dran! Ich wollte eben über Sie etwas erzählen – und über andere etwas erzählen (Blick ins Publikum) kann man doch nur, wenn die gerade nicht da sind – sorry" – und dabei richten Sie mit Ihrem breitesten Grinsen Ihren Blick wieder auf den armen Referenten. Der Referent wird dann ein wenig zurückzucken und auf Distanz gehen. Gut so. Wenn er aber Anstalten macht, die Bühne wieder zu verlassen, halten Sie ihn zurück: „Nun bleiben Sie schon hier – so schlimm wird's ja nicht" und fahren mit Ihrem Text fort.

Fragen während des Vortrags
Bevor Sie jedoch den Referenten aus seiner Warteposition erlösen, geben Sie noch einen wichtigen Hinweis: „Wir haben nach dem Vortrag noch ein wenig Zeit für Fragen an den Referenten vorgesehen. Bitte machen Sie sich ruhig während des Vortrags Notizen für Ihre Fragen im Anschluss." Damit haben Sie zumindest einen hoffnungsvollen Versuch gestartet, während des Vortrags Unterbrechungen

durch Fragen zu vermeiden. Und damit haben Sie auch dem Referenten noch einmal einen Wink gegeben, das Publikum nicht noch jovial und gönnerhaft zu Fragen aufzufordern.

Die Gefahr durch Frage-Unterbrechungen besteht in großen Veranstaltungen allerdings kaum. Die große Masse des anonymen Publikums schüchtert einzelne Frager ein, die zudem ein Mikrofon brauchen, um sich Gehör zu verschaffen. Anders (und deshalb wichtiger) ist das bei einem überschaubaren Publikum. Da meint schon mal jemand, jetzt sofort eine Antwort auf eine ganz wichtige Frage bekommen zu müssen … mehr dazu später im Abschnitt „Störungen".

Endlich die Erlösung für den Referenten, wenn er Ihre Worte hört: „Und nun begrüßen Sie mit mir und mit einem herzlichen Beifall den Redner des folgenden Vortrags, Herrn …" Der kommt auch schon heran, Sie gehen ihm selbst Beifall klatschend auf der Bühne einen Schritt entgegen und gleichzeitig schräg nach hinten, sodass der Referent keinen weiten Weg hat und Sie nun nicht mehr ganz vorn am Bühnenrand stehen (siehe Positionen (3) und (4) in Abb. 10.7). Mit Ihrem kleinen Positionswechsel machen Sie deutlich, dass Sie nun nicht mehr an vorderster Front (buchstäblich) stehen, aber auch der Redner noch nicht seine endgültige Position eingenommen hat. Es ist gewissermaßen ein Zustand einer beiderseitigen Rücknahme vor dem nächsten Akt eingetreten.

Der Referent wird nun, wenn er ein wenig professionell unterwegs ist, dem Publikum ein Dankeschön für den herzlichen Empfang zurufen und Ihnen ein

Abb. 10.7 „Und hier ist er …": Moderatorin wendet sich zum Referenten, geht ihm einen kleinen Schritt schräg nach hinten entgegen (3) und klatscht. Der Referent hat sein Manuskript auf dem Rednerpult abgelegt und steht nun neben Moderatorin (4) – Übergabe der Bühne mit Augenkontakt und höflichem Nicken

Kompliment machen für die bezaubernde, charmante, liebenswürdige, ausgezeichnete, „mich sehr beeindruckende" ... Anmoderation. Wenn er weniger professionell aufgestellt ist, wird er sich mit einem „Hallo" ins Publikum begnügen oder, ein wenig burschikoser, „Hallo, hier bin ich!" Mehr sollte er an dieser Stelle aber nicht von sich geben (bitte besprechen Sie das mit den Referenten vorab), denn wenn er an dieser Position länger spricht, sind Sie einfach abgemeldet. Nicht so gut.

Deshalb möglichst schnell die schon aus dem Chef-Auftritt bekannte Übergabe einleiten: gegenseitiger Blickkontakt, kurze Verneigung und Ihr Abgang quer über die Bühne in Richtung Moderationstisch. Je nach Situation und Stimmung können Sie dem Referenten auch noch einmal die Hand drücken und ihm „Viel Erfolg!" wünschen. Das dürfen Sie natürlich auch ohne Händeschütteln. Der Vorteil dabei ist, dass Sie nun nicht nur nonverbal mit Augenkontakt und kleiner Verbeugung, sondern mit Ihrem Erfolgswunsch auch verbal den vollzogenen Regiewechsel auf der Bühne bestätigen und abschließen.

Vorher sollten Sie aber noch mit dem Referenten und dem Techniker abstimmen, ab wann genau die Präsentation des Referenten aufgespielt werden soll. Vorbildlich ist es, wenn während Ihrer Anmoderation bereits ein Standbild mit dem Namen und dem Vortragstitel des Referenten auf die Leinwand projiziert wird. Der richtige Zeitpunkt für das Aufspielen der Vortragsposition ist dann genau in dem Zeitpunkt, wenn der Referent zum Rednerpult geht und Sie die Bühne verlassen.

Vielleicht beginnt der Referent schon mit seinem Vortrag, während Sie noch auf dem Weg über die Bühne unterwegs sind (Positionen (5) und (6) in Abb. 10.8). Das sollte Ihnen jetzt aber ziemlich egal sein, Sie haben das jetzt nicht mehr in der Hand. Sehr wohl hatten Sie es jedoch in der Hand, dem Referenten in der Vorbereitung deutlich zu machen, dass er in der Rednerposition jetzt nicht noch einmal seinen Namen und ein paar Sätze zu seiner Person sagen wird, denn das haben Sie ja schon in Ihrer Anmoderation besorgt. Wenn er es dennoch tut (alles schon erlebt), können Sie es auch nicht mehr ändern: Sie gehen – vielleicht innerlich knurrend, aber dennoch zielstrebig – zu Ihrem Moderationstisch und besetzen dort Ihren lang verwaisten Stuhl. Pause. Stand-by.

10.3 Abmoderation

Der Referent trägt vor. Wenn er es gut macht – prima! Dann haben Sie nachher wenig Arbeit. Wenn aber nicht – oder wenn aus irgendeinem anderen Grund das Publikum unzufrieden und missmutig wird, dann sind Sie nach dem Vortrag

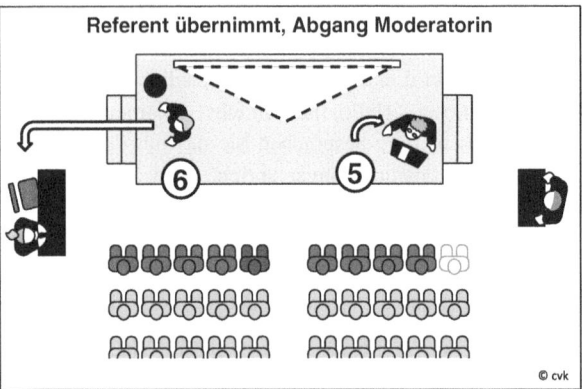

Abb. 10.8 Referent bedankt sich für herzlichen Empfang und gute Moderation und begibt sich in Rede-Position (5), Moderatorin geht zu ihrem Stand-by-Platz am Moderationstisch (6)

gefordert. Zunächst aber sitzen Sie an Ihrem Moderationstisch, ordnen vielleicht Ihre Sachen für Ihren nächsten Auftritt und beobachten dann den Referenten und das Publikum. Auf jeden Fall sollten Sie sich drei bis fünf besonders markante Sätze aus dem Vortrag des Referenten notieren, die brauchen Sie nachher zur Abmoderation des Referenten.

Was, wenn der Referent aber entgegen allen Vorbereitungen und Hoffnungen den Nerv des Publikums nicht trifft? Oder an der verkehrten Stelle? Oder, wenn er einfach schlecht ist und sich im Publikum sichtbar Langeweile und Verdrossenheit ausbreitet? Dann können Sie auch nichts machen. Gar nix. Einige Profi-Moderatoren üben dann für sich das Mantra „Werde zum Stein … werde zum Stein … du hörst nichts, du fühlst nichts, du machst nichts … werde zum Stein…!" Vielleicht keine ganz schlechte Idee. Denn so sehr Sie sich auch innerlich ärgern, frustriert und verzweifelt sind, weil Ihnen der Referent die gute Stimmung im Publikum verdirbt, das müssen Sie nachher wieder hinbiegen – jetzt geht's nicht, jetzt haben Sie erst einmal Pause.

Etwas schwierig wird es, wenn der Referent Dinge sagt oder behauptet, mit denen Sie überhaupt nicht einverstanden sind. Ihre Miene wird sich verfinstern und insgeheim planen Sie vielleicht, ihm nachher schon noch deutlich zu machen, wie sehr er mit seinen Ausführungen danebengelegen hat. Vorsicht! Was Sie denken oder meinen, ist Ihre Sache und im Moment leider nicht gefragt. Was meint denn das Publikum? Mal beobachten!

Wenn das Publikum im Großen und Ganzen dem Referenten folgt, ihm sogar bei den dümmsten Plattitüden begeistert applaudiert, dann müssen Sie den Referenten und seine Sprüche auch gut finden. Sie sind der Vertreter des Publikums – und das Publikum hat in solchen Veranstaltungen (fast) immer recht. Also: Üben Sie in dieser Pausen- oder Stand-by-Zeit einfach die Optimierung Ihrer professionellen Einstellung und verderben Sie dem Publikum (und sich) nicht die Laune für alles Weitere, was an diesem Tag noch kommen soll.

Sehr selten, extrem selten (!), kommt es allerdings zu Situationen, wo Moderatoren den Vortragenden unterbrechen müssen. Hinweise dazu finden Sie im Kap. 11. Auf jeden Fall haben Sie während des Vortrags normalerweise genügend Zeit, sich auf verschiedene Abmoderationen vorzubereiten.

Körpersprache: Moderation-Referent-Publikum (Exkurs)
Mehr als in anderen Szenen kommt es beim Auftritt, bei der Fragerunde und bei der Verabschiedung des Referenten auf Ihre Positionen und Ihre Körpersprache an. Mit Ihrer ganzkörperlichen Hinwendung (Körperdrehung) zeigen Sie dem Publikum buchstäblich, wem Sie nun Ihre volle Aufmerksamkeit und Zuneigung schenken.

Dafür gibt es vier Grundpositionen, die Sie einnehmen können und in denen Sie hoffen dürfen, dass der Referent sich in seiner Körpersprache synchron anpasst. In der Abb. 10.9 sind die vier wesentlichen Körperhaltungen für die Fragerunde und die Verabschiedung des Referenten skizziert:

- **Position (1):** Nach dem Beifall des Publikums stellen Sie dem Referenten die erste Frage, die Sie aus Ihren Notizen vorlesen. Dazu stehen Sie sich gegenüber.
- **Achtung:** Zeigen Sie niemals dem Publikum die „kalte Schulter", stehen Sie immer so, dass Ihre „Publikums-Schulter" leicht nach außen zum Bühnenrand zeigt (hier zum linken Bühnenrand). Damit signalisieren Sie, dass Sie sich jetzt zwar dem Referenten zuwenden, aber dennoch offen bleiben für Publikumswünsche.
- **Position (2):** Sie wenden sich zum Publikum, um Fragen entgegen zu nehmen (oder auch für eine Ansage) und kümmern sich in diesen Sekunden nicht um den Referenten.
  Achtung: Wenn Sie länger in dieser Position mit Hinwendung zum Publikum stehen und den Referenten nicht beachten, bleibt der Referent arbeitslos und das sieht aus, wie wenn er eben einmal von Ihnen kurz abgemeldet worden sei. Also möglichst schnell wieder eine Hinwendung zum Referenten. Es sei denn,

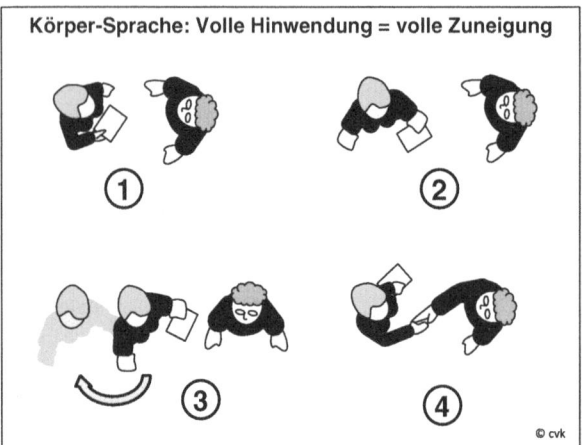

Abb. 10.9 Vor großem Publikum Körpersprache voll einsetzen! Sie sprechen mit dem Referenten (1), Sie wenden sich ans Publikum (2), Referent beantwortet Fragen, Sie beobachten Publikum mit ein wenig Abstand zum Referenten (3), Referent wird verabschiedet (4) – sofort wieder Publikumskontakt!

der Referent hat sich beim Publikum deutlich unbeliebt gemacht – dann ist es sogar ganz sinnvoll, ihn in dieser Position mit ein wenig mehr Nichtbeachtung abzustrafen.

- **Position (3):** Referent beantwortet Publikumsfragen. Sie entfernen sich ein wenig von ihm, beobachten das Publikum, bleiben aber dem Referenten halb zugewandt stehen – damit erweisen Sie sowohl dem Publikum als auch dem Referenten gegenüber Aufmerksamkeit (ausführlich: 10.4 Umgang mit Publikumsfragen Abschn. 10.4).
- **Position (4):** Sie verabschieden den Referenten (in der Abbildung sogar mit Handschlag), schauen ihm dabei kurz in die Augen und deuten eine Verbeugung an, wenden aber sofort wieder den Blick ins Publikum, um einerseits zu beobachten, wie diese Geste ankommt, andererseits aber auch zu signalisieren, dass Sie diese Verabschiedung im Sinne des ganzen Publikums vornehmen – gut, wenn dabei noch einmal Beifall aufkommt (der gilt dann auch Ihnen).

Referent gut, Zeit für Fragen

Der ideale Fall: Der Referent ist gut, das Publikum folgt ihm, stellenweise Lachen oder sogar manchmal Beifall, und der Vortrag endet wie abgesprochen zehn Minuten früher, sodass Sie nun noch Fragen des Publikums zulassen und moderieren können. Sie merken, dass der Referent zum Schluss kommt (am besten besprechen Sie die entsprechenden Stichworte vorher „… komme ich zum Schluss …“, „… fasse ich zusammen …“, „… Fazit …“). Also stehen Sie auf, verlassen den Moderationstisch und warten vor der Bühnentreppe, bis der Referent tatsächlich geendet hat.

Der Referent endet. Beifall. Sie entern die Bühne und kommen ihm – ebenfalls applaudierend – entgegen (Position (1) in Abb. 10.10). In kleineren Räumen ohne Bühne machen Sie sich gegen Ende des Vortrags einfach zum Aufstehen fertig, bleiben aber noch sitzen. Wenn der Referent seinen Vortrag beendet, stehen Sie auf, applaudieren und warten, bis der Beifall abklingt. Dann gehen Sie ein paar Schritte auf den Referenten zu, der sich nun Ihnen zuwenden und ein wenig Platz machen sollte, damit Sie beide etwa in der Mitte vor den Zuschauern stehen.

▶ **Achtung:** Jetzt muss die Präsentation des Referenten ausgeschaltet werden, damit Sie blendfrei – ohne von der Beamer-Projektion getroffen zu werden – auf der Mitte der Bühne (oder bei kleinen Räumen direkt vor dem Publikum) mit dem Referenten zusammen agieren können.

Da nun noch ein wenig Zeit ist, bieten Sie dem Publikum an, jetzt Fragen an den Referenten zu stellen. Der Referent und Sie stehen nun – beide halb dem

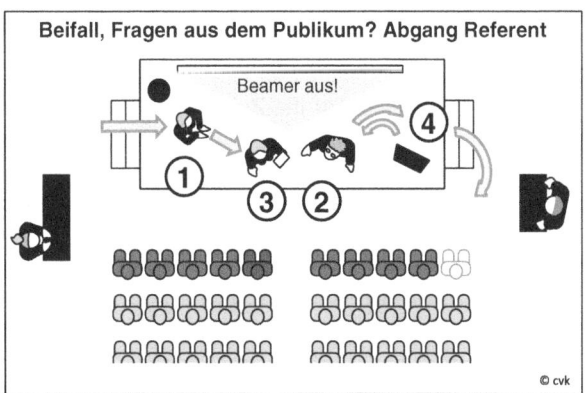

Abb. 10.10 Referent endet, Moderatorin kommt applaudierend auf die Bühne (1) – spätestens jetzt Beamer ausschalten (Hide). Referent geht nach vorn (2), Dank der Referentin, Moderatorin moderiert Fragen aus dem Publikum (3), danach Abgang Referent (4) und Moderatorin nimmt Bühnenmitte ein

Publikum zugewandt – in den Positionen (2) und (3). Normalerweise braucht das Publikum eine kleine Anwärmphase. Also stellen Sie die erste Frage selbst und dazu nutzen Sie einen der Sätze, die Sie vorher notiert haben. In diesem Fall dürfen Sie ruhig Ihre Notizen mitnehmen und daraus vorlesen. Das könnte sich dann so anhören:

„Herzlichen Dank für Ihren Vortrag, Herr Referent, ich denke, mit meiner Ankündigung dieses Referenten habe ich Ihnen (Hinwendung zum Publikum) nicht zu viel versprochen. Jetzt haben wir noch ein paar Minuten Zeit für Ihre Fragen. Hat jemand von Ihnen schon eine erste Frage?" Wenn jemand im Publikum die Hand hebt und eine Frage stellen möchte, dann geht eine Assistentin mit Mikrofon zum Fragesteller. Bis sie mit dem Mikrofon den Fragesteller erreicht hat – oder wenn sich niemand spontan meldet – geht Ihr Text dann in etwa so weiter:

„Ich sehe, da hat sich jemand gemeldet. Bis das Mikrofon dort ist, stelle ich schon mal eine Frage: …" oder: „Ich sehe, noch meldet sich niemand, dann stelle ich schon mal eine Frage: Herr Referent, Sie sagten vorher (jetzt einen ihrer notierten, markanten Sätze vorlesen) … Was meinen Sie mit …?" Wichtig in dieser Szene, in der Sie noch auf Fragen aus dem Publikum warten und deshalb den Referenten selbst befragen, ist vor allem, dass

- keine Pausen entstehen,
- der Referent deshalb nicht arbeitslos auf der Bühne herumsteht,
- Sie selbst mit deutlichen Körperbewegungen zeigen, wen Sie gerade ansprechen: das Publikum oder den Referenten.

Wenn sehr viele Fragen kommen und die Zeit allmählich knapp wird, können Sie ankündigen: „Vielen Dank für Ihr hohes Interesse und Ihre Fragen. Die, die sich jetzt noch gemeldet haben, sollten ihre Fragen noch stellen dürfen, dann aber wollen wir hier zu Ende kommen, um mit dem nächsten Vortrag pünktlich anfangen zu können (oder): … um nun unsere Pause zu genießen und dort weitere Gespräche zu führen."

Nach der Fragerunde wenden Sie sich noch einmal dem Referenten zu: „Danke für Ihre Antworten, Herr … und an Sie, liebes Publikum: Ihre Fragen und die Antworten des Referenten haben das Thema nun noch um zusätzliche Akzente bereichert. Herzlichen Dank dafür!" Nun in Richtung Publikum applaudieren, Publikum klatscht auch, dann applaudierend Hinwendung zum Referenten, Augenkontakt, Verneigung, (Übergabe Bühne!) Abgang Referent ((4) in Abb. 10.10). Eine weitere, sympathische Möglichkeit: Sie verabschieden den Referenten mit einem Händedruck.

Referent überzieht

Nächstes Szenario: Der Referent kommt gut beim Publikum an, redet sich in Rage, das Publikum folgt ihm begeistert, und Sie stellen fest, dass der Referent gnadenlos die ihm zustehende Redezeit überzieht. Nun werden Sie sich bereits zwei große Karten auf Ihrem Moderationstisch zurechtgelegt haben: Eine gelbe mit der weit sichtbaren Aufschrift „5 min!" und eine rote mit der Aufschrift „STOP! – Zeit vorbei!".

In unserem Beispiel haben Sie die gelbe Karte mit der Ankündigung, dass nur noch fünf Minuten Redezeit bleiben, bereits von Ihrem Moderationstisch aus gezeigt – deutlich sichtbar für den Referenten. Wenn er Sie gesehen und leicht genickt hat, alles gut – vorerst. Wenn er Sie nicht bemerkt hat, machen Sie mit deutlichem Räuspern oder einem kleinen „Kling" (Bleistift ans Wasserglas stoßen) darauf aufmerksam. Wohlgemerkt erst dann, wenn tatsächlich nur noch fünf Minuten bis zum im Programm angekündigten Vortragsende bestehen – für eine Fragerunde bleibt dann sowieso keine Zeit mehr. Doch der Referent macht unbeirrt weiter. Wenn Sie jedoch dem Referenten jetzt das Wort nehmen, verscherzen Sie sich die Gunst des Publikums. Für Sie ist das insofern ein Dilemma, da Sie gleichzeitig dafür sorgen müssen, dass das Programm einigermaßen pünktlich durchgeführt wird und sich keine Verspätungskette aufbaut (die nachfolgenden Referenten mögen das gar nicht).

Also geben Sie noch fünf Minuten dazu und bauen sich dann mit dem roten „STOP"-Schild am Bühnenaufgang auf (Position (1) in Abb. 10.11). Egal, ob der Referent nun darauf reagiert oder nicht: Nach einer halben Minute gehen Sie mit deutlich erhobener Karte nach vorn auf die Bühne und zeigen sie noch einmal ganz deutlich dem Referenten (2a), dann aber auch dem Publikum (2b), weil es mit seiner anfeuernden Begeisterung ja ein wenig Mitschuld für die Redezeit-Überziehung trägt. Wenn das nach etwa zehn Sekunden (Sie bleiben dort stehen, „rote Karte" wieder in Richtung Referent) immer noch nichts bewirken sollte (äußerst unwahrscheinlich), bauen Sie sich mit Ihrer roten Karte direkt vor dem Referenten auf (3), bis der dann endlich zum Ende kommt. Vermutlich tosender Applaus. Auch Sie applaudieren und ergreifen das Wort: „Fantastisch … selten habe ich einen so guten Vortrag gehört (Hinwendung zum Publikum) und noch nie habe ich so ungern so einen tollen Vortrag beenden müssen …".

Das gleiche Spiel können Sie auch bei einem schlechten Redner anwenden, dem das Publikum kaum noch zuhört. Dann allerdings werden Sie nicht noch fünf Minuten zugeben, sondern genau mit dem Ende der offiziellen Redezeit Ihre rote Karte erst am Bühnenrand zeigen, dann zur Mitte gehen usw.

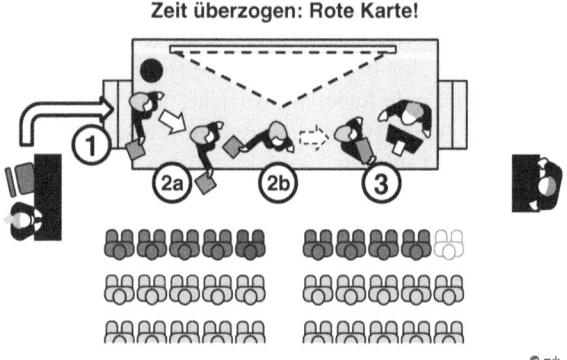

Abb. 10.11 Referent überzieht Zeit. Sie zeigen ihm buchstäblich die gelbe/rote Karte – erst dezent vom Bühnenrand aus (1), dann rücken Sie allmählich näher (2a), zeigen diese Karte auch dem Publikum (2b) – und rücken schließlich bis zum Rednerpult vor (3)

Bei kleinen Räumen sind die Abläufe genauso. Mit dem Unterschied, dass Sie viel schneller beim Referenten sind und sogar von Ihrem Moderationsplatz aus dem Referenten wie dem Publikum die „rote Karte" zeigen können.

Referent schlecht
Natürlich gibt es auch Redner, die als solche einfach schlecht sind. Oder das Publikum ist aus einem anderen Grund mies gelaunt. In diesem Fall – überlegen Sie sich während Ihrer „Stand-by"-Zeit am Moderationstisch – wollen Sie das Elend nicht auch noch durch eine Fragestunde verlängern. Da kann nur noch mehr Missstimmung aufkommen. Gleichzeitig müssen Sie dafür sorgen, dass dieser arme Mensch am Rednerpult einen Anstandsbeifall bekommt. Denn ohne artigen Beifall geht es gar nicht und das würden auch die Zuhörer, so wenig sie auch dem Referenten zugetan sind, als ungehörig empfinden. Denn erst mit dem Beifall ist eine Darbietung wirklich beendet, der Beifall besiegelt den Auftritt.

Zudem: Sie müssen die ungünstige Wirkung dieses einen Vortrags etwas abmildern, damit der nicht das gesamte Niveau der Veranstaltung drückt. Also werden Sie – wie gewöhnlich – dem Referenten nach Beendigung seines Vortrags applaudierend auf der Bühne entgegen kommen. Dann sagen Sie, erst an ihn, dann ans Publikum gewandt: „Ich bedanke mich bei Ihnen – auch im Namen des Publikums (wieder Hinwendung zum Referenten) für diesen interessanten Vortrag …"

Und jetzt kommt's: „Besonders diesen Satz fand ich sehr bemerkenswert …" (und nun lesen Sie einen der markanten Sätze, die Sie vorher am Moderationstisch notiert hatten, erst zum Publikum und dann zu Referenten gewandt, vor). So ein von Ihnen als „bemerkenswert" hervorgehobener Satz ist in dieser Situation enorm wichtig. Denn es kann ja sein, dass einige im Publikum Ihnen nun insgeheim zustimmen, weil ihnen dieser Satz vielleicht entgangen ist – oder ganz einfach, weil sie für sich auch irgendeine Begründung suchen, nicht alles an diesem Vortrag schlecht finden zu müssen und dennoch sitzen geblieben zu sein.

Dieser einzige von Ihnen hervorgehobene Satz aus dem Vortrag wirkt für viele wie eine geheime Erlösung. Damit wäre zumindest nicht alles verloren. Sie verbiegen sich ja nicht einmal, wenn Sie aus dem ganzen Vortrag nur einen einzigen Satz herauspicken und den als „bemerkenswert", „interessant", „ungewöhnlich" bezeichnen. Damit haben Sie ja nicht gesagt, dass Sie den ganzen Vortrag gut fanden. – Genau das spürt das Publikum auch, ist Ihnen dafür dankbar, und Sie haben als diplomatischer und ehrlicher Vertreter des Publikums agiert.

Sie fahren nach dem Zitat dieses Satzes fort: „… besonders dafür und für Ihren gesamten Vortrag mein und unser aller Beifall!" Augenkontakt, Verbeugung, vielleicht sogar Shakehands und Abgang Referent – hoffentlich! Wenn er aber stehen bleibt und auf Fragen des Publikums wartet (typisch: schlechte Referenten sind ja deshalb schlecht, weil sie kein Gespür für die Stimmung im Saal haben), könnten Sie

a) sehr gegen Ihren Willen doch noch Fragen zulassen: „Hat nun jemand von Ihnen noch Fragen?" Wenn ja, müssen Sie dem dann folgenden Ablauf notgedrungen folgen (allerdings brauchen Sie ja nicht lang warten, bis die erste Frage kommt …).

b) den Referenten nicht weiter beachten, ihm buchstäblich die kalte Schulter zeigen, und diese Ansage machen: „Ich stelle fest, dass die Luft im Raum inzwischen ein ziemlich verbraucht ist (was ja im übertragenen Sinne auch stimmt). Deswegen schlage ich vor, dass wir jetzt ein wenig früher in die Pause gehen/ eine kleine Pause machen, um den Raum in unser aller Interesse gründlich durchzulüften!" Und Abgang mit Referenten. Vielleicht sogar ausnahmsweise an seiner Seite: Sie nehmen ihn am Arm, eskortieren ihn zielstrebig von der Bühne (das könnte sogar als besondere Höflichkeit aufgefasst werden), damit er nur ja nicht weiter auf der Bühne stehen bleibt.

Wichtig für das Gelingen von (b): Ihre Ansage muss sofort nach dem zweiten Beifall kommen, da darf weder der Referent noch jemand aus dem Publikum die Chance haben, mit „Frage an den Referenten" dazwischen zu grätschen.

Wenn nun aber doch jemand trotz Ihrer Luft-Ansage lautstark auf „Frage"
beharrt (während einige im Saal schon aufgestanden sind und Richtung Ausgang
drängen), dann bleibt Ihnen immer noch die Ausrede: „Oh ja, richtig, das habe
ich jetzt übersprungen. Wollen Sie (an die bereits Stehenden gewandt) sich jetzt
noch einmal setzen – oder ist es Ihnen recht (an den Fragenden gewandt), Ihre
Fragen dem Referenten gleich direkt in der Pause zu stellen?" Jetzt warten Sie
ein wenig auf die Abstimmung mit den Füßen. Wenn die, die schon stehen, keine
Anstalten machen, sich wieder hinzusetzen, rufen Sie noch ins Mikrofon: „Also,
wie angekündigt, jetzt eine kleine Frischluftpause und für Sie (an den Fragenden
gewandt) ein Exklusiv-Interview mit dem Referenten." Und das war's.

Anders – und dann kommt doch der Fall (a) zum Zug –, wenn die bereits Stehenden wieder ihre Plätze einnehmen. Dann ist die Fragerunde nicht mehr zu vermeiden, da müssen Sie jetzt durch.

Referent bekommt Geschenk

Wenn Referenten am Ende ihres Vortrags ein Geschenk bekommen sollen, ist die
Übergabe dieses Geschenks die beste Möglichkeit, einen unglücklichen Referen-
ten elegant zu verabschieden und einen guten zu feiern. Doch die Übergabe des
Geschenks führt oft zu völlig überflüssigen Verirrungen auf der Bühne, die gerade
nach einem guten Vortrag ein wenig peinlich wirken. Deswegen auch dafür ein
Choreografie-Vorschlag, der sich schon oft bewährt hat.

Die Geschenke für die Referenten sind links neben der Bühne und in Nähe des
Moderationstisches verborgen. Und wer holt und überreicht nun das Geschenk?
Die Assistenz der Moderation – so vorhanden. Wenn nicht vorhanden und in
kleinen Räumen, muss die Moderatorin natürlich selbst aktiv werden (auch da
wäre es allerdings gut, wenn ihr jemand das Präsent entgegenbringt – vorher
absprechen!).

Doch warum soll die Moderatorin nicht selbst das Geschenk auf der Bühne
überreichen? Weil es zu umständlich ist: Jemand muss das Geschenk aus dem
Versteck auf die Bühne bringen. Aus Sicht des Publikums steht dann plötzlich
dieser Jemand arbeits- und namenlos auf der Bühne herum – oder die Person
huscht nach Übergabe des Geschenks an die Moderatorin gleich wieder herunter
von der Bühne. Doch die Moderatorin ist durch die Übernahme des Geschenks
abgelenkt.

Charmanter geht es anders. Moderatorin zum Referenten nach Abschluss der
Fragerunde, beziehungsweise nach Zitat des „markanten Satzes" (Position (1)
in Abb. 10.12): „... und bevor wir Sie nun verabschieden, möchten wir Ihnen
noch ein kleines Andenken an den heutigen Tag mit auf den Weg geben ..."

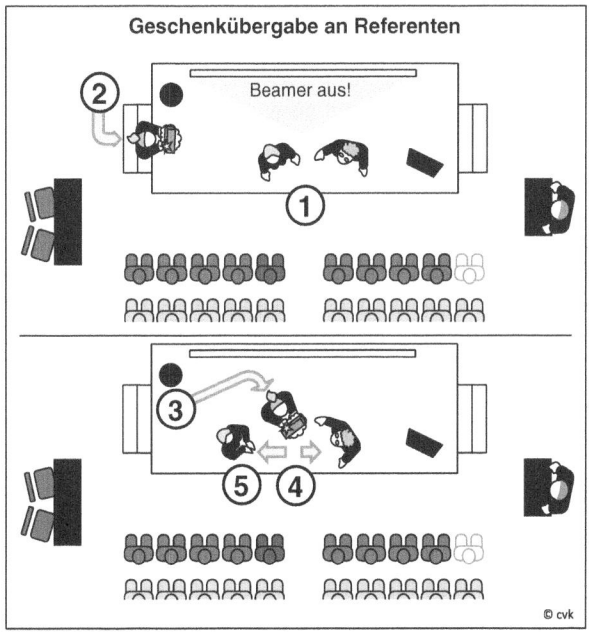

Abb. 10.12 Fragerunde beendet (1), Assistenz holt Geschenk für Referenten (2) und geht hinter der Moderatorin vorbei in die Mitte der Bühne (3), während Moderatorin und Referent Platz machen (4). Assistenz überreicht Geschenk an Referenten, Moderatorin applaudiert (5)

Inzwischen hat die Assistenz das Geschenk geholt, bei diesen Worten die Bühne (2) betreten und geht hinter der Moderatorin vorbei auf Moderatorin und Referenten zu (3), die ihr Platz machen – die Moderatorin geht etwas mehr zur Seite als der Referent, die Assistenz steht nun neben der Moderatorin fast in der Mitte, dem Referenten zugewandt (4).

Moderatorin macht vorstellende Handbewegung auf die Assistenz, Blickkontakt zu Assistenz, Publikum und Referenten, Ansage: „Das ist Eva Beispiel, und sie hat nun das Vergnügen, Ihnen, sehr geehrter Herr Referent, ein kleines Präsent unserer Unternehmensleitung zu überreichen." Assistentin überreicht mit kleiner Verbeugung, Moderatorin applaudiert dabei beiden und wendet sich applaudierend dem Publikum zu, das nun sicherlich auch in den Schlussapplaus einfällt. Referent bedankt sich während des Beifalls noch einmal gegenüber Moderation und Assistenz, verbeugt sich mit Geschenk vor Publikum und geht ab. Assistentin geht auch von der Bühne, Moderatorin nimmt wieder die mittlere Position vorn auf der Bühne ein – und weiter geht's.

Wenn der Referent aber unbedingt noch etwas sagen will, dann soll er ruhig. Zu Fragen wird er jetzt bestimmt nicht mehr auffordern. Doch dabei bleibt die Assistenz standhaft neben der Moderatorin auf der Bühne, sie geht erst ab, wenn auch der Referent gegangen ist (Etikette-Grund: Der Referent könnte ja das Geschenk zurückgeben und dann muss sie es wieder mitnehmen). Tatsächlich aber wirkt die Anwesenheit einer weiteren Person des Veranstalters auf der Bühne als deutliches Zeichen für den Referenten, nun seinen Abgang zu machen.

Ist es nicht höflicher, wenn die Moderatorin das Geschenk überreicht? Nicht unbedingt. Denn mit der Übergabe des Geschenks durch die Assistenz wird noch einmal die „Neutralität" der Moderation symbolisiert: Das Geschenk stammt von der Unternehmensleitung (oder vom Veranstalter) und wird über ihre Vertretung überreicht. Zudem: So, wie geschildert, ist es eleganter und die Moderatorin hat buchstäblich die Hände frei für einen guten Schlusspunkt dieses Prorammteils.

10.4   Fragen aus dem Publikum

Nach dem Vortrag wird's noch einmal spannend: Fragen aus dem Publikum. Nun gibt es ehrliche Fragen, üble Angriffe und ganze Koreferate (als Fragen getarnt). Die Unterscheidung der verschiedenen Fragen ist schwierig und der elegante Umgang damit will gelernt sein. Wie schon erwähnt beginnt die Fragerunde nach dem ersten Beifall für den Referenten, keinesfalls vorher. Denn der Beifall beendet und konserviert gewissermaßen den Vortrag. Der ist damit buchstäblich abgehakt und was dann kommt, ist ein neues Thema.

Ganz anders dagegen wirkt es, wenn Fragen vor dem offiziellen Ende des Vortrags, also dem Beifall für den Redner, zugelassen werden. Dann werden die Fragen rituell als Teil des Vortrags verstanden, was nicht so glücklich ist, weil kritische Fragen automatisch den Vortrag abwerten. Manche kritische Fragen zerschießen den Vortrag regelrecht, am Ende bleibt nichts Gutes mehr übrig und der dann folgende Beifall ist nur noch ärmlich. Da ist es wirklich besser, mit einem einigermaßen ordentlichen Beifall erst den Vortrag abzufeiern und dann mit kritischen Fragen tatsächlich einen eigenen Programmpunkt zu eröffnen. Wenn es dann schwierig wird, können die Zuschauer leichter eine gedankliche Trennung vornehmen: „Der Vortrag war ja noch einigermaßen – aber nachher, bei den Fragen, hat der Referent nicht gut ausgesehen …"

Die typische Szene für die Fragerunde sieht nun so aus Abb. 10.13: Vortrag beendet, Beifall, Sie stehen neben dem Referenten, Körper leicht schräg dem Referenten wie dem Publikum zugewandt, Blick ins Publikum, Ihre Ansage, ins Publikum gewandt: „Jetzt haben wir noch ein wenig Zeit für Fragen an den Referenten. Wer von Ihnen hat eine Frage?" Die erste Frage stellen Sie, wie in Abschn. 10.3.2 erwähnt, mit Hilfe Ihrer Notizen am besten selbst, um dem Publikum ein wenig Zeit zu geben, Mut für die erste Frage aus der anonymen Masse des Publikums heraus zu fassen.

Vielleicht stellen Sie auch eine zweite Frage selbst, wenn sich im Publikum niemand meldet. Und wenn sich immer noch niemand meldet? Kleine Pause Ihrerseits, Blick ins Publikum, Ansage Ihrerseits: „Also, ich stelle fest, dass es im Moment keinen Fragebedarf aus dem Publikum gibt, deshalb meine dritte und letzte Frage an den Referenten: …". Dann Dank und Verabschiedung.

Regeln für Fragen aus dem Publikum

1. **Standpunkt:** Damit Fragen aus dem Publikum kommen, vergrößern Sie auf der Bühne ein wenig den Abstand zum Referenten, sodass das Publikum eine sichtbare Distanz zwischen Ihnen und dem Referenten wahrnimmt. Damit zeigen Sie, dass Sie den Referenten buchstäblich „frei" geben, einen eigenen Standpunkt (!) haben und sich weder mit den Fragen noch mit den Antworten des Referenten identifizieren.

2. **Mikrofon im Saal:** Die Helfer mit den Mikrofonen im Saal dürfen keinesfalls das Mikrofon den Fragenden überlassen, sosehr diese auch versuchen, das Mikrofon zu ergreifen: Wer das Mikrofon aus der Hand gibt, gibt auch die Kontrolle darüber aus der Hand. Das aber kann niemand außer dem Fragenden wollen.

3. **Keine Referenten-Verteidigung!** Verteidigen Sie keinesfalls den Referenten bei kritischen Fragen – deswegen der unter (1) beschriebene Abstand! Auch, wenn Sie selbst meinen, die Frage wäre unfair, ist es Aufgabe des Referenten, darauf zu reagieren. Würden Sie ihm dabei zur Seite stehen (buchstäblich), würden Sie

   – Ihre eigene „neutrale Position" verlassen und wären dann plötzlich Vertreter des Referenten und nicht der Zuhörenden,
   – den Referenten mehr oder weniger entmündigen (!) und ihn dadurch abwerten,
   – die (gedankliche) Übersicht verlieren im Bemühen, den Referenten gegen unfaire Angriffe aus dem Publikum zu verteidigen.

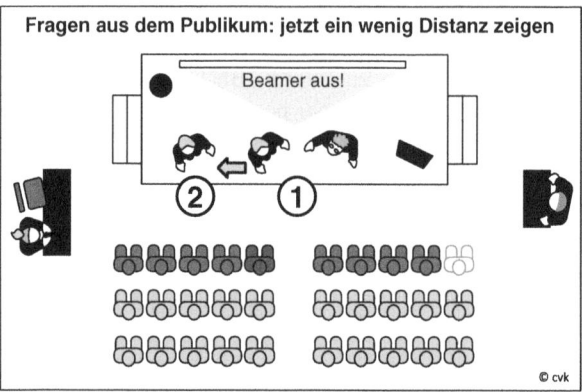

Abb. 10.13 Fragen aus dem Publikum? Moderatorin geht aus der Gesprächssituation mit dem Referenten (1) ein paar Schritte zurück, vergrößert damit die Distanz zum Referenten und wendet sich ein wenig mehr dem Publikum zu (2) – Moderatorin gibt den Referenten „frei" für Fragen des Publikums

Es sei denn, der Referent weiß auf eine Frage sichtlich nicht mehr weiter und wendet sich Hilfe suchend an Sie. Dann müssen Sie mit entsprechenden Antworten einspringen:

– Fragen zum Unternehmen/zur Veranstaltung: „Danke für Ihre Frage, doch die kann Ihnen Herr/Frau XY der Beispiel AG beantworten. Ich bitte deshalb Herrn/Frau nach weiteren Fragen an den Referenten auf die Bühne …" oder „… ich werde Ihnen die Antwort nach der Pause liefern";
– Fragen, die mit dem Thema des Referenten nichts zu tun haben: „Danke für Ihre Frage. Allerdings geht sie doch sehr weit über das Thema des Vortrags hinaus. Ich stelle sie deshalb zurück, um den Fragen mit direktem Bezug zum Vortrag Vorrang zu geben" (damit haben Sie ein wenig Zeit gewonnen – jedoch sollten Sie eine Antwort auf die ‚zurückgestellte Frage' finden und am Ende noch nachtragen);
– Fragen, die aggressiv oder beleidigend wirken: „Ich sehe, der Referent möchte darauf nicht antworten. Die nächste Frage?"

4. **Ko-Referat/hartnäckiger Frager:** Eine Ausnahme von der Regel (3) gibt es: Wenn nämlich eine Frage in ein Ko-Referat ausartet – wenn jemand also seine eigene Meinung mit vielen Sätzen und Argumenten verbreitet und deshalb die eigentliche Frage an den Referenten gar nicht mehr deutlich ist. Dann dürfen Sie – besonders, wenn Sie Unwillen gegenüber dem „Ko-Referenten" im Publikum bemerken – unterbrechen und den Fragenden auffordern: „Ich kann Ihren Ausführungen jetzt leider nicht mehr ganz folgen: Können Sie bitte noch einmal eine ganz einfache Frage in einem Satz an den Referenten formulieren?"

   Das gleiche gilt für Frager, die mit der Antwort des Referenten nicht zufrieden sind, hartnäckig bis aggressiv nachfragen und damit allmählich auch den Unmut des Publikums auslösen. Sie erlösen den brav antwortenden, aber immer verzweifelter agierenden Referenten und gehen mit dieser Bemerkung dazwischen: „Ich unterbreche jetzt einmal: Es tut mir leid, wenn Sie mit den Antworten auf Ihre Frage nicht zufrieden sind. Doch andere Gäste wollen vielleicht auch noch Fragen stellen. Ich schlage deshalb vor, dass Sie in der Pause versuchen, noch einmal mit dem Referenten zu sprechen und rufe jetzt die nächste Frage auf."

5. **Publikums-Diskussion:** Wenn Zuhörende statt des Referenten auf die Frage antworten und sich dann im Publikum vielleicht sogar eine Diskussion ergibt, sollten Sie diese nach kurzen Hin und Her wieder einbremsen: „Liebes Publikum, ich finde Ihre Diskussion wirklich spannend. Doch noch haben wir den Referenten auf der Bühne und ich meine, wir sollten diese Zeit jetzt für ihn und seine Antworten nutzen … Herr Referent, wie ist Ihre Antwort auf die Frage …?"

6. **Reihenfolge Wortmeldungen:** Sie verlieren bei vielen Fragen die Reihenfolge der Wortmeldungen. Das ist nicht so schlimm. Besser, als in der Not jemand das Wort zu erteilen, der sich erst später gemeldet hat, fragen Sie einfach ins Publikum: „Und wer hatte sich nun gemeldet?" Damit vermeiden Sie Fehlentscheidungen und den Verdacht einer gelenkten Diskussion. Dies wird Ihnen vom Publikum nicht verziehen. Verziehen wird Ihnen dagegen, dass Sie bei vielen Wortmeldungen, schon mal die Übersicht verlieren.

7. **Schluss:** Schauen Sie durchaus bewusst auf die Uhr, um die noch verbleibende Zeit für die Fragerunde im Blick zu haben. Ist die Fragerunde inhaltlich fesselnd und beteiligen sich viele daran, dann sollten Sie ruhig ein wenig (ca. 5 min) überziehen – denn das ist ja von Ihren Klienten, den Zuhörern, offensichtlich so gewollt. Die Beendigung der

Fragerunde leiten Sie wieder mit Körpereinsatz ein. Sie gehen von Ihrer etwas distanzierten Position auf den Referenten zu, stehen neben ihm, Körper und Gesicht in Richtung Publikum, Ansage: „Die Zeit für Fragen ist nun abgelaufen. Die, die sich noch gemeldet haben, sollen ihre Fragen noch stellen dürfen …"

Dem Publikum entgeht nichts!

Eigentlich – so das Fazit am Ende dieses Kapitels – ist alles ganz einfach: Moderation kündigt Redner an, wartet außerhalb des Sichtfeldes, bis er fertig ist, und verabschiedet ihn wieder. Mehr passiert in den verschiedenen Moderationsphasen schlussendlich nicht. Doch die wahre Moderationskunst zeigt sich darin, wie das im Einzelfall geschieht. Da kommt es auf jeden noch so kleinen Stellungs- und Blickwechsel zwischen Redner, Moderatorin und Publikum an, wenn's gut werden soll. Denn dem Publikum entgeht nichts! Und auf die Professionalität, gute Beiträge begeistert mit dem Publikum zu feiern, weniger gute in der Moderation wieder aufzufangen und der Unzufriedenheit des Publikums auf geschickte Weise zuzustimmen und es damit wieder versöhnlich zu stimmen und zu öffnen für alles, was folgt – so einfach ist das dann auch wieder nicht …

Ausnahmesituationen 11

▶ Dieses Kapitel ist vielleicht nicht besonders motivierend, aber notwendig. Es beschreibt, zu welchen Ausnahmesituationen es während einer Veranstaltung kommen kann und wie Moderatoren darauf richtig reagieren. Es sind Situationen, die man als Moderatorin oder als Moderator bei einem Kundenevent hoffentlich nie erleben muss. Dennoch sollten sie aufgezählt und mit entsprechenden Abwehrmaßnahmen ergänzt werden. Diese Ausnahmefälle wurden bereits im Abschn. 4.5 „Katastrophen, Pannen, Peinlichkeiten" als grundsätzlicher Teil der Vorbereitung erwähnt. Jetzt geht es um konkrete Handlungsempfehlungen während einer laufenden Veranstaltung.

In jeder Veranstaltung kann es zu Ausnahmesituationen kommen, an die man nicht einmal in seinen schlimmsten Albträumen denken will. Doch in einem oder fünf von hundert Fällen erleben Sie als Moderatorin oder als Moderator auch bei einem Kundenevent tatsächlich eine ganz böse Überraschung. Die haben Sie vielleicht bei der Lektüre des Abschnitts „Katastrophen, Pannen, Peinlichkeiten" (Abschn. 4.5) schon einmal grundsätzlich als möglich erwogen. Jetzt, nach den sehr praxisnahen Darstellungen der verschiedenen Moderationsphasen im vorangegangenen Kapitel, schließen sich sehr konkrete Empfehlungen für das richtige Moderationsverhalten in Ausnahmefällen an.

11.1 Das Beziehungsdreieck im Raum

Bevor die einzelnen Ausnahmefälle näher erläutert werden, lohnt eine grundsätzliche Betrachtung der Moderatoren-Möglichkeiten. Sie umfassen in der Kommunikation mit Referenten und Publikum nämlich nicht nur Körper-Einsatz und

© Springer Fachmedien Wiesbaden 2016 181
C. von Kutzschenbach, *Kundenevents – richtig gut moderiert!*,
DOI 10.1007/978-3-658-13100-5_11

Abb. 11.1 Moderatorin steht in der Mitte, Zuschauer hat direkte Blickverbindung mit ihr, nichts lenkt ab

Sprache, sondern auch die Beherrschung des (Bühnen-)Raums. In den bisher gezeigten Grafiken ist diese Raumbeherrschung von Moderatoren zwar angedeutet, aber nicht explizit dargestellt worden. Das soll an dieser Stelle vertieft werden.

Wenn Moderatoren allein auf der Bühne stehen, versuchen sie, möglichst viele Blickkontakte zu Zuschauern im Publikum zu gewinnen. Zwischen den einzelnen Zuschauern und der Moderatorin ergibt sich mit dem Blickkontakt auch eine direkte persönliche Beziehung, wie in Abb. 11.1 symbolisch für einen Zuschauer dargestellt, in Form einer Linie (Doppelpfeil). Jetzt wird noch einmal deutlich, warum der Blickkontakt zu möglichst vielen Zuschauern so wichtig ist und warum in bestimmten Phasen außer der Moderatorin niemand sonst auf der Bühne stehen soll: Kein Blick soll von ihr ablenken, die ganz persönliche Beziehung kann nur so stabil aufgebaut und gehalten werden.

Wenn diese Beziehung mit Augenkontakt und entsprechender Ansprache der Moderatorin stabil und freundlich hergestellt worden ist, dann kommt als nächstes der Referent ins Spiel. Sein Auftritt wird von der Moderatorin vorbereitet. Das Publikum wird neugierig und erweitert mit dem Auftritt des Referenten nun auch den Blickwinkel in seine Richtung: Ein harmonisches Blick- und Beziehungsdreieck Zuschauer – Moderatorin – Referent hat sich aufgebaut (Abb. 11.2). Die Basis des Dreiecks zwischen Referent und Moderatorin ist klein, der Zuschauer kann bequem seinen Blick zwischen beiden hin und her wandern lassen, je nachdem, wer gerade etwas sagt oder bewegt.

Mit der Übergabe der Bühne an den Referenten (siehe auch Abschn. 10.2) und dem Abgang der Moderatorin bietet sich den Zuschauern nun ein neues Blick- und Beziehungsdreieck: Zuschauer – Präsentation – Referent (Abb. 11.3). Die

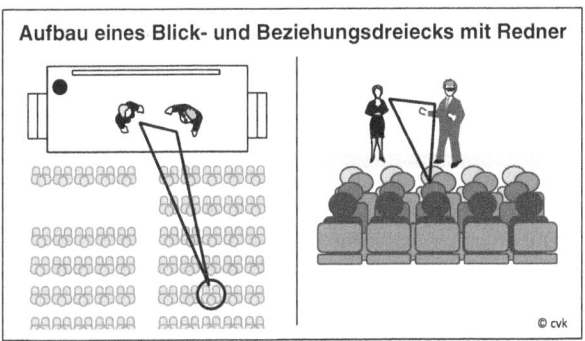

Abb. 11.2 Referent kommt dazu, ein harmonisches Blick- und Beziehungsdreieck Zuschauer – Moderatorin – Redner ergibt sich

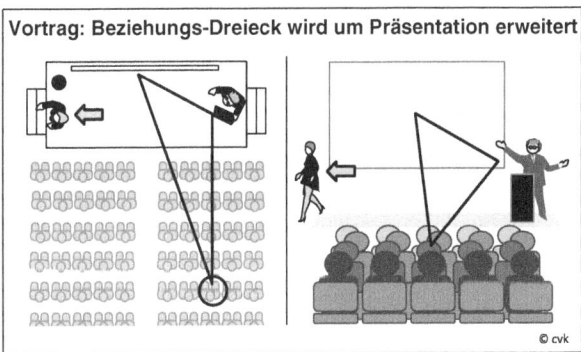

Abb. 11.3 Moderatorin geht ab und übergibt ihren Publikumskontakt an „Präsentation". Ein neues Beziehungsdreieck entsteht während des Vortrags: Zuschauer – Präsentation – Redner

Referentin gibt also ihren Publikumskontakt mit ihrem Abgang buchstäblich zugunsten der Präsentation auf. Dieses neue Blick- und Beziehungsdreieck steht im Idealfall stabil während der Beiträge: Der Zuschauer hat die Möglichkeit, die Präsentation auf der Leinwand zu betrachten und seinen Blick immer dann dem Referenten zuzuwenden, wenn er zur Präsentation Fragen hat – oder umgekehrt, wenn er zu den Worten des Referenten eine Illustration in der Präsentation sucht. – Eine ganz bequeme Situation also, harmonisch das Geschehen aus dem Blickfeld des Zuschauers zu verfolgen.

Eine weitere klassische Dreiecks-Konstellation ist ebenfalls schon beschrieben: Die Moderationsphase, wenn Fragen aus dem Publikum erwartet und moderiert werden. Dazu nähert sich die Moderatorin zum Beifall zunächst dem Referenten, vergrößert dann aber wieder die Distanz. Dieser Schritt hat, wie im vorhergehenden Abschnitt beschrieben, eine wichtige inhaltliche Bedeutung. Diese wird nun durch das weiter aufgespannte Beziehungsdreieck unterstützt: Der Zuschauer hat nicht mehr beide Personen auf der Bühne im Blick, sondern muss seinen Blick gezielt entweder der einen oder anderen Person zuwenden. Auch das macht noch einmal die unterschiedlichen Funktionen der agierenden Personen auf der Bühne deutlich. Zudem ist es manchmal ganz praktisch, wenn man die bei kritischen Fragen unbewusste Mimik der Moderatorin nicht zugleich mit der des Referenten beobachten kann, sondern erst den Blick wenden muss (siehe auch Abb. 11.4).

Diese Raumaufteilung mit einer direkten Verbindung zur Moderatorin oder einer Dreiecks-Beziehung, die den Referenten einbezieht, beziehungsweise in der die Moderatorin von der Präsentation ersetzt wird, funktionieren rituell und psychologisch auch bei kleinen Veranstaltungsräumern ohne Bühne: Der Abstand und der jeweilige Stand-Punkt der agierenden Personen (beziehungsweise der Präsentation) symbolisieren jeweils die Beziehung der Agierenden untereinander und zum Zuschauer. Genau das ist nun bei Ausnahmefällen wichtig und nötigenfalls auch zu nutzen: Die Distanz zum Referenten zu vergrößern oder zu verkleinern, beziehungsweise, die professionelle Beherrschung des gesamten (Bühnen-) Raums durch die Moderatorin.

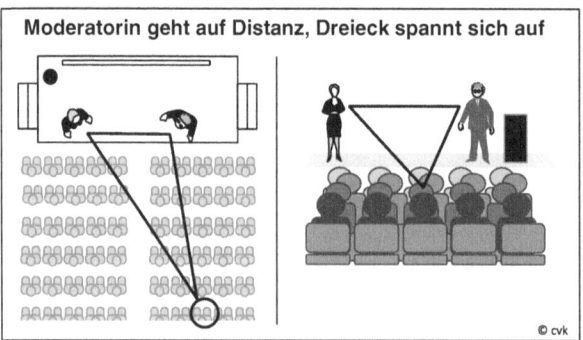

Abb. 11.4 Fragerunde mit Referent und Moderatorin, die größere Distanz zum Redner hilft bei kritischen Fragen der Zuschauer – das Beziehungsdreieck spannt sich weiter auf

11.2   Störung durch Zuhörer

Der Klassiker für Ausnahmefälle sind Störungen durch einige oder mehrere Zuhörer im Publikum. Sei es, dass einer oder mehrere Zuschauer schon während des Vortrags durch kritische Zwischenrufe stören oder dass sich in der Fragerunde Störungen durch aggressives und beleidigendes Verhalten einer oder mehrerer Zuhörer gegen den Vortragenden aufbauen. Oder dass sich im Publikum Gruppierungen formieren, die sich immer heftiger verbal bekriegen. Nun sind das ja durchaus keine Ausnahmefälle, mögen häufige Besucher politischer Versammlungen oder von Vereinsveranstaltungen einwenden. Dort sind heftige Diskussionen bis hin zu aggressiven und fast beleidigenden Auseinandersetzungen im Ringen um demokratisch legitimierte Beschlüsse und Entscheidungen ja gewollt. Der Streit um den richtigen Weg ist Sinn dieser Veranstaltungen!

Richtig: Das ist der Sinn jener Veranstaltungen. Aber nicht der Sinn von Kundenevents. Bei politischen Veranstaltungen steht die Diskussion für eine anschließende Entscheidungsfindung im Vordergrund. Bei Kundenevents geht es zwar auch um Meinungsbildung, aber keinesfalls um eine daraus resultierende, alle direkt betreffende Entscheidungsfindung. Die bleibt immer noch dem Veranstalter (dem gastgebenden Unternehmen) vorbehalten und muss nicht in der Veranstaltung von den Teilnehmenden im Publikum selbst getragen und beschlossen werden (Ausnahme: Wenn das Unternehmen die Bevölkerung oder politische Gruppierungen genau für so eine Entscheidungsfindung einlädt). Ein kleines, aber wesentliches Detail hilft, die beiden sehr verschiedenen Veranstaltungstypen zu unterscheiden:

▶   Bei **politischen Versammlungen** (wozu durchaus auch Vereinstagungen gehören), sitzen normalerweise zwei Moderatoren ständig auf der Bühne, um das Geschehen buchstäblich zu überwachen und so neutral wie möglich zu lenken.

Ihre Rolle als Anwalt des Publikums üben sie dabei vor allem in der Funktion von Schiedsrichtern zwischen unterschiedlich argumentierenden Publikumsgruppierungen aus. Dafür sind sie auch mit einer lauten Glocke, einem Gong oder ähnlich akustisch wirksamem Werkzeug ausgestattet, um sich durchzusetzen und sich entsprechend Gehör zu verschaffen.

▶   Bei **Kundenevents** sitzen Moderatoren während der Vorträge abseits der Bühne und betreten sie erst wieder, wenn Fragen zum Vortrag angesagt sind – akustisch nur mit dem Mikrofon bewaffnet.

Die schwierigste Frage für Moderatoren bei Kundenevents ist deshalb, wann sie überhaupt eingreifen müssen. Denn jedes Eingreifen von Moderatoren entmachtet den Referenten und stellt erst einmal eine zusätzliche Störung bis hin zum Abbruch dieses Programmpunkts dar. Diese Frage kann allerdings kaum grundsätzlich beantwortet werden, es kommt hier ganz auf die sich jeweils entwickelnden Situationen an.

Sidestep: Referent hilft sich selbst

Die Abwehr von Störern während des Vortrags muss der Referent zunächst selbst übernehmen. Das ist der Fall, wenn er beispielsweise durch eine kritisch-aggressive Frage aus dem Zuschauerraum unterbrochen wird. Dazu sollte allen klar sein:

▶   Jede (!) Frage während des Vortrags ist ein aggressiver Akt.

Denn die Frage unterbricht den Gedankengang oder das Konzept des Referenten und zwingt ihn, sofort auf die Unterbrechung einzugehen. Besonders störend erscheint das, wenn vor dem Vortrag ausdrücklich darum gebeten wurde, Fragen zu notieren und sie erst nach Ende des Vortrags zu stellen.

Nun ist eine kleine Unterbrechung ja nicht wirklich dramatisch und ein einigermaßen geübter Referent kann ganz gut damit umgehen. Im Gegenteil: Es kann ja sogar sein, dass die Beantwortung oder die nähere Erklärung eines von vielen nicht verstandenen Referenten-Gedankens – ein laut artikuliertes Fragezeichen zur Präsentation – nun den Kontakt zum Publikum eher noch intensiviert, eine Beziehung wieder neu herstellt, die abzubröckeln drohte, weil immer mehr Zuhörer dem Referenten nicht mehr folgen konnten.

Gefährlich wird es aber dann, wenn beispielsweise ein Zuhörer seine Frage mit den Worten beginnt: „Meinen Sie nicht auch, dass …" Damit wird eine typisch suggestive Frage eingeleitet. Der Fragende versucht, den Referenten zu beeinflussen (ihm zu suggerieren), eine ganz bestimmte Antwort zu geben. Diesem Frage-Angriff entkommen auch erfahrene Referenten kaum mit wenigen Worten, meist müssen sie zur Beantwortung ein wenig ausholen, um ihren Standpunkt freundlich deutlich zu machen und ohne den Störer (und das Publikum) zu verprellen. Doch dafür müssen sie ihr Vortragskonzept verlassen.

Mögliche Referenten-Antwort auf eine suggestive Frage: „Danke für Ihren Beitrag. Bezug nehmend auf Ihre Frage antworte ich jetzt erst einmal so: Nein, das meine ich nicht. Vielleicht ist meine Einstellung zum Thema noch nicht genügend deutlich geworden. Lassen Sie mich deshalb mit meinem Vortrag fortfahren, ich hoffe, Sie erhalten dann Antworten auf Ihre Frage …". Sollte diese „Meinen-Sie-nicht-auch"-Frage allerdings erst bei der Fragerunde nach dem Vortrag gestellt werden, ist das nicht mehr so störend, denn der Vortrag ist ja bereits beendet und mit Beifall abgeschlossen. Jetzt kann der Referent zur Meinungsäußerung des Fragenden ausführlich Stellung nehmen – oder es sein lassen: „Ich denke, meine Einstellung zum Thema habe ich deutlich vorgetragen. Ich wiederhole deshalb …" (und nun folgt ein einziger Satz).

Mindestens so gefährlich, aber leichter durchschaubar, sind während des Vortrags direkte Angriffe wie: „Das stimmt doch alles nicht …", „… da gibt es aber ganz neue Erkenntnisse …", „… wie stehen Sie denn zur Tatsache, dass …?" Jetzt wird's fatal. Denn während seines Vortrags hat der Redner seine urzeitlichen Reflexe eher auf Angriff und Verteidigung gepolt, statt auf Flucht. Also wird er seinen Standpunkt, seine Gedanken und seine Präsentation erst einmal rechtfertigen und allen zeigen wollen, dass er Recht hat. Und so wehrt er sich mit all' seiner Intelligenz und Leidenschaft!!

Anders wär's besser. Denn der Störer sitzt irgendwo mitten in einer großen, anonymen Zuhörerschaft. Im Moment des Angriffs kann der Redner nicht genau feststellen, ob da nun ein einzelner Störer seine Meinung äußert, oder ob vielleicht mehrere Zuhörer um ihn herum ebenfalls die Meinung des Störers teilen. Und wenn der Redner nun vehement seine Sicht der Dinge verteidigt und dabei den Angreifer verbal niederkämpft, dann fühlen sich womöglich auch andere Zuhörer vom Redner angegriffen, ergreifen lautstark Partei für den Störer … diese verbale Schlacht kann der Redner kaum noch gewinnen.

Oder: Der Referent verteidigt seine Ausführungen, gibt endlose Erklärungen ab, zeigt in der Präsentation noch einmal vorausgegangene Grafiken, versucht, inneren Zorn oder Unsicherheit zu verbergen – und verliert immer mehr die Gunst derer, die sich bis dahin ebenfalls gestört gefühlt haben: Jetzt ärgern die sich jedoch immer mehr darüber, dass der Referent den störenden Angreifer nicht souverän genug auf Distanz halten kann. Da ist es besser, dem Verteidigungs- und Angriffsreflex zu widerstehen, die eigene Präsentation im Stich zu lassen und mit der Methode „Sidestep" ein wenig die Flucht zu ergreifen.

Es wirkt! Besonders in kleinen Räumen ohne Bühne, siehe Abb. 11.5, oberes Bild: Statt nun auf den aggressiven Frager sofort zu antworten, geht der Referent ein paar Schritte zur Seite („Sidestep"!), stellt sich vielleicht sogar neben die Zuschauer in der ersten und zweiten Reihe, und wendet sich der eigenen Präsentation zu. Damit laufen mehrere Prozesse gleichzeitig ab und verändern die Situation ganz entschieden:

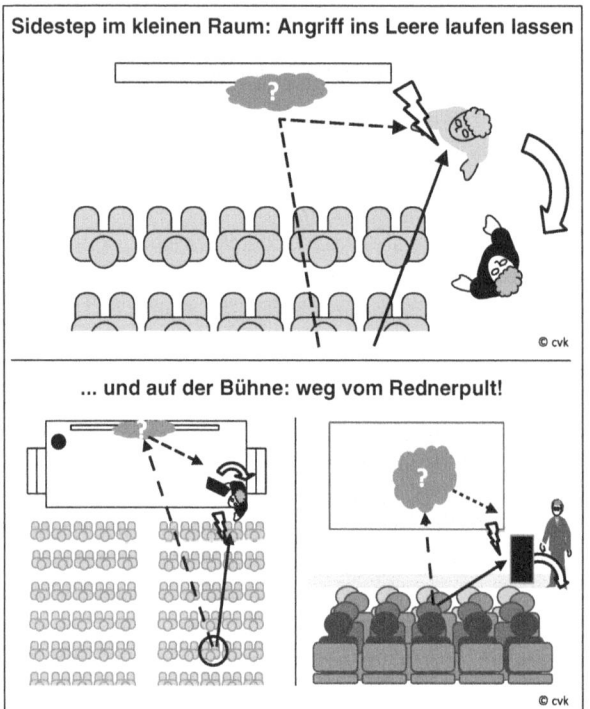

Abb. 11.5 Bei einem Angriff während des Vortrags müssen Referenten ihrem Verteidigungs-Reflex widerstehen und mit einem „Sidestep" den Angriff ins Leere laufen lassen. Nach einer kurzen Antwort aus der Zuhörer-Perspektive nehmen sie wieder ihre Redner-Position ein und setzen ihren Vortrag fort

- Die Präsentation (und damit der geistige Inhalt des Referenten!) wird buchstäblich allein gelassen,
- der Referent steht mit Blick auf die verlassene Präsentation Schulter an Schulter mit den Zuhörern (er vollführt mit ihnen einen „Schulterschluss"),
- der Referent nimmt damit gleichzeitig die Perspektive der Zuhörenden ein,
- der Angreifer kann den Referenten nun nicht mehr „treffen", ohne auch die Zuhörer, neben/hinter denen der Referent steht/Deckung gesucht hat, ebenfalls zu touchieren.

In dieser Position kann der Referent ganz emotionslos in Richtung des Störers behaupten:

„Ja, aus dieser Perspektive (er hat ja mit dem „Sidestep" seine Perspektive geändert) ist Ihre Frage/Ihr Einwand möglicherweise berechtigt …" dann, zum Fragenden gewandt: „Ich werde Ihren Einwand berücksichtigen und an dieser Stelle meinen Vortrag noch einmal kritisch überarbeiten. Doch dazu brauche ich ein wenig Zeit. Deswegen möchte ich jetzt erst einmal mit meinem Vortrag fortfahren, das Folgende wird von diesem Einwand nur unwesentlich beeinflusst". Sagt's, geht wieder auf die Vortragsposition neben der Präsentation zurück und macht weiter.

Was in kleinen Räumen sehr unmittelbar wirkt, kann auf einer großen Bühne nur symbolisch vollzogen werden. Der Redner kann bei seinem „Sidestep" nicht die Bühne verlassen und sich unters Publikum mischen. Doch der „Sidestep" wird auch da wahrgenommen und wirkt: Auf der großen Bühne verlässt der Redner seine Präsentation symbolisch, wenn er (siehe Abb. 11.5, unteres Bild)

- seine Position hinter dem Rednerpult aufgibt,
- das Rednerpult wie eine Blockade zwischen sich und die Präsentation bringt,
- sich, den persönlichen Schutz durch das Rednerpults aufgebend, offen dem Angriff stellt (jetzt wird's plötzlich ganz persönlich, jawohl!),
- seine Schultern dreht und nun eine Position aus Publikums-Perspektive einnimmt.

▶ Ausschlaggebend für das Gelingen der „Sidestep"-Methode ist vor allem, als Vortragender dem Verteidigungs-Reflex zu widerstehen, die eigene Präsentation buchstäblich im Stich zu lassen und einen Augenblick lang die Zuhörer-Perspektive einzunehmen.

Bodyguard: Referent braucht Hilfe

Nun kann es schon einmal vorkommen, dass der Referent während seines Vortrags plötzlich die Hilfe der Moderatorin braucht. Das kann man sich allerdings nur mit viel Fantasie vorstellen. Doch dieses Kapitel handelt von Ausnahmesituationen, also sollten auch solche Fälle und die daraus notwendigen Aktionen beschrieben werden. Ein helfendes Eingreifen der Moderatorin während des Vortrags ist immer dann notwendig, wenn der Referent Hilfe suchend zur Moderatorin schaut, weil er aus irgendeinem Grund seinen Faden verloren hat, sich bei einem Störer-Angriff aus dem Publikum nicht wehren kann oder weil plötzlich der Strom für Präsentation oder Mikrofon ausfällt. Eine weitere Möglichkeit: Der Referent wird angegriffen und bekommt einen Tobsuchtsanfall. Oder aber – ganz übel – er vergreift sich während seines Vortrags dermaßen gegen Anstand und Political Correctness, dass der Chef in der ersten Reihe mit höchst verärgerten Gesten in Richtung Moderation aufstehen will, um dem Ganzen ein Ende zu machen. In diesen Fällen muss die Moderatorin schnell auf die Bühne und sich vor den Referenten stellen:

▶   Als Opfer schützt die Moderation den Referenten wie ein Bodyguard
     vor Angriffen, als Täter schirmt sie ihn quasi davor ab, weitere Dumm-
     heiten zu begehen.

In der Geometrie unseres Beziehungsdreiecks bedeutet das, dass die Moderatorin den Kontakt und die Beziehungen des Publikums zum Referenten abdeckt und alle Blicke und die Publikumsbeziehung buchstäblich auf sich selbst zuspitzt (siehe Abb. 11.6). Dieses Bild erinnert an die Auftritte bei der Begrüßung oder bei der Anmoderation, in denen die Moderatorin noch allein auf der Bühne steht und alle Blicke auf sich zieht. Tatsächlich ist das Beziehungsdreieck nun so spitz geworden, dass es fast einer direkten Linie ähnelt wie in Abb. 11.1. Was die Moderatorin nun unternimmt, um diesen Ausnahmefall zu bewältigen, kommt natürlich ganz auf die Situation an:

Wenn der Referent den Faden verloren hat und nicht weiter weiß, sagt sie am besten genau das, was alle sowieso beobachten: „Oh, der Herr Referent hat

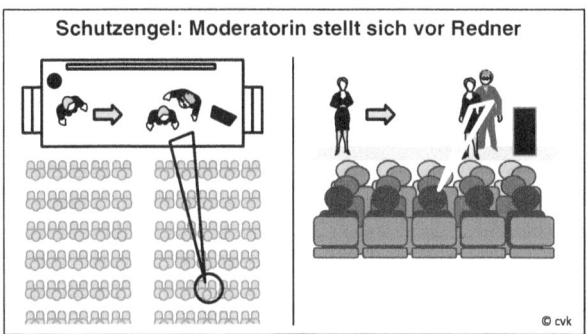

Abb. 11.6 Moderatorin stellt sich schützend oder abschirmend vor den Referenten. Sie verengt damit das Beziehungsdreieck und fokussiert Blickkontakte und Beziehungen auf sich

offensichtlich einen kleinen Blackout – es gibt also nun eine kleine peinliche
Pause, ich bitte, das zu entschuldigen und kläre, inwieweit der Referent in der
Lage ist, seinen Vortrag fortzusetzen". Das tut sie dann auch. Wenn die Fortsetzung des Vortrags nicht gelingt, wird sie wohl diese Ansage machen: „Ja, es
tut mir leid, irgendetwas hat unseren Referenten völlig aus der Bahn geworfen,
er kann seinen Vortrag nicht fortsetzen. Deswegen machen wir jetzt eine wirkliche Pause von etwa zwanzig Minuten und setzen dann unser Programm fort".
– Zwanzig Minuten Pause deshalb, weil es etwas dauern wird, bis sich der Saal
geleert hat und weil die Moderatorin ein wenig Zeit braucht, um sich mit den
anderen Mitwirkenden auszutauschen, wie das Programm nun fortgesetzt werden
kann.

Wenn sich der Referent in der Fragerunde nach dem Vortrag angesichts unfai-
rer Angriffe nicht mehr wehren kann oder will, empfiehlt sich diese Ansage: „Ich
stelle gerade fest, dass der Herr Referent auf diese Frage/Meinungsäußerung
nicht antworten kann oder will. Bitte akzeptieren Sie das." Wenn der Referent
danach wieder in der Lage ist, zu antworten (kurz mit dem Referenten klären),
dann kann die Moderatorin „die nächste Frage?" ankündigen. Wenn nicht, beendet die Moderatorin die Fragerunde: „Ich denke, damit beenden wir die Fragerunde". Oder, um den Beitrag etwas versöhnlicher ausklingen zu lassen: „Dann
möchte ich abschließend noch selbst eine Frage an den Referenten stellen …" sie
tut es und beendet damit die Fragerunde.

Bei plötzlichen technischen Problemen kann die Moderatorin auch auf ihrer
Seite der Bühne das technische Problem erklären und die Zuschauer um etwas
Geduld bitten und dann zum Referenten gehen, um das weitere Vorgehen zu
besprechen, wenn der technische Defekt nicht sofort behoben werden kann.
Davor muss natürlich auch ein Informationsaustausch mit dem Techniker mithilfe
der Moderationsassistenz stattgefunden haben.

Wenn dagegen der Referent abgeschirmt werden muss, weil er buchstäblich
aus der Rolle fällt, sollte sie zunächst mit einem Wink zur Technik dafür sorgen,
dass das Mikrofon des Referenten ausgeschaltet wird und sich vor ihn stellen.
Empfehlung in diesen Fällen: „Ich stelle fest, dass das Verhalten/die Aussagen
des Referenten große Unruhe ausgelöst haben. Ich bedaure das. Das ist nicht im
Sinne der Veranstaltung." Dann erfolgt mit abgedecktem Mikrofon ein Zwiege-
spräch mit dem Referenten. Wenn er sich wieder beruhigt hat, kommt die Ansage:
„Der Referent wird sich dafür entschuldigen, dass seine Ausführungen möglicherweise beleidigend geklungen haben, er setzt nun seinen Vortrag fort. Bitte
sehr …" und Abgang Moderatorin.

Sollte nach einer Referenten-Entgleisung ein normaler weiterer Ablauf nicht möglich sein, weil entweder der Referent auf seinen Äußerungen beharrt oder das Publikum so aufgebracht ist, dass es eine Fortführung des Vortrags auf jeden Fall verhindern will, dann könnte die Ansage der Moderatorin so enden: „… leider ist nun eine positive Fortführung dieses Programmpunktes nicht mehr möglich. Wir machen deshalb eine Pause von zwanzig Minuten …"

Friedensengel: Ruhe im Publikum!
Heiße Diskussionen im Publikum sind bei Kundenevents eigentlich unüblich. Wenn sich diese Diskussionen durch Beiträge in der Fragerunde entwickeln, ist das allerdings nicht unbedingt ein Ausnahmefall und deshalb in „Regeln für Fragen aus dem Publikum" (Abschn. 10.4) bereits beschrieben. Ganz anders ist es dagegen, wenn in einem Kundenevent während des Vortrags plötzlich einer oder zwei Zwischenrufer eine Diskussion zwischen Zuhörergruppen provozieren. Das ist ein echter Ausnahmefall – hier muss die Moderatorin eingreifen, das kann sie nicht mehr dem Referenten überlassen (der den Streithähnen in der Situation offenbar sowieso nicht mehr wichtig ist).

Zur Befriedung geht die Moderatorin in die Mitte der Bühne und bleibt dort einfach ein paar Sekunden ruhig stehen. Der Referent hat hoffentlich von sich aus seinen Vortrag unterbrochen und wartet nun ab, was jetzt passiert. Sollte er trotz der Aufregung im Publikum weiter sprechen, muss die Moderatorin erst ihn zum Aufhören bewegen. Sie geht also erst zum Rednerpult und dann in die Bühnenmitte (gestrichelte Linie in Abb. 11.7).

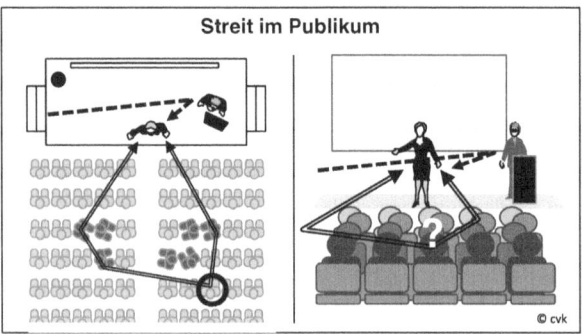

Abb. 11.7 Bei Streit im Publikum übernimmt die Moderatorin, verständigt sich mit dem Referenten und greift vorn in der Mitte der Bühne stehend schlichtend in den Tumult unter den Zuschauern ein

Warum allein der Auftritt der Moderatorin Wirkung zeigt, macht die Raumgeometrie deutlich: Über die sich streitenden Diskutanten hinweg sehen die anderen Zuschauer die Moderatorin auf die Bühne treten, wo sie mit deutlichem Abstand zum Referenten nun wie ein machtvoller und wehrhafter Friedensengel sichtbar über den Zuschauern schwebt (buchstäblich), deren Treiben beobachtet und nun auch selbst von allen in dieser überragenden Position gesehen werden kann (siehe Doppelpfeile in Abb. 11.7). Das mag zwar die Streithähne, hoch emotional aufgeladen, noch nicht besonders beeindrucken. Doch einige Zuschauer bemerken diesen Auftritt der Moderatorin sehr wohl. Und wenn die Moderatorin nun einige Sekunden ganz ruhig auf der Bühne stehen bleibt, werden immer mehr Zuschauer auf sie aufmerksam und warten nun gespannt darauf, was sie nun wohl unternehmen wird.

Möglicherweise genügt die Aufmerksamkeit von immer mehr Zuschauern in Richtung Moderatorin bereits, um auch die Streithähne zum Verstummen zu bringen. Besonders, wenn es der Moderatorin schon vorher gelungen ist, sich das Vertrauen des Publikums zu erarbeiten. Und – davon kann man ausgehen – die meisten Zuschauer wollen schließlich der Veranstaltung folgen und nicht dieser Diskussion unter einigen wenigen aus ihren Reihen. Sie hoffen also auf einen erfolgreichen Befriedungsversuch der Moderatorin, sie wünschen sich das Machtwort und die „gelbe Karte" für die Störer. Diesen geheimen Wunsch des Großteils der Zuschauer sollte die Moderatorin in so einer Stresssituation einfach voraussetzen. Sie steht da nicht allein auf der Bühne, sie hat die Unterstützung der Zuschauer-Mehrheit! Das sollte ihr innere Festigkeit und die notwendige Souveränität verschaffen. Alles, was sie jetzt tut, tut sie im Sinne der tatsächlich schweigenden Mehrheit.

Sollte sich die Diskussion im Saal tatsächlich allein durch den ruhigen und überlegenen Auftritt der Moderatorin beruhigt haben, ist alles gut. Die Moderatorin bedankt sich mit Blick zu den Diskutanten – und vielleicht mit einem kleinen, charmanten Lächeln: „Danke, dass Sie Ihre leidenschaftliche Diskussion nun unterbrochen haben. Ich denke, es ist im Sinne aller, wenn wir den Referenten nun bitten, seinen Vortrag wieder aufzunehmen und dann die Diskussion in der Pause fortsetzen." – Das Wort „Fragerunde" oder „Fragen im Anschluss" sollten Sie als Moderatorin nun besser vermeiden und am Ende des Vortrags direkt die Pause ankündigen (oder den nächsten Referenten). Denn erstens ist durch die Diskussion schon Zeit für die Fragerunde verbraucht, zweitens beginnt diese Diskussion dann erneut im Saal. Und das wird ziemlich öde.

Sollte es der Moderatorin aber nicht gelingen, die Streithähne im Publikum allein durch ihren betont festen nonverbalen Auftritt zu beruhigen, dann muss sie auch verbal aktiv werden: „Meine Damen und Herren, bitte stellen Sie nun Ihre

Gespräche wieder ein!" – Pause, Abwarten. Bei dieser Ansage sollte die Moderatorin nicht ihre Stimme heben und laut werden – das besorgen besser Mikrofon und Lautsprecher (Blickkontakt mit dem Techniker im Saal). Je ruhiger die Stimme, desto stärker die Wirkung. Wenn der erste Aufruf zur Ruhe nach etwa zwanzig Sekunden keinen Erfolg hat, kommt der zweite: „Meine Damen und Herren, ich bitte Sie nun zum zweiten Mal, Ihre Gespräche einzustellen!" Nun werden vielleicht auch ein paar Zuhörer „Ruhe" fordern. Wenn das aber immer noch nichts hilft, sondern die Tumulte im Saal vielleicht sogar größer werden, dann hilft nur eines: „Sehr geehrte Damen und Herren, ich bedaure außerordentlich, dass es ganz offensichtlich nicht möglich ist, diesen Vortrag weiter zu hören. Ich entschuldige mich deshalb in aller Form beim Referenten und beende diesen Programmpunkt. Bitte begeben Sie sich nun in die Pause."

Aus. Ende. Das war's dann. Ob, wann und wie der nächste Beitrag folgt und was mit den Diskutanten geschieht (Hausverbot?) müssen die Moderatorin und der Veranstalter sofort klären.

Zielscheibe: Nein, danke

Wenn es ganz dumm läuft, dann werden Moderatoren selbst zur Zielscheibe von Angriffen aus dem Publikum. Entweder, weil sie in der Moderation etwas falsch gemacht und die Gunst des Publikums verspielt haben oder – und das ist viel häufiger der Fall – stellvertretend für andere, die gerade nicht (an)greifbar sind. Etwa die Veranstalter oder die Unternehmensführung oder die Regierung oder die Verkehrssituation oder das Wetter oder … In so einer Situation gilt die „Sidestep"-Regel im übertragenen Sinne auch für Moderatoren: Vermeiden Sie jede Art von Verteidigung oder Rechtfertigung, besonders, wenn Sie zwar angegriffen, aber andere gemeint werden. Bleiben Sie stets der Linie treu, als Moderatorin oder als Moderator Anwalt oder Übermittler für Publikumsinteressen zu sein. Wenn Sie diese Einstellung haben, verbietet es sich von selbst, eine Stellungnahme für andere (Unternehmen, Veranstalter, Regierung, Wetter …) abzugeben. Sie können gern das Anliegen des Publikums (oder einiger Zuhörer) zur Weiterbeförderung an die richtigen Adressaten entgegen nehmen, aber es niemals an sich selbst adressiert betrachten und selbst beantworten.

Richtig frustrierend ist es allerdings, wenn einige (oder viele) aus dem Publikum lautstark Kritik an Ihrer Moderation üben. Da meldet sich hoffentlich der steinzeitliche Fluchtreflex ganz, ganz heftig (und nicht in völliger Verkennung der Situation Ihr Angriffsreflex): Sie möchten am liebsten alles hinschmeißen, flennen, weglaufen (und sich bitte nicht verteidigen, das bescheuerte Publikum anbrüllen und es zum Teufel wünschen) … egal was Sie gerade tun wollen (je nach Temperament) – nichts davon dürfen Sie. Blöder Job! Ja.

Wie aus dieser Situation wieder herauskommen, wenn der Puls auf 180 geht, das Gesicht schamrot wird, die Stimme irgendwie „zum Heulen" klingt und die Hände schweißnass und zittrig werden? Vergessen Sie die gesamte Situation, konzentrieren Sie sich einfach auf Ihren Körper.

Wenn Moderatoren zur Zielscheibe werden …

- Stehen Sie sicher, Beine etwa schulterbreit auseinander, beide Fußsohlen auf dem Boden.
- Knie nicht durchgedrückt, sondern eher leicht angewinkelt, als wollten Sie sich abfedern.
- Arme angewinkelt, Hände etwa in Höhe über dem Bauchnabel ineinandergelegt – konzentriert wie zu Beginn der Moderation (siehe (D) in Abb. 5.1).
- Position: links auf der Moderationsseite der Bühne, leicht seitliche Stellung, aber Blick zum Publikum.
- Atmung: bewusst und aus dem Bauch heraus.
- Blick ins Publikum, suchen Sie ernsthaften Augenkontakt, auch, wenn Sie in mürrische Gesichter sehen.
- Zwei bis drei Sekunden konzentriert so verharren, ruhig werden.

Nun sollte sich bei Ihnen, wenn Sie sich ganz auf Ihre Körperhaltung konzentrieren, auch eine innere Stabilität einstellen: Ja, irgendetwas ist nicht so gelaufen, wie Sie sich das vorgestellt hatten. Woran das gelegen hat, spielt im Moment keine Rolle. Jetzt geht es nur darum, zusammen (!) mit dem Ihnen jetzt nicht gerade sehr freundlich gestimmten Publikum wieder aus der emotionalen Schieflage herauszukommen.

Kurzum: Sie müssen dem kritischen Publikum Ihre Hand anbieten oder ihm eine Brücke bauen, damit es Ihnen gegenüber wieder wohlgesonnen wird, mindestens aber neutral. Und wenn Ihnen die Beschreibung der Körperhaltung zuvor zu kompliziert erscheint, dann denken Sie einfach an eine Grundstellung in Ihrer Lieblingssportart – etwa Tennis oder Volleyball, wenn die gegnerische Seite stark ist und jetzt den Aufschlag hat: Die innere Einstellung entspricht in etwa Ihrer Situation jetzt auf der Bühne. Sagen Sie jetzt ganz nüchtern den nächsten Programmpunkt an und leiten ihn ein – also entweder Anmoderation des nächsten Referenten, Fragerunde oder Pause. Bitte keine Entschuldigung, Rechtfertigung oder gar eine schnippische Bemerkung (bloß nicht!). Warum?

▶ Mit jeder Bemerkung geben Sie Zuhörern, bei denen Sie in Ungnade
gefallen sind, neue Stichworte, sich aufzuregen. Mit Ihrer ruhigen, konzentrierten Haltung vermeiden Sie weitere Angriffsflächen und zeigen
gleichzeitig, dass Sie sehr wohl verstanden haben, dass Ihr bisheriger
Moderationsstil – aus welchem Grund auch immer – zu Verärgerung
Anlass gegeben hat.

Sollte dagegen ein ganz konkreter Vorwurf gegen Sie im Raum stehen, etwa,
weil sich jemand durch eine Bemerkung von Ihnen verletzt fühlt, dann müssen
Sie sich allerdings sehr wohl dafür entschuldigen. Also, in genau der beschriebenen konzentrierten Haltung Blickkontakt zum „Beschwerdeführer" aufnehmen:
„Es tut mir leid, dass eine Bemerkung von mir offenbar verletzend geklungen
hat. Ich entschuldige mich dafür." Pause. Kein Wort mehr dazu. Und weiter im
Programm.

11.3   Attacken von außen

Auch darauf sollten Moderatoren von Kundenevents vorbereitet sein: Auf Attacken von außen. Beispielsweise wenn politisch extreme Gruppen den Saal besetzen, Transparente entfalten und über Megafon irgendwelche Parolen absondern
oder andere Aktionen durchführen. In solchen Fällen werden erst einmal ein paar
Schrecksekunden vergehen und dann einige weitere, bis man die Situation einigermaßen erfasst hat. Das ist auch gut so: Bei zu schnellem, reflexartigen Handeln der Moderation geht bei überraschenden Attacken schnell die Übersicht
verloren und Panik macht sich breit. Zunächst also die Lage erfassen:

1. Wird der Referent angegriffen? Wenn ja, wie: nur verbal oder tätlich (Wurfge-
   schosse wie faule Eier etc.).
2. Ist das Publikum in Gefahr? Wenn ja, wie: durch Aktionen der Angreifer oder
   weil es sich durch Panik selbst gefährdet?
3. Gilt der Angriff dem Veranstalter/dem Unternehmen?
4. Wie reagiert das Publikum? Erbost bis aggressiv, ängstlich und kurz vor der
   Panik – oder belustigt?
5. Wie wird die Aktion vermutlich ablaufen: Blitzaktion – nach ein paar Minuten
   ist der Spuk vorbei – oder eine länger dauernde Störung, die eine Fortführung
   der Veranstaltung schwierig/unmöglich macht?

6. Wie viele Angreifer können Sie beobachten: Nur drei oder vier – oder ein Dutzend und mehr?
7. Welche Aufgabe hat nun die Moderation, welche Rolle müssen Sie übernehmen?

Abwehrmaßnahmen bei externen Attacken

1. **Referent in Gefahr:** Bodyguard-Methode anwenden und Referenten in Deckung bringen ('runter von der Bühne, weg vom Rednerpult).
2. **Publikum in Gefahr:** Sofort Ordnungsdienst und/oder Polizei rufen, Erstretter verständigen. Am Bühnenaufgang stehen bleiben, weiter beobachten.
3. **Veranstalter/Unternehmen als Angriffsziel:** Ruhig bleiben, Unternehmensvertreter – wenn möglich unbemerkt – anweisen, sich nicht zu outen und in Deckung zu bleiben, Ordnungsdienst und/oder Polizei benachrichtigen.
4. **Publikumsreaktion:** Blickkontakt mit Zuschauern suchen, am besten von der Moderationsseite auf der Bühne aus. Durch eigene Haltung beruhigend wirken.
5. **Dauer der Attacke:** Bei einer vermutlichen Blitzaktion von Aktivisten am Bühnenaufgang Stellung nehmen und beobachten, was passiert. Der Referent wird seinen Vortrag unterbrechen und ebenfalls abwarten. Wenn das Spektakel absehbar nach drei oder fünf Minuten wieder vorbei ist, Auftritt der Moderatorin auf der Bühne: „Entschuldigen Sie bitte den Zwischenfall, der gehörte nicht zu unserem Programm. Da nun offenbar wieder Ruhe eingekehrt ist, bitte ich den Referenten, in seinem Vortrag fortzufahren." Nach spätestens drei Minuten Störung sollten Sie allerdings den Ordnungsdienst und/oder die Polizei rufen und den Ordnungsprofis alles Weitere überlassen.
6. **Zahl der Angreifer:** Das zu beobachten ist wichtig für Polizei und Rettungskräfte – aber auch für Ihr weiteres Vorgehen.
7. **Moderationsaufgabe/Rolle:** In den ersten Sekunden/Minuten können Sie nichts weiter tun als buchstäblich Haltung zu zeigen und dem Publikum ein Beispiel für „Ruhe" zu geben. Denn die Angreifer werden sich durch Megafon, Sprechchöre oder anderes lautstark bemerkbar machen – und dagegen kommen Sie auch mit Mikrofon und Lautsprecher nicht an. Aber: Nach wie vor sind Sie verantwortlich für das,

was von Veranstalter-Seite aus geschieht und damit auch potenzieller Ansprechpartner für die Aktivisten. Versuchen Sie zu vermeiden, dass nun ein Vertreter des Veranstalters/des Unternehmens die Verantwortung übernehmen und ins Geschehen eingreifen will. Denn die sind dem Publikum nicht so präsent wie Sie und könnten durch ihren Auftritt nur noch mehr Verwirrung stiften. Sie dagegen hat das Publikum in einer führenden Rolle kennen gelernt, Ihnen vertraut es. Ihre Führungsrolle behalten Sie, bis der Ordnungsdienst und/oder die Polizei eintrifft und diese dann Verantwortung für alles weitere übernehmen. Wenn aber partout ein Vertreter des Veranstalters/Unternehmens nun das Sagen und die Verantwortung haben will, dann ist das so und Sie machen dieser Person Platz – bloß keine Auseinandersetzung mit Weisungsberechtigten in dieser Situation.

▶ Bei terroristischen oder ähnlich schwerkriminellen Angriffen: Sofort Ordnungsdienst/Polizei verständigen, wenn möglich. Auch in so einem Fall sollten Sie die Verantwortung für alle im Saal übernehmen, bis Sie davon vom Veranstalter/Vertretern der Unternehmensführung oder Ordnungskräften entbunden werden (hoffentlich schnell!).

Bleibt noch zu klären: Licht im Saal anmachen oder den Saal etwas abgedunkelt lassen, wie er während der Präsentation war? Zunächst einmal empfiehlt sich, nichts an der Grundeinstellung zu verändern, um Aktivisten nicht mit Licht im Saal eine höhere Aufmerksamkeit und eine bessere Orientierung zu bieten. Andererseits kann es durchaus sein, dass sich die Angreifer schon die Kontrolle über die Technik im Saal (und damit auch das Licht) verschafft haben. Dagegen sind Sie machtlos.

11.4   Notfall

Das Licht im Saal spielt auch bei Notfällen eine wichtige Rolle. Bei technischen Störungen, Brand oder anderen Gefährdungen der Anwesenden muss der Saal voll ausgeleuchtet und geräumt werden. Das Prozedere dafür sollten sich Moderatoren schon während ihrer Vorbereitung eingeprägt (siehe Abschn. 4.5) und mit den Verantwortlichen vor Ort durchgesprochen haben. Wichtig bei jeder Art von Notfall ist, dass die Moderatorin den Vortrag unterbricht und von der Mitte der Bühne aus weitere Anweisungen gibt. Sie zieht jetzt alle Blicke auf sich und übernimmt damit auch die Leitung und die Verantwortung für alle weiteren Maßnahmen. Die Präsentation muss spätestens mit dem Auftritt der Moderatorin auf der Bühne aus- und das Licht im Saal eingeschaltet werden.

Wenn der Referent plötzlich einen Schwächeanfall hat, sieht das jeder. Damit ist der weitere Prozess definiert: Erste Hilfe, Ersthelfer auf die Bühne, Licht an. Moderatorin verkündet, was sowieso alle mitbekommen haben, und bittet die Zuschauer, noch ein paar Minuten auf ihren Plätzen zu bleiben, bis der Referent außerhalb des Saales versorgt ist und Klarheit über den weiteren Ablauf besteht.

Schwieriger ist es dagegen, wenn jemand im Publikum einen Schwächeanfall erleidet. Das bekommen vielleicht die Sitznachbarn im Publikum mit, aber sonst nur wenige – vielleicht beobachtet auch die Moderatorin zunächst nur eine gewisse, nicht identifizierbare Unruhe an einer bestimmten Stelle im Publikum, ohne genau zu wissen, was diese ausgelöst hat. In so einer Situation darf die Moderatorin keinesfalls selbst nachsehen, was sich dort ereignet hat: Sie muss an ihrer Position bleiben, um nötigenfalls sofort auf die Bühne zu kommen und von dort aus mit der notwendigen Übersicht alle weiteren Maßnahmen zu leiten (siehe Abb. 11.8). Wenn sie sich selbst noch kein Bild der Situation verschaffen kann, schickt sie am besten die Moderationsassistenz oder – wenn verfügbar – einen Ersthelfer an den Notfallort, lässt sich von diesen informieren und betritt die Bühne.

Ihr Job ist es nun, das Publikum zu beruhigen und dafür zu sorgen, dass die Rettungsmaßnahmen nicht behindert werden. Also wird die Moderatorin zunächst einmal alle aufklären, was passiert ist: „Sehr geehrte Damen und Herren, ich unterbreche den Vortrag. Ein Zuhörer ist plötzlich erkrankt und braucht sofort medizinische Versorgung. Ist eine Ärztin oder ein Arzt im Saal oder jemand mit einer Ersthelfer-Ausbildung? Dann begeben Sie sich bitte dorthin … Alle anderen im Saal bitte ich, jetzt erst einmal sitzen zu bleiben, um die Rettungsmaßnahmen nicht zu behindern – ein Notfallteam von außerhalb ist alarmiert".

Wenn der Zuschauer nur einen vorübergehenden Schwächeanfall erlitten hat, wird er zur weiteren Erholung aus dem Saal geführt (mithilfe der Moderationsassistenz, benachbarten Zuschauern oder anderen Mitwirkenden). Als Moderatorin ergreifen Sie auf der Bühne wieder das Wort: „Ich sehe, dass der Patient nun in guten Händen ist und wünsche ihm im Namen von uns allen eine schnelle und gute Besserung. Können wir nun mit dem Vortrag fortfahren?" Blickkontakt zum Referenten, der nickt, Präsentation wieder hochfahren, Licht im Saal wieder abdunkeln – und weiter geht's.

Abb. 11.8 Notfall im Publikum. Unterbrechung! Projektion aus, Licht an! Moderatorin stellt sich vor die Präsentation, zerstört das Dreieck Zuschauer – Präsentation – Redner, zieht alle Blicke auf sich und kann nun in dieser Position weitere Anweisungen geben

Wenn der Fall jedoch ernster ist, der Zuschauer beispielsweise besinnungslos am Boden liegen bleibt und dort von inzwischen eingetroffenen Helfern behandelt wird, dann empfiehlt es sich, den Saal in aller Ruhe und geordnet zu räumen: „Die Versorgung des Patienten dauert etwas länger. Bitte verlassen Sie nun den Saal – zuerst die hinteren beiden Besucherreihen, die dem Ausgang am nächsten sind …“ Und dann sorgen Sie mit Ihrer Ansage, Reihe für Reihe, für einen geordneten Abgang der Zuschauer. Bitte denken Sie nicht, die Zuschauer werden schon wissen, wann sich ihre Reihe zum Ausgang begeben soll und beenden Ihre Ansage … Nein! fahren Sie damit fort! Viel wichtiger als der Informationswert der Ansage ist ihr psychologischer Wert: Sie leiten und führen die Zuschauer bis zum Schluss – und stehen deshalb sicht- und hörbar(!) bis zum Schluss als verantwortliche Ordnungskraft auf der Bühne. Das sorgt für Ruhe und Vertrauen.

Nun kann man freilich darüber diskutieren, ob ein mehr oder weniger großes Malheur bei einem Zuschauer gleich die Unterbrechung und eine Ansage der Moderatorin vor dem gesamten Publikum rechtfertigt. Denn damit wird ja auch in gewisser Weise die Intimsphäre des unglücklichen Zuschauers verletzt, der sich plötzlich im Mittelpunkt der Aufmerksamkeit aller befindet. Richtig!

▶   Wenn abzusehen ist, dass sich der Notfall nur als ein kleines Unwohlsein entpuppt, ist es sicher besser, wenn das ohne größeres Aufsehen diskret behandelt und alles wieder normalisiert werden kann.

Wenn jedoch sichtbar Unruhe entsteht und sich mehrere Zuschauer um einen plötzlich erkrankten Nachbarn bemühen, dann liegt es im Interesse aller, dass die Moderatorin unterbricht und über diesen Notfall öffentlich berichtet. Tut sie es nicht, kann es nämlich leicht sein, dass die Unruhe schnell zur Panik im Publikum ausufert – genährt durch Ängste über terroristische Anschläge und mehr. Deshalb erscheint es nach allen Erfahrungen dringend geboten, dass die Moderatorin mit ihrer ehrlichen Ansage zur Beruhigung beiträgt. Beschönigen oder Vertuschen helfen gar nichts. Im Gegenteil: Je klarer die Moderatorin die Situation schildert, umso mehr behält sie das Vertrauen und damit auch die Kontrolle über alles Weitere im Saal. Einige Zuschauer können ja sehen, was passiert. Und wenn die Moderatorin genau das schildert, was sie selbst sehen, werden sie sich schnell beruhigen und sich auch auf weitere Ansagen der Moderatorin verlassen. Das wiederum beobachten die weiter entfernt sitzenden Zuschauer – und so besteht die Hoffnung, dass alle im Raum besonnen bleiben.

Vom Anwalt des Publikums zu seinem Anführer

Ausnahmesituationen bei Kundenevents fordern von Moderatoren den vollen mentalen und körperlichen Einsatz. Dabei hilft ihnen, wenn sie den ganzen Bühnenraum professionell nutzen. Zudem entwickelt sich die Moderatoren-Rolle vom „Anwalt des Publikums" zur echten Führungspersönlichkeit, zum Anführer des Publikums, der Verantwortung für alle im Saal übernehmen und sein Publikum bei Gefahrensituationen besonnen in Sicherheit bringen muss. Ausnahmesituationen, die sich durch Störungen aus dem Publikum entwickeln, können Moderatoren mit dem notwendigen methodischen Rüstzeug und ein wenig Training meist selbst wieder auflösen. Bei schwerwiegenden technischen Störungen oder Attacken von außen ist neben einer bereits in der Vorbereitung erworbenen Kenntnis aller Alarmierungs-, Flucht- und Rettungswege die sofortige Benachrichtigung von Ordnungs- und Polizeikräften erforderlich. Das entscheidende Kriterium für das erfolgreiche Auflösen einer Ausnahmesituation bleibt allerdings, diese frühzeitig als solche zu erkennen und danach zu handeln.

Die Krönung: Interview und Talkrunde

▶ Interview und Talkrunde sind besondere, journalistische Formen der Moderation. Bei einem Kundenevent wird die Talkrunde mit Referenten und Gästen oft als Krönung und Abschluss eines Events geplant. Umso wichtiger ist es, dass Moderatoren auch darauf bestens vorbereitet sind und den schnellen, amüsanten Dialog mit einem oder mehreren Gesprächspartnern trainiert haben. Worauf es dabei vor allem ankommt und wie man Fallen und Langeweile in Interviews und Talkrunden vermeidet, zeigt dieses Kapitel.

Das Interview mit einem Gesprächspartner oder die Talkrunde mit mehreren ist eine besondere, eine journalistische Form der Moderation. Zugleich wechseln Moderatoren von ihrer vermittelnden, moderaten Rolle nun in eine aktive, in der sie Interviewpartner und Talkrunden-Diskutanten durchaus auch mal spitzzüngig fordern können. Das verdient ein eigenes Kapitel. Vor allem auch, weil Talkrunden oft als krönender Abschluss eines Kundenevents eingeplant werden. Da darf nichts mehr schief gehen. Denn das würde am Ende einen schlechten Eindruck für den ganzen Kundenevent hinterlassen.

Nun kennt man ja Interviews oder Talkshows aus dem Fernsehen. Praktisch. Denn da kann man sich schon eine erste Meinung über diese Art der Moderation bilden. Frage: Was kennzeichnet ein gutes Interview, was zeichnet eine wirklich gelungene Talkshow aus? Antwort: Die Fragen zu stellen, die die Zuschauer stellen würden, und darauf einen amüsanten Dialog aufzubauen, mit dem die Zuschauer die agierenden Personen und deren Einstellung zu bestimmten Themen besser kennenlernen können. Es geht hier also weniger um ein Interview, in dem Sachverhalte erfragt oder recherchiert werden sollen, sondern um Meinungsbildung und Unterhaltung.

© Springer Fachmedien Wiesbaden 2016 203
C. von Kutzschenbach, *Kundenevents – richtig gut moderiert!*,
DOI 10.1007/978-3-658-13100-5_12

Auch hier also hat die Moderation nur die eine Aufgabe: Im Sinne des Publikums, als Anwalt des Publikums zu arbeiten. Das ist im Fernsehen nicht immer so. Dort hat man oft den Eindruck, als würden sich vor allem die Moderatoren selbst als unerbittliche, investigative Journalisten profilieren wollen. Insofern taugen Fernseh-Interviews und -Talkshows nicht unbedingt als Vorbild für die Moderatoren-Arbeit bei einem Kundenevent.

12.1 Interview

Beim Interview agieren normalerweise zwei Personen: Die eine fragt, die andere antwortet. So könnte man auch den Beginn jeder Fragerunde, in der die Moderatorin selbst die erste Frage an den Referenten stellt, als Interview bezeichnen. Allerdings geht ein echtes Interview weit über die erste Frage hinaus. Es mündet im Idealfall in einen amüsanten verbalen Schlagabtausch zwischen den beiden, bei dem die eine oder andere unvorhergesehene Wendung zu Überraschungen und (hoffentlich) herzlichem Lachen führen kann. Das geht natürlich nicht bei einer Fragerunde mit Publikumsbeteiligung. Da dient die erste Frage der Moderatorin an den Referenten nur als „Eisbrecher", um nun Fragen des Publikums zu initiieren. Statt in dieser Situation ein Interview weiter zu führen, sollte es die Moderatorin beenden, bevor es begonnen hat.

Tatsächlich gibt es bei einem Kundenevent gar nicht so viele Möglichkeiten für ein Interview, wenn man das Publikum einbeziehen will. Denn es ist schließlich Moderationsaufgabe, Referenten bestmöglich vorzustellen (und sie nicht selbst zu sich zu befragen) und danach soll ja das Publikum Fragen stellen (und nicht nur die Moderatorin). Bei einem Kundenevent passt ein Interview nur dann gut ins Programm, wenn eine interessante Person auf der Bühne vorgestellt werden soll, die selbst keinen Vortrag hält. Das kann beispielsweise ein prominenter Gast der Veranstaltung sein oder der Gewinner eines Wettbewerbs, der bei diesem Kundenevent ausgezeichnet wird. Und: So ein Interview sollte allerhöchstens zehn Minuten dauern (dabei kann sehr viel gesagt werden), sonst wird es für die Zuschauer langweilig.

Nehmen wir also einmal an, jemand hat einen Wettbewerb gewonnen und wird nun dem Publikum als Preisträger präsentiert. Die Moderatorin moderiert auf die gewohnte Weise an und endet mit „… und hier ist er, der Preisträger des …!" Applaus, der Preisträger betritt die Bühne (mit Head- oder Ansteckmikrofon), die Moderatorin beglückwünscht ihn, beide stehen nun vorn in der Mitte der Bühne – halb zueinander, halb zum Publikum gewandt. Der Abstand zwischen beiden entspricht dem normalen Gesprächsabstand – nicht der größeren Distanz, wie er bei Fragen aus dem Publikum üblich ist. Die Interviewpartner sollten sich nah sein – wie in einem freundschaftlichen Gespräch. Nun beginnt ein munteres Frage- und

Antwortspiel mit dem Ziel, den Preisträger dem Publikum als verdienten Sympathieträger zu präsentieren und Interesse für ihn zu vertiefen. Entsprechend könnten die Fragen wie in der nachfolgenden Übersicht lauten.

Interviewfragen an Preisträger

- Ihre Gefühle nach Bekanntwerden des Preisgewinns?
- Partnerin/Partner (Eltern/Geschwister) im Saal – schon gratuliert?
- Was werden Kolleginnen und Kollegen sagen, was der Chef?
- Wie viel Arbeit in diesen Wettbewerb investiert?
- Welche Enttäuschungen, welche Höhepunkte haben Sie auf dem Weg zum Finale des Wettbewerbs erlebt?
- Wollten Sie schon einmal aufgeben? – Und mit welcher Motivation haben Sie dann doch wieder weitergemacht?
- Gibt es jemand, der Sie bei der Arbeit für diesen Preis besonders unterstützt hat – und wie?
- Wissen Sie schon, was Sie mit diesem Preis anfangen wollen/wie sie ihn beruflich nutzen können?
- Ihre Ziele als Preisträger für die nächsten drei Jahre?
- Sind Sie jetzt, als Gewinner dieses Wettbewerbs, ein anderer Mensch?

Diese Fragen sind nicht besonders originell. Gleichzeitig sind es Pflichtfragen bei solchen Anlässen, Fragen, auf die das Publikum normalerweise immer Antworten erwartet.

Weitere Fragen, beziehungsweise Themen des Interviews ergeben sich aus dem Lebenslauf des Preisträgers (interessantes Hobby) oder dem fachlichen Hintergrund des Preises (wann und wie welche Entdeckungen, Schwierigkeiten, Balance zwischen Wettbewerb – Beruf – Privatleben).

Der Unterhaltungswert des Interviews liegt allerdings nur scheinbar in der Information. Tatsächlich macht ein Interview den Zuhörern erst dann richtig Spaß, wenn die Interviewerin aus den Antworten des Interviewten Anreize und Stichworte für weitere Fragen findet und der Interviewte schlagfertig antwortet. Das kann sogar bis zu leichten Provokationen gehen – sofern der Interviewte darauf mit Witz und Verstand reagiert. Wenn er das in der Aufregung nicht kann, heißt das für die Interviewerin, schleunigst wieder den Spaßpegel senken, sonst bleibt für alle ein etwas fades Gefühl zurück: Aufgeregten Interviewpartnern oder solche, die auch im Alltagsleben introvertiert nur mühsam mehr als ein paar Worte herausbringen, sollte sie eher fürsorglich und beschützend gegenüber treten.

Nun gibt es aber auch die anderen Kandidaten und -innen: Die, denen eine Bühne und ein Mikrofon gerade recht kommt, ihre ganze Lebensgeschichte in allen Einzelheiten zu erzählen und die sich in nicht enden wollenden Anekdoten ergehen … Da muss die Moderatorin unterbrechen. Das sollte sie im Verlauf des Interviews sowieso öfters tun, um Tempo, Überraschungen und Witz in das Gespräch zu bringen und damit den Zuhörern den erwünschten Spaßfaktor. Aber Vorsicht: Bei zu häufigen und zu kurzen Unterbrechungen kann der Interviewte sauer werden – und das Publikum auch, denn es möchte ja vor allem den Interviewten folgen können. Die Kunst ist es, ein Gespür dafür zu entwickeln, wann man einen Redeschwall ein wenig laufen lassen kann und wann man besser wieder unterbricht.

Wenn nun aber ein Interviewpartner gar nicht zu bremsen ist in seinem Redefluss, genügt oft eine kleine Berührung am Arm, um ihn zu stoppen (siehe Abb. 12.1, rechtes Bild). Meist wirkt das sofort – und sieht sogar noch elegant aus. Und nicht zuletzt deshalb ist es notwendig, in einer normalen Gesprächsdistanz zueinander auf der Bühne zu stehen.

Sollte allerdings nun ganz spontan aus dem Publikum eine Frage gestellt werden (obwohl das da nicht vorgesehen ist), wird die Moderatorin das freundlich berücksichtigen (aber nicht zu weiteren Fragen auffordern!) und nun tatsächlich die Distanz zum Interviewten ein wenig vergrößern, um der Publikumsfrage buchstäblich „Raum" zu geben.

Abb. 12.1 Interview mit munterem Frage- und Antwortspiel. Spricht der Befragte zu lang, unterbricht ihn die Moderatorin wirksam mit einer kleinen Berührung am Arm (rechtes Bild)

Wenn das Interview gut läuft, ist alles gut. Wenn es mühsam wird, kann es die Moderatorin ja wieder beenden, sobald sie merkt, dass der Interviewpartner einfach nicht in Fahrt kommt. Wenn das Interview aber wirklich super läuft, droht eine ganz andere Gefahr: Die beiden auf der Bühne sind hoch konzentriert, haben zunehmend Spaß aneinander – und vergessen genau deswegen das Publikum. Blickkontakte zum Publikum (und damit die Beziehung zum Publikum) werden seltener, die Zeit läuft, kurzum die beiden heben ab in eine eigene Welt ... Deswegen:

▶ Nie das Publikum und seine Reaktion aus den Augen verlieren und am besten zusätzlich noch einen „Zeitmesser" in Blickrichtung der Moderatorin bestimmen (Assistent am Rednerpult), der nach zehn Minuten ein „Ende des Interviews"-Signal gibt.

Am Ende des Interviews freut sich das Publikum über eine deutliche (körpersprachliche) Zuwendung und den Blickkontakt der Moderatorin und über einen oder zwei zusammenfassende Sätze als ihre persönliche Erkenntnis, bevor sie sich wieder dem Interviewpartner zuwendet: Shakehands, Danke und Tschüss.

12.2 Talkrunde/Podiumsdiskussion

Eine gut moderierte Talkrunde oder Podiumsdiskussion mit Referenten und Gästen ist die Krönung eines gelungenen Kundenevents. Die Betonung liegt hier auf „gut moderiert". Denn eine Talkrunde ist nicht einfach ein Interview mit mehreren Personen, bei einer guten Talkrunde entwickelt sich auch unter den Teilnehmenden eine ganz eigene Gruppendynamik. Die ist gewollt, aber oft schwer zu steuern. Während es Ziel des Interviews ist, eine einzelne Person dem Publikum näher zu bringen und aus verschiedenen Perspektiven zu beleuchten, will die Talkrunde das ganze Meinungsspektrum der Diskutanten aufbieten – zur unterhaltenden Meinungsbildung der Zuschauer. Zusätzlich soll die Talkrunde Eindrücke der gesamten Vortragsveranstaltung positiv vertiefen, wenn sie am Ende der Veranstaltung als zusammenfassender Abschluss geplant ist.

Damit eine Talkrunde ihre Funktion erfüllt, sollten neben der Moderatorin noch mindestens drei, höchstens aber sechs weitere Personen teilnehmen – sechs diskutierende Menschen brauchen allerdings viel Zeit, damit jeder zu Wort kommen kann, das wird für alle Beteiligten (und die Zuschauer) etwas mühsam. Achtung: Bitte eine Talkrunde am Ende eines Kundenevents nicht mit einer Talkshow im Fernsehen vergleichen! Bei der Talkrunde am Ende eines Kundenevents wollen die Zuschauer lediglich noch einen gelungenen Abschluss nach einem langen Vortragstag mitnehmen. Nicht mehr.

Also plant man für so eine Talkrunde etwa zwanzig bis dreißig Minuten (Ende offen – je nach Begeisterung aller). Als Teilnehmende kommen entweder die noch anwesenden Referenten und ein oder zwei VIPs aus dem Publikum infrage. Oder man besetzt die Talkrunde gezielt nur mit (prominenten) Gästen aus dem Publikum und verzichtet auf den nochmaligen Auftritt von Referenten – das hat auch seinen Reiz. Keinesfalls sollte man jedoch (außer im Notfall) die Teilnehmenden einer Talkrunde erst während der Veranstaltung auswählen: Die Diskutanten müssen die Chance haben, die Veranstaltung auch unter dem Aspekt, später darüber diskutieren zu müssen, von Anfang an verfolgen können.

▶ **Wichtigste Regel der Talkrunde:** Alle Teilnehmenden sollten etwa gleiche Redeanteile haben.

▶ **Zweitwichtigste Regel:** Langweiler sollten deshalb nicht erzwungenermaßen genau so viel reden dürfen, wie die, die das Publikum fröhlicher unterhalten.

Und die Rolle der Moderatorin? Eine Mischung zwischen Dirigent, Raubtierdompteur und Schiedsrichter – aber stets auch charmanter und souveräner Anwalt des Publikums, das bespaßt werden will (siehe auch Abb. 12.2).

Abb. 12.2 Moderationsfunktion in der Talkrunde: Dirigent, Raubtierdompteur, Schiedsrichter … Streithähne gegenüber aufstellen

Empfehlungen für eine gelungene Talkrunde/Podiumsdiskussion

Ausstattung

Idealerweise stehen die Teilnehmenden der Talkrunde vorn in Bühnenmitte um einen größeren, ovalen Tisch, ausgestattet mit Wasserflaschen und Trinkgläsern. Ersatzweise erfüllen zwei bis drei kleine Stehtische denselben Zweck. Ein großer runder Tisch drängt allerdings die Teilnehmenden optisch ziemlich in den Hintergrund, das ist die weniger gute Lösung. Die noch weniger gute ist, die Teilnehmenden in wuchtigen Sesseln auf der Bühne zu platzieren: Erstens werden die Gesichter und Oberkörper in sitzender Position vom Zuschauerraum aus schlechter gesehen (die Zuschauer sehen vor allem die Knie der Diskutanten – was ja bei schönen Beinen manchmal auch ganz reizvoll, aber nicht unbedingt zielführend sein kann), zweitens kann die Moderatorin die Teilnehmenden der Talkrunde bei der großen Breite von Sesseln buchstäblich schlechter erreichen, als wenn sie in engerer Distanz um den Tisch herum stehen. – Man lasse sich nicht von Talkshows im Fernsehen verführen: Dort können die Kameras mit unterschiedlichen Einstellungen jede Mimik und jede Regung der Diskutanten festhalten und heran zoomen. Die Zuschauer im Saal haben diese Möglichkeit nicht.

Mikrofone

Die Moderatorin wird weiterhin ihr Headset-Mikrofon benutzen. Nun könnte man die Teilnehmenden ebenfalls mit Headset- oder Ansteckmikrofonen ausstatten. Die Alternative sind Handmikrofone – und zwar je eines für zwei benachbarte Diskutanten. Damit haben es die Tontechniker etwas leichter, gleichzeitig könnte die Rangelei ums Mikrofon auch ganz lustig werden.

Positionierung

Die temperamentvollsten Charaktere oder die mit einer deutlich gegensätzlichen Meinung sollten nicht unbedingt nebeneinander stehen. Denn wenn es zu heftigem Meinungsaustausch kommt, kann sich der quer über den Tisch besser entwickeln (und von allen besser beobachtet werden!), als wenn sich zwei nebeneinander am Tisch verbal beharken.

Moderation

Die Moderatorin stellt sich in die Mitte der Diskutanten. Wenn ein Moderations-Pärchen mitwirkt, steht es sich gegenüber und nimmt die Diskutanten in die Mitte.

Start der Talkrunde

Die Moderatorin begrüßt die Teilnehmenden und stellt sie der Reihe nach mit den wichtigsten Daten vor. Bei mitwirkenden Referenten kann sie es kurz machen: „Herrn … haben Sie ja heute schon mit seinem Vortrag … erlebt – ihn brauche ich Ihnen jetzt nicht mehr vorzustellen". Nach der Vorstellungsrunde eröffnet die Moderatorin. Sie gibt der Talkrunde ein Thema (idealerweise das Fazit der heutigen Veranstaltung) geht mit einem eigenen Statement in die Vorlage: „… ich war ganz besonders beeindruckt von … – Was sagen Sie dazu, was war für Sie heute besonders wichtig?" Damit wendet sie sich an einen der Diskutanten und fordert dann von jedem ein kurzes Statement ab (das war so natürlich im kurzen Briefing vor der Talkrunde abgesprochen worden).

Verlauf, Moderationsaufgaben

Im weiteren Verlauf der Talkrunde äußert sich die Moderatorin nicht mehr inhaltlich, sondern gibt Fragen an andere Teilnehmende weiter, fordert vor allem die ruhigeren Mitwirkenden zu Statements auf und bremst die allzu Wortmächtigen ein. Selbstverständlich sind hier Unterbrechungen erlaubt, ja sogar notwendig. Kommentierende bis leicht provozierende Bemerkungen ebenfalls. Gleichzeitig kann die Moderatorin das Gespräch durchaus mal ein wenig laufen lassen, wenn sie beobachtet, dass sich möglichst alle beteiligen. Und für wirksame Unterbrechungen ist dieselbe Methode erlaubt wie beim Interview, wenn es gilt, Vielredner zu stoppen: Ein kleines Touché mit der Hand am Arm des anderen.

Verlauf, Themenwechsel

Wenn die Moderatorin merkt, dass sich Argumente wiederholen, aber auch, wenn ein Thema über mehrere Minuten immer mehr ausgeweitet wird, sollte sie das Thema beenden und ein neues anbieten: „Wir haben nun den Aspekt … ausführlich behandelt. Ich fasse zusammen: … Nun möchte ich einen weiteren Aspekt zur Diskussion anbieten: … " – Wichtig ist die Zusammenfassung vor der Einleitung des nächsten Themas. Damit verstärken Sie den Abschluss des einen und den Beginn des neuen Themas.

Zusammenfassung

Weil die eben erwähnte Zusammenfassung – sowohl beim Themenwechsel, aber auch ganz zum Schluss am Ende der Talkrunde – so wichtig ist, noch ein paar Gedanken mehr dazu: Sollte es in der Diskussion vorher einen oder zwei unvereinbare Standpunkte gegeben haben, dann erwähnen sie diese als Moderatorin. Die Talkrunde lebt ja von der Diskussion. Weder die Aufgabe der Diskutanten, noch Ihre als Moderatorin ist es, am Ende einer Talkrunde zwingend einen Konsens zu finden. Also nennen Sie in Ihrer Zusammenfassung ruhig, dass die Teilnehmenden X, Y, Z der Ansicht A sind, der sich Herr U nun nicht anschließen kann und Frau W einen ganz anderen Standpunkt vertritt. Damit sind alle unterschiedlichen Meinungen der Diskutanten erwähnt und alle gedanklich frei für den nächsten Punkt. Tipp: Sprechen Sie besonders an dieser wichtigen Stelle die Talk-Teilnehmenden mit ihrem jeweiligen Titel, Vor- und Zunamen an. Denn damit bekommt Ihre Ansage einen nahezu amtlichen Charakter und seinen Namen, besonders den Vornamen (!) hört jeder gern.

Schluss Talkrunde

Wenn Sie bemerken, dass es im Publikum langsam unruhig wird, wenn Sie dort gelangweilte Gesichter beobachten und/oder den Diskutanten nichts Neues mehr einfällt, beenden Sie die Runde. Natürlich mit einer Zusammenfassung! Und mit einem Dank an alle Beteiligten.

Der krönende Abschluss will gekonnt sein!

Interview und Talkrunde stellen an Moderatoren besondere Herausforderungen. Denn dabei agieren sie journalistisch, stehen jetzt sogar selbst im Vordergrund und verlassen die sonst eher zurückhaltende Rolle der Referenten-Betreuung. Interviews kommen in Kundenevent-Programmen nur bei besonderen Gästen infrage, die Talkrunde jedoch ist sehr oft krönender Abschluss einer gelungenen Vortragsveranstaltung. Das will gekonnt sein.

Und Tschüss!

Nehmen wir einmal an, die Veranstaltung endet mit einer Talkrunde, wie eben beschrieben. Dann gehen Sie einfach nach vorn, lassen die Diskutanten, bei denen Sie sich schon bedankt und verabschiedet haben, einfach stehen, und sagen das Ende der Veranstaltung an.

Nun ist das ja nicht sehr freundlich – und das stand mehrfach in diesem Buch – Referenten oder andere Mitwirkende einfach auf der Bühne stehen zu lassen. Doch jetzt geht's nicht anders: Den Abgang der Diskutanten abzuwarten und diesen mit irgendwelchen Bemerkungen zu überbrücken, ist nun nicht mehr angebracht. Das Publikum will nach Hause!

Also gehen Sie nach vorn, fassen den Tag mit einigen wenigen Sätzen zusammen, loben das Publikum, beteuern, dass auch Sie Ihren Spaß bei der Moderation hatten – und jetzt führen Sie die noch anwesenden Akteure auf die Bühne (wie im Theater, nachdem der Vorhang gefallen ist): Zuerst die Diskutanten, die ja noch hinter Ihnen am Tisch stehen. Sie nennen jeden Namen, die Genannten machen eine kleine Verbeugung in Richtung Publikum und gehen ab. Dann bitten Sie andere, noch anwesende Referenten, Musiker, Künstler auf die Bühne für die gleiche Prozedur, dann Ihre Helfer in der Technik, am Counter, im Mikrofon-Service während der Fragerunde, am Rednerpult, an Ihrem eigenen Moderationstisch … jemand vergessen?

Oh ja: Den Veranstalter, die Chefin oder den Chef. Die bitten Sie ganz am Schluss auf die Bühne – und für diese wichtige(n) Person(en) gibt das Publikum, durch Sie ermutigt, sicher noch einen extra großen und herzlichen Beifall, verbunden mit einem großen Dankeschön für diesen wunderbaren Tag. Das war's.

Fast. Denn Sie stehen ja immer noch auf der Bühne: „Und damit verabschiede ich mich von Ihnen. Sie waren ein großartiges Publikum. Herzlichen Dank Ihnen,

© Springer Fachmedien Wiesbaden 2016   213
C. von Kutzschenbach, *Kundenevents – richtig gut moderiert!*,
DOI 10.1007/978-3-658-13100-5

eine gute Heimreise – und tschüss …!'" (Abgang – aber erst nach einem stürmischen Beifall des Publikums).

Nachtrag

Und wenn Sie später in der Zeitung über diese großartige Veranstaltung und die tollen Referenten lesen, Ihre professionelle Moderation aber nur am Rande erwähnt wird (wenn überhaupt), dann stören Sie sich nicht daran. Denn wie viele können wirklich erahnen, wie viel Arbeit, Disziplin, Einsatz und Verantwortung gerade dann hinter einer Moderation steckt, wenn sie wie selbstverständlich läuft! Das wissen nur ganz wenige. Aber ich weiß es! Und ich freue mich mit Ihnen, wenn Sie für diesen Moderatoren-Job immer mehr Engagement, Leidenschaft und Professionalität entwickeln.

Ihnen dabei alles Gute, viel Freude und Erfolg!

Wiesbaden, im Juni 2016   Claus von Kutzschenbach

The manufacturer's authorised representative in the EU is Springer Nature Customer Service Centre GmbH, Europaplatz 3, 69115 Heidelberg, Germany. If you have any concerns regarding our products, please contact ProductSafety@springernature.com

Printed and bound by CPI Group (UK) Ltd, Croydon, CR0 4YY
27/04/2026
02097652-0005